成交量核心技术之

量能催化理论

金　铁◎著

中国宇航出版社
·北京·

图书在版编目（CIP）数据

成交量核心技术之量能催化理论 / 金铁著. -- 北京 : 中国宇航出版社, 2023.5

ISBN 978-7-5159-2227-0

Ⅰ. ①成… Ⅱ. ①金… Ⅲ. ①股票交易 Ⅳ. ①F830.91

中国国家版本馆CIP数据核字(2023)第067017号

策划编辑	卢　珊	封面设计	王晓武
责任编辑	卢　珊	责任校对	吴媛媛

出　版
发　行　中国宇航出版社

社　址　北京市阜成路8号　　邮　编　100830
（010）68768548

网　址　www.caphbook.com

经　销　新华书店

发行部　（010）68767386　（010）68371900
（010）68767382　（010）88100613（传真）

零售店　读者服务部
（010）68371105

承　印　北京中科印刷有限公司

版　次　2023年5月第1版　2023年5月第1次印刷

规　格　710×1000　开　本　1/16

印　张　17　字　数　242千字

书　号　ISBN 978-7-5159-2227-0

定　价　55.00元

本书如有印装质量问题，可与发行部联系调换

前言

如果把股价比喻成航行中的船，那么量能就像是信风、潮汐和暗流。有时突如其来的量能，会使处于混乱中的局面变得明朗起来，有时却会让本来明朗的局面横生变故。

个股出现交易点时，成交量总会有着不同于以往的变化。尽管有些个股的量能变化极其短暂、不易辨识，却省略不了。比如，股价突然上涨，必然伴随着相对密集的成交大单。成交量上的异动，可能会对股价后期走势带来持续性的影响，也可能只是昙花一现，随后就复归沉寂。

研究量能的不同变化，探寻其中的核心原理与规律，就需要有一个剖析量能的形成性质和理顺与股价之间逻辑关系的过程，这个过程就是发现量能催化的过程。简而言之，就是发现哪些是催化量，哪些是跟随量，哪些量能代表着可以交易，哪些量能只能静观其变。

成交量分析的核心，是对于资金流向的判断，依此来选择交易的方向。有没有大资金？大资金是流出还是流入？这些事关交易的成败，是交易者确定短线买进或卖出的基本规则之一。解决这个问题，可以依据逃逸与回归理论，也可以从量能催化的角度进行分析。

作为成交量核心技术的重要理论之一，本书对量能催化的分析采取由浅入深的讲解方式：从基本概念入手，然后学习如何选择买卖点，之后分章讲解常量、变量、聚量、量能消散，这四种成交量形态的完整内容也是首次被披露。

常量、变量等成交量类别是从形态划分的，而催化量和跟随量是从量能性质上划分，目的非常明确：就是从形态到性质，不错过任何分析线索，以精准把控交易中资金真实的流动方向，让交易者对交易能够多一些信心与把握。这也是本书写作的初衷。最后祝愿每一位读者朋友投资顺利、大展宏图！

另，近期发现有不法分子盗用我的名字和作品，以QQ股票群或企业微信等不同方式行骗。我在发现骗子存在的第一时间已经报警。为避免类似事件再次发生，特此郑重声明：**本人没有任何形式的股票群，也不做股票咨询，从不违法荐股**。请读者朋友保护好资金安全，避免上当受骗。

金铁

目 录 CONTENTS

第七章　量能催化与短线交易的实战要点

第一章

什么是量能催化

第一节　量能分析就是成交量分析吗

成交量分析是技术分析中不可或缺的组成部分，漠视个股成交的实际情况，而仅仅专注于其他技术分析形式，很容易脱离实战，坠入为技术而技术的死循环中，最终得到的结论很难对实战产生有益的帮助。

但是，单纯的成交量图形分析也难以完全胜任对资金流向的判断，必然会在实战中出现这样或那样的错判。需要加入盘口成交数据和相关技术指标，才能对个股进行动态的研判，这样得出的技术结论才会具有实战价值。这个综合性的分析形式，就是量能分析。量能分析，才是最适宜实战、最贴近实战、最能看清股价运行轨迹的分析方式。

量能分析主要包括：成交量图形分析，成交金额分析，成交量盘口分析，量比分析，均量线分析，当日能量估计和能量构成分析等。

一、成交量柱状图与柱线图

成交量是指交易市场的多空（买卖）双方，在某个单位时间内对某项交易标的达成交易的数量。

成交量的计算单位为手或股，1 手等于 100 股。

成交量能够直观地反映出交易的状况：成交量稀疏、低迷，说明参与交易的人或资金屈指可数，价格走势多呈萎靡、盘整的状态；成交量密集、高涨，则说明参与交易的人或资金众多，价格走势必然亢进、大开大阖。

实战中，不但有放量上涨，也会有放量下跌等多种模式与形态，成交量的放大与缩小并不能决定价格的涨与跌，而只能起到关键性的催化作用。对这一点必须有一个明确的认知，这是正确认识和分析成交量的技术基础。

技术分析中，主要通过K线图、分时图以及量比、换手率、技术指标等不同的形式观测成交量的变化。在最为常用的K线图、分时图上，通常以成交量柱状图、柱线图来表示成交量变化情况。

如图1–1所示，上方为日K线图，下方则为代表当日成交量大小的柱状图，每一根K线对应一根成交量柱。

在不同时间周期系统的K线图中，每一根成交量柱代表着不同时间周期内的成交量，例如图1–1为日线系统，则每一根量柱代表某一日的成交量。周线、月线、分钟系统上的量柱则分别代表一周、一月和某分钟的成交量。

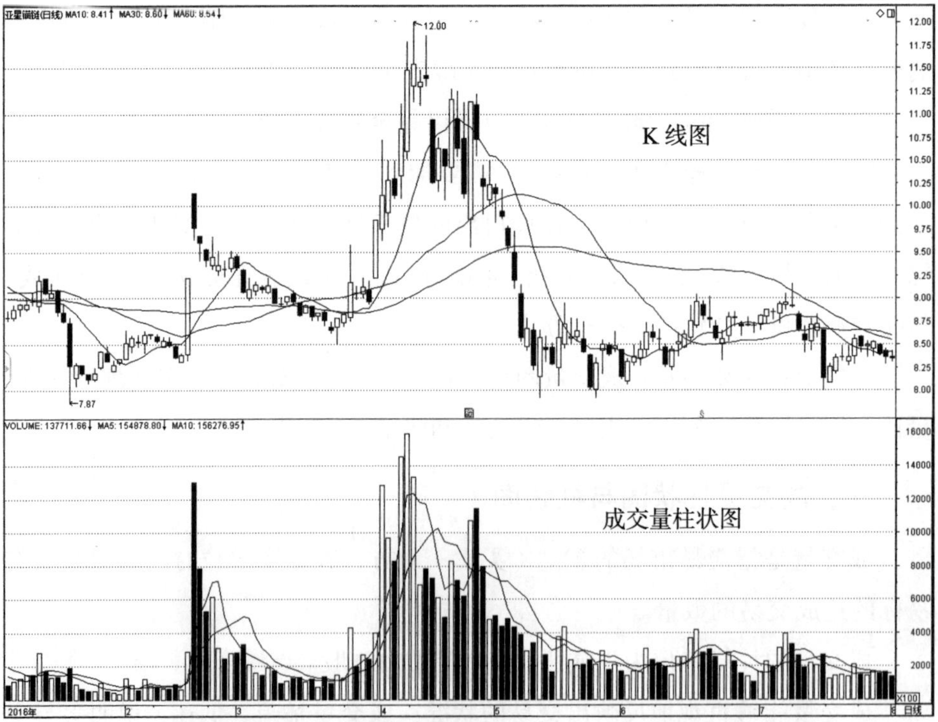

图1–1

与K线图很类似，分时图上同样以图形来显示成交量变化的情况，不过分时图中的成交量柱相对较细，更像一条线，所以通常也称之为成交量柱线图。

如图1–2所示，上方为分时图中的现价线、均价线、昨日收盘线，下方则为成交量柱线图。

每一条长短不一的柱线，代表每一分钟的累积成交之和。柱线越长，表明在这一分钟里的总成交量越大。

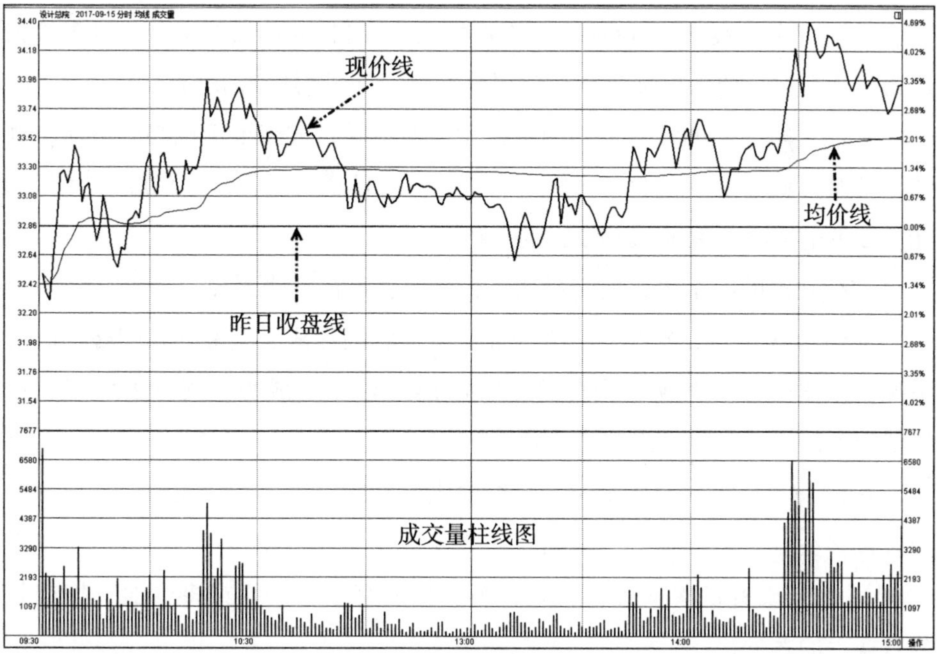

图1–2

无论是K线图还是分时图，都有各自的缺点和优点，例如，K线图中成交量柱的优点，是可以简单明了地看到一段时间内成交量的高低变化；其缺点是与K线的阳线或阴线相匹配的量柱，虽然也会呈现阳量或阴量，但是阳量并不完全等于全部是买入，阴量也不完全等于全部是卖出。其中的变化绝对不会像图示中的阳量或阴量那样简明易辨。

分时图所显示的是当日的即时走势，量柱线会随着即时成交数据而变化，其优点是能够及时观测到交易中成交大单的出现和密集程度，缺点和K线图很近似，即并不能完全确认成交大单的真实指向。

实战中，无论是K线图还是分时图，其最基本的成交量观测点，就是量价形态以及后市发展在逻辑上是否具有合理性。

二、成交金额

成交金额，是指交易市场的买卖双方，在某个单位时间内对某项交易标的达成交易的金额，其单位以人民币“元”计算。

例如，卖方卖出1000股，买方需向卖方支付1000股的价款，这个价款即为成交金额。股票的成交金额除以成交量，即可得出每股均价。

在成交量相同的情况下，因个股股价的不同，成交金额也必然不同。例如，某股日成交量1亿股，均价5元；另一股日成交量也是1亿股，均价10元，二者的成交金额显然有较大的差距。

在柱状图的图示中，成交量和成交金额也存在一些差异。

如图1-3所示，K线的下方为成交量柱状图和成交金额柱状图叠加后的情况。以图中A点为例：当日成交量为166848手，成交金额为2.43亿，在柱状图上二者还是显示出些许差距。

在谈及大盘指数的成交时，习惯说成交金额，比如，某天沪市或深市成交金额多少个亿；而说到个股时，习惯说成交量（成交量以手为单位，1手=100股），或者换手率等，比如，某股日成交量多少手或多少股，抑或是当日换手的百分比。

实战中，成交金额的分析方法和成交量很相似，而成交金额在资金流动分析上，似乎更能直观地反映出某一时间段内，市场有多少真金白银在流进或流出。

在常用的交易软件上，都会有今日总金额排名。分析这个排名，可以知道即时交易金额最大的股票是哪些，收盘后全天交易金额最大的股票是哪些，盘中显示即时交易金额最大的股票在收盘后是否有变化，交易金额较大的股票是处于上涨还是下跌的态势中。如图1-4所示。

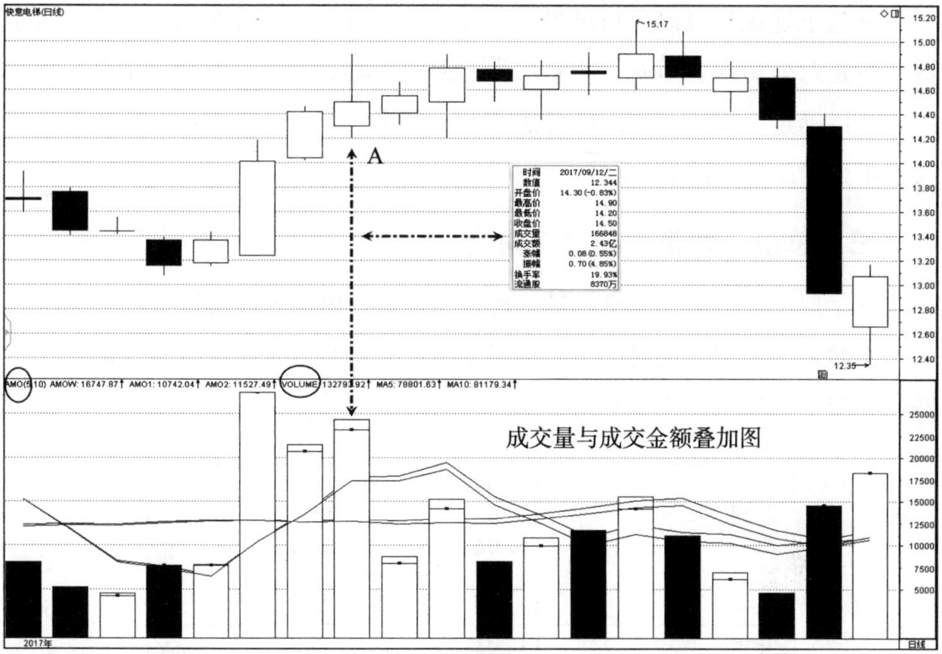

图 1-3

今日总金额排名		
浙大网新	17.42	7.23亿
东方市场	7.39	6.54亿
京威股份	10.84	5.12亿
方大炭素	28.80	4.30亿
光威复材	68.48	4.26亿
格力电器	40.07	4.05亿
九安医疗	13.41	3.87亿
原尚股份	47.88	3.74亿
特 力A	50.67	3.41亿
恒银金融	36.09	3.18亿
中国联通	7.21	2.66亿
韦尔股份	32.42	2.55亿
京东方A	4.69	2.49亿
哈三联	43.04	2.45亿
赣锋锂业	85.86	2.44亿
二六三	11.80	2.35亿
安凯客车	11.29	2.32亿
科恒股份	80.19	2.22亿
中兴通讯	28.99	2.17亿
煌上煌	22.55	2.16亿

图 1-4

通过上述观察可以分析出当日资金的攻击方向，以及热门目标个股是哪些。但是总金额排名高的，并非都是上涨的股票。不过，总金额排名高的有一点可以确定，即资金进出极其活跃，而且多空双方对于当前的价格分歧较大，正处于激烈交锋中。

三、总量、现量、外盘、内盘

在个股的盘口中，会有总量、现量、外盘、内盘等数据显示。

总量就是截至当前时间段总的成交量，也即外盘加上内盘合计的成交总数，如图 1-5 所示。现量是指最新的即时成交的数量。

卖五	11.06	21	
卖四	11.05	227	
卖三	11.04	26	
卖二	11.03	40	
卖一	11.02	627	
买一	11.01	18	-2
买二	11.00	87	
买三	10.99	276	
买四	10.98	402	
买五	10.97	49	
现价	11.01	今开	10.50
涨跌	0.76	最高	11.28
涨幅	7.41%	最低	10.35
昨收	10.25	均价	10.98
总量	160980	量比	30.11
外盘	80559	内盘	80421

图 1-5

总量和现量的含义较容易理解，那么什么是内盘和外盘？

以买入价成交的交易，成交现手数量加上累计的手数数量的和，即内盘。换句话说，主动性卖出的累计数量，就是内盘数据。

以卖出价格成交的交易，成交现手数量加上累计的成交手数数量，即外盘。换句话说，主动性买入的累计数量，就是外盘数据。

内外盘数据是动态的，会随着行情的发展而改变。早盘内盘大的个股，也许到了午市收盘就会变成外盘大。分析内外盘要结合盘口综合运用。

对于一些经过长期大幅下跌之后走势低迷的冷门股，如果发现其外盘在连续多日的交易中，都明显大于内盘，但个股价格上变化并不明显，可以选择将部分资金埋伏其中，因为这种现象意味着有资金悄悄进场。

四、量比

量比是以成交量为衡量对象的指标，也是成交量分析中极为重要的技术形式之一。在解读盘面、研判价格运行趋向上，量比是不可或缺的一项数据和指标。

量比是指开盘后每分钟的平均成交量，与过去 5 个交易日每分钟平均成交量之比。

量比最为突出的作用，就是能够及时发现哪些个股在成交量上出现了突变的情况。

成交量的突变，意味着交投活跃度激增，虽然并不必然就会有获利的机会，但量能的变化总会额外告诉交易者一些关于价格涨跌的线索。

量比的计算公式为：

量比＝现成交总手数 / [过去 5 日平均每分钟成交量 × 当日累计开市时间（分钟）]。

1. 量比分析的基本法则

（1）当量比小于 1 时，说明现在的成交比不上过去 5 日的平均水平，多数时候价格处于微幅振荡中。

如价格大幅上涨，则意味着盘口压力极小，后市如出现增量还将有高点；反之，价格大幅下跌，则说明多空双方对下跌没有太大的争执，后市还将继续下跌。

（2）当量比大于 1 时，说明当日每分钟的平均成交量要大于过去 5 日的平均数值，交易量比过去 5 日稍大。这种情况实战中最为常见，多为相对平衡的市道。

（3）当量比在 1.5 ～ 2.5 之间时，则为温和放量，现在的价格运行趋势仍将维持。

（4）当量比在 2.5～5 之间时，则为明显放量，价格趋势得到明显强化。

（5）当量比在 5～10 之间时，则为剧烈放量，价格处于长期低位时是关注入场的信号，价格在高位时则是关注股价回落的信号。

（6）当量比达到 10 或 20 以上，价格高位运行时，运行趋向可能会随时发生逆转。

被资金狂热炒作的个股，其量比指标数值可能会非常惊人。如图 1–6 所示，为某日量比排名前三位个股的量比指标数值。这种量比数值已经失去了基本分析意义，代表的是一种资金击鼓传花游戏。

今日量比排名		
百达精工	24.84	368.77
睿能科技	51.54	303.02
君禾股份	28.56	138.80
星光农机	20.19	9.16
金种子酒	8.43	6.83
长园集团	14.52	5.78

图 1–6

以图 1–7 所示的股票举例说明，该股在 A 点打开连续涨停板，当日量比达到 359 倍。图 1–8 是其当日的分时走势，通过它可以看到，A 点涨停板开盘后不久被打开，量能大幅增加。这种情况说明有大量筹码兑现离场，但也同时说明有大量资金蜂拥买入。

图 1–8 中该股主要的跌幅出现在 A 点，即早盘的前 30 分钟，这个阶段量能也最为集中。之后的时间段中，股价有所回升，但量能并未能再现早盘的集中程度。

单独分析某一技术细节时，交易者很容易进入到“死循环”中，并导致“无解”的结论，而避免这种“死循环”的发生，就需要技术环境分析。

根据该股所处市场等技术环境中多个因素进行分析，当时市场习惯热炒开板新股，即上市后第一次打开涨停板的新股。不少个股打开涨停板后，会被资金再次大幅拉高。这种曾经发生过的案例，会给市场资金带来无限的想

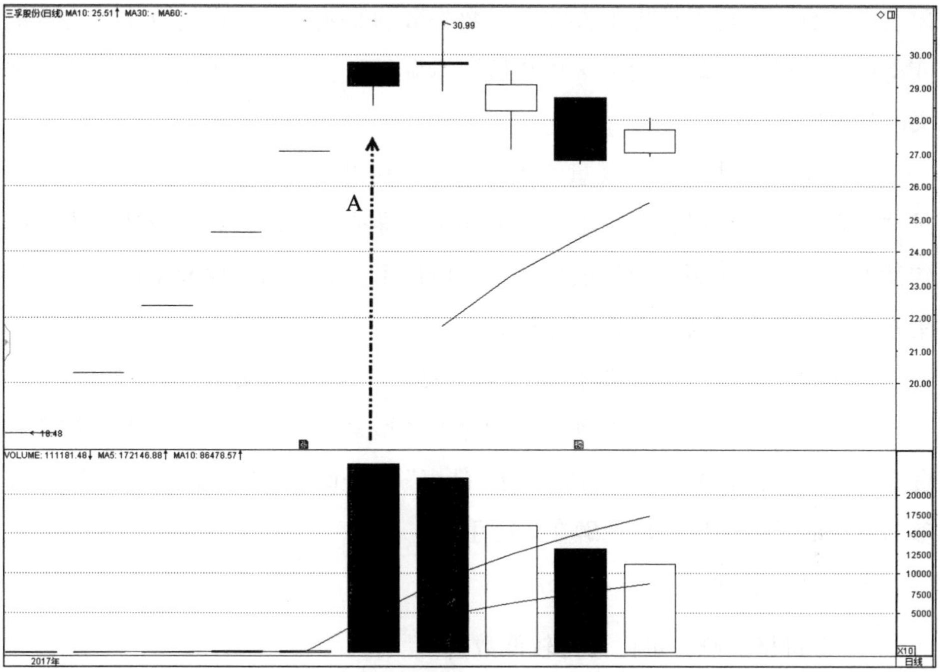
三孚股份(日线) MA10: 25.51↑ MA30: - MA60: -
30.99
A
18.48
30.00
29.00
28.00
27.00
26.00
25.00
24.00
23.00
22.00
21.00
20.00
VOLUME: 111181.48↓ MA5: 172146.88↑ MA10: 86478.57↑
20000
17500
15000
12500
10000
7500
5000
X10
2017年
日线

图 1-7

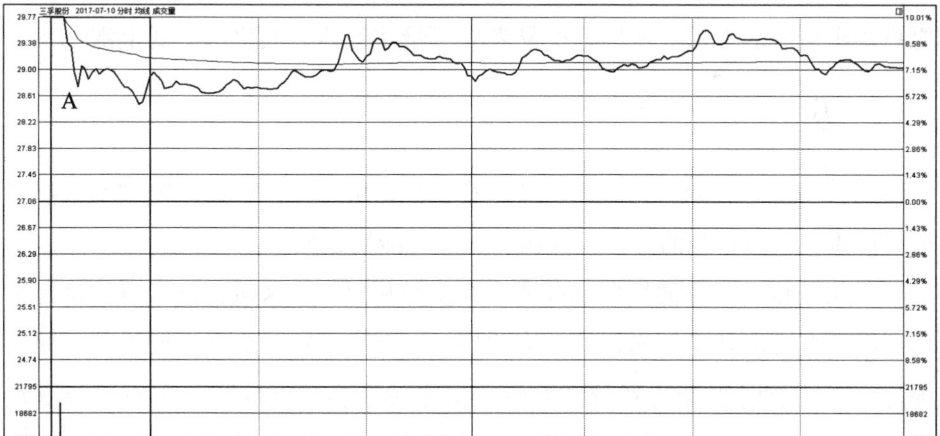
三孚股份 2017-07-10 分时 均线 成交量
A
29.77
29.38
29.00
28.61
28.22
27.83
27.45
27.06
26.67
26.29
25.90
25.51
25.12
24.74
10.01%
8.58%
7.15%
5.72%
4.29%
2.86%
1.43%
0.00%
21795
18682
15568
12455
9341
6227
3114
09:30
10:30
13:00
14:00
15:00
操作

图 1-8

象空间。直至这种惯性思维方式被无数失败的案例打破，市场资金才会重新变得谨小慎微。这就是图 1-8 中该股早盘涨停板打开后，市场资金愿意蜂拥买入的原因之一。

图 1-8 中并未再次出现量能集中，这是在提示目前入场的资金很可能只是“乌合之众”，尽管总量不小，但缺乏主导或领袖，则难以形成合力。换句话说，蜂拥追涨买入的是散户资金，所以不具有合力，而卖出的一方，从集中度上看基本可以肯定为主力资金。

图 1-7 中 A 点之后，股价略有上冲便开始回落，也证明了这种判断。

通过以上案例，可以发现量比的过度激增是一种极端情况，大多数都是资金在玩击鼓传花的游戏。当然，当“鼓声”未止时，“花”还会继续传下去，参与者只能希望最后一棒别砸在自己手里。

2. 量比实战应用

（1）价格上涨，量比保持较低数值。

价格开始反弹时，如果量比仍旧保持在 1 倍或以下时，说明当前资金主动性交易较少，与其说是资金主动性买入带来的上涨，不如说是更多的人不愿意卖出造成的上涨。所以，交易者对于量比低迷时股价的微弱上涨，不可抱有过多幻想。

（2）价格上涨，量比出现突增。

当价格处于大幅下跌之后或者是在低位蓄势已久，量比的突增预示着个股可能重新获得资金的关注，大幅上涨的可能性较大。

如果价格处于一波短期反弹或次级反弹相对高位区域，这个时候量比突增，则极有可能就是反弹行情结束的信号。例如下跌趋势中个股迅猛短期反弹时，量比有时也会达到较高数值，但之后多会结束反弹，重新回归下跌趋势。

（3）价格下跌，量比低迷或突增。

价格下跌，量比低迷。这种情况说明对于当前的下跌，市场各方并无太大的争议，价格缺乏吸引力，下跌仍将继续。

如果经过大幅下跌之后，价格略做盘整再次下跌时，量比开始突增，交易者可以适当关注，这是价格下跌加速的特征。在加速下跌中，恐慌性抛盘告一段落之后，价格将可能迎来一次极佳的反弹或反转行情。

一般来说，加速下跌中量比激增的个股，已经在孕育一定的机会，但是这个机会也同时埋藏着一定的风险。介入时点的把握存在较大的难度，过早介入必然要遭受价格继续下跌所带来的亏损，过晚介入则很容易落入主力资金的陷阱。

稍显保守的做法是，等待这类个股的量比恢复到一个相对稳定的数值，不再激增也不再继续萎缩，整体强于之前低迷期间的数值。当量比再次随着价格的上升而再度放大时，则可适量短线介入。

实战中，量比指标在监测目标个股是否出现异动时，具有较好的指示作用。如图 1-9 所示，开盘后某股量比达到 6.08，远超其他观测个股，应对该股重点关注，当日交易中该股股价的运行节奏，必然会有别于之前的走势。

现价	涨幅%	涨跌	换手%	量比	现量	总量
8.25	-0.48	-0.04	0.02	6.08	1246	1246
12.84	-0.08	-0.01	0.01	0.85	220	220
4.64	-0.22	-0.01	0.00	0.63	78	78
7.52	-1.05	-0.08	0.01	2.05	944	944
5.15	0.00	0.00	0.00	1.58	1233	1233
7.96	0.00	0.00	0.00	0.04	9	9
10.54	-0.38	-0.04	0.02	1.87	2240	2240
7.79	0.26	0.02	0.00	1.25	253	253
6.16	0.00	0.00	0.00	0.18	46	46
11.53	0.09	0.01	0.00	0.56	317	317
5.83	-0.34	-0.02	0.00	0.16	22	22
19.82	0.20	0.04	0.00	0.06	14	14
17.81	-0.72	-0.13	0.07	1.26	415	415

图 1-9

五、均量线

均量线是指将一定时期内的成交量（值）相加后按照一定的时间周期平均，在成交量柱状图中形成的曲线，即为均量线。如图 1-10 所示。

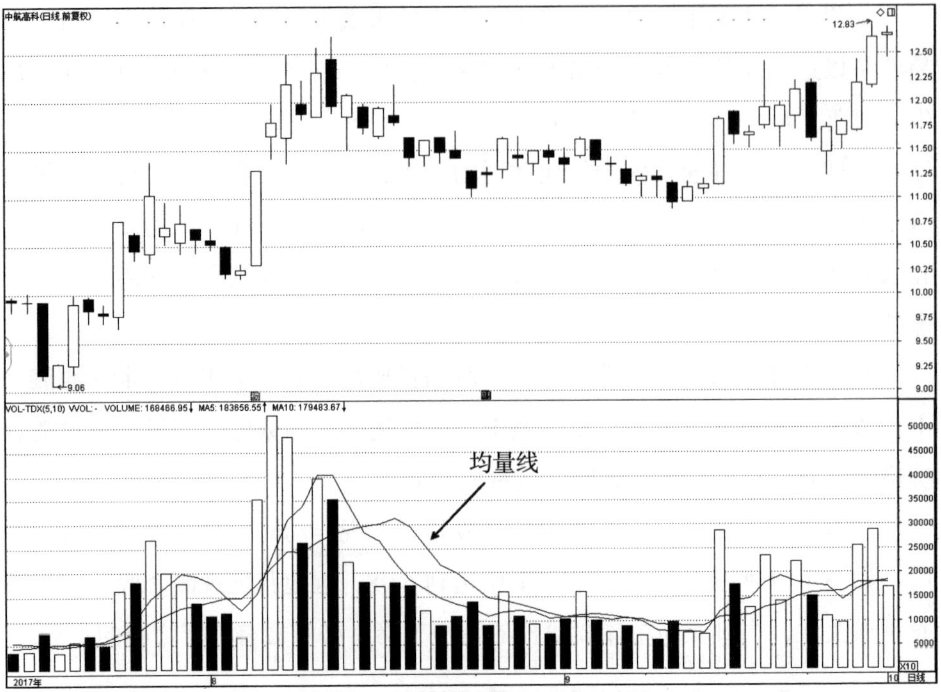

图 1–10

均量线的参数可以设为 5 日、10 日等，其中 5 日均量线代表短期量能态势，10 日均量线则代表中长期量能态势。

在常用软件 K 线图的下方，即为成交量柱状图，而均量线在成交量柱之间波动，代表着不同时间段量能的变化情况。

升势初期均量线连续走高，显示市场资金不断回归的过程；当升势进入狂热阶段时，均量线却已走平或回落，与升势形成背离，说明入场资金已经处于顶端并开始逃逸，需要提防价格高点的出现。

跌势初期均量线持续下跌，显示市场资金不断逃逸的过程；当跌势进入末期阶段时，均量线已走平或回升，与价格跌势形成背离，说明资金已经开始回归，此时不应跟风杀跌，而应寻机介入潜伏。

六、如何预估当日量能

个股的异动，多数情况下伴以量能的突变。成交大单的出现，足以搅动股价，引发瞬间急涨暴跌。但是在实战中经常遇到的情况是，几笔大单成交过后，股价又重回到原先“门庭冷落”的状态，使得热血追高的交易者瞬间被套几个百分点，悔恨不已。

避免追高是个老调，老调重弹得有几分新意，才能让人继续看下去。

面对瞬间放量急涨的个股，追与不追并不是重点，重点是有没有追的必要和理由。

预估目标个股当日的成交总量，并与前几日相比较，是否存在明显的放大，是交易者辨别个股由冷转热的条件之一。

一个长期处于缩量盘整状态中的个股，即使某天盘中出现几分钟的放量急涨，也并不能证明该股就会从此转为资金追捧的对象。至少几个交易日内，目标个股有一个量能积蓄、聚拢的过程。

当某天的量能明显超出这个聚量的平均值时，该股才有可能真正展开升势。但问题来了，如果都得等到收盘才能确定量能是不是超出平均值，无疑会错过不少极佳的短线交易点。

解决这个问题，就需要提前预估目标个股当日的成交总量，而并不一定要等到盘中出现放量急涨，或者尾盘、收盘时才做出决定。

预估当日成交量可以借用下面这个公式：

即时成交总量 ÷ 已用时间 ×240 分钟 = 预估日总成交量

例如：午市收盘某股成交 360 万股，360 ÷ 120 × 240 分钟 =720 万股；这个预估数和全天收盘后的实际成交量会有一定的差距。

该股前一交易日全天收盘的成交总量为 770 万股，通过上述预估值可以看出，该股至午市收盘时的成交量并没有出现明显的放大，基本和前一交易日持平。也就是说，量能上该股并无异动，即使出现瞬间急涨，如果成交量不能连续密集放出，冲高回落的概率也很大。

其实还可以用换手率来粗略预估当日成交总量，如上述案例中的个股，午市收盘时的换手率为 2.09%，平均计算则全天收盘应在 4% 上下。前一交易日，该股全天收盘换手率为 4.38%，预估值也与之接近。

常用的交易软件中，一般有一个成交量盘中虚拟的功能（VOL-TDX 指标），可以虚拟当日成交量可能达到的数值。

如图 1-11 所示，图中虚线构成的量柱即为盘中虚拟的成交量，而下面实线为即时的成交量。

使用成交量盘中虚拟的功能，可以较为直观地对比当日成交量是否有明显的放大。这个盘中虚拟量是动态的，实盘中会根据数值不断地修正。

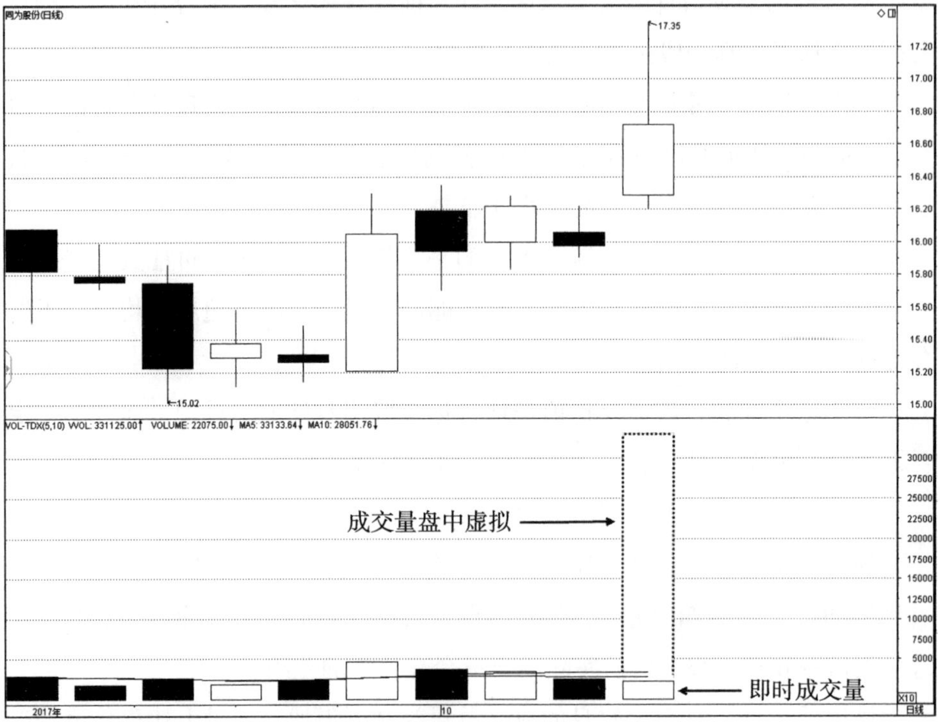

图 1-11

七、分析当日量能构成

分析 K 线图、分时图中的成交量，可以得知一段时间或者当日量能的分布情况，这些可以说是成交量的整体性分析，其重要性是不言而喻的，但也不可忽视成交量分析中的细节分析。

当日的成交量构成，就是一个需要重点关注的细节。尤其是对于短线交易者来说，盘中或盘后及时分析成交量构成，非常有利于摸清主力资金运作的脉络或操作手法。

在常用交易软件行情信息区的下方，是个股的分时成交明细，也称为成交回报。在分时成交明细里，可以看到每一分钟、每一笔成交单的情况。如图 1-12 所示。

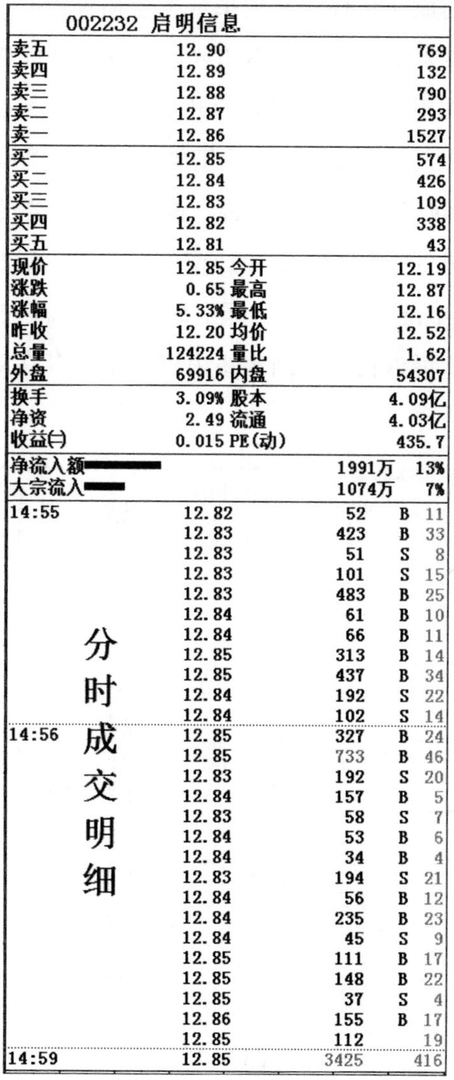

002232 启明信息

卖五	12.90		769	
卖四	12.89		132	
卖三	12.88		790	
卖二	12.87		293	
卖一	12.86		1527	
买一	12.85		574	
买二	12.84		426	
买三	12.83		109	
买四	12.82		338	
买五	12.81		43	
现价	12.85	今开	12.19	
涨跌	0.65	最高	12.87	
涨幅	5.33%	最低	12.16	
昨收	12.20	均价	12.52	
总量	124224	量比	1.62	
外盘	69916	内盘	54307	
换手	3.09%	股本	4.09亿	
净资	2.49	流通	4.03亿	
收益(一)	0.015	PE(动)	435.7	
净流入额			1991万	13%
大宗流入			1074万	7%

14:55	12.82	52	B	11
	12.83	423	B	33
	12.83	51	S	8
	12.83	101	S	15
	12.83	483	B	25
	12.84	61	B	10
	12.84	66	B	11
	12.85	313	B	14
	12.85	437	B	34
	12.84	192	S	22
	12.84	102	S	14
14:56	12.85	327	B	24
	12.85	733	B	46
	12.83	192	S	20
	12.84	157	B	5
	12.83	58	S	7
	12.84	53	B	6
	12.84	34	B	4
	12.83	194	S	21
	12.84	56	B	12
	12.84	235	B	23
	12.84	45	S	9
	12.85	111	B	17
	12.85	148	B	22
	12.85	37	S	4
	12.86	155	B	17
	12.85	112		19
14:59	12.85	3425		416

图 1-12

还可以在分时界面上键入 01 回车，就可以看到个股自开盘到最新即时交易，直至收盘时的分时成交明细情况，如图 1–13 所示。

分时成交明细是分析当日成交量构成的第一手资料。由于很多软件不保存分时成交明细的内容，如果未在盘中或盘后有限的时间里及时保存和分析这部分数据，则可能很难再看到当日每一分钟、每一笔成交的细节情况。尽管可以通过分时图的成交量柱线来模拟或大体估算当时的成交单，但所要花费的时间和精力都要大得多，也远不如数据本身来得直观真切。

在分时成交明细里，不但可以看到开盘时第一笔成交单数据，还可以看到盘中有何种级别的大单，某一时间段密集成交单的数量、级别、连续性等，这些内容对于没时间盯盘的交易者来说，都是极为重要的分析数据。

分时成交明细里的一些大成交单或密集成交单，对相应分时走势带来的影响，以及价格所处的趋向、趋势，都是细节分析中需要重点分析的关键点。通过这些数据分析，可以初步推断出主力资金是否存在对倒以及后市可能出现的走势等。

002232 启明信息　分时成交明细　Up/PageUp:前翻 Down/PageDown:后翻

时间	价格	成交		
09:25	12.19	653		76
09:29	12.20	395	B	9
09:30	12.24	677	B	44
	12.21	120	S	10
	12.26	27	B	4
	12.21	98	S	8
	12.28	102	B	6
	12.21	9	S	2
	12.27	20	B	2
	12.28	9	B	4
	12.27	76	S	6
	12.27	12	B	2
	12.30	159	B	6
	12.28	14	S	2
	12.30	4	B	2
	12.30	64	B	3
	12.29	2	B	2
	12.29	18	B	3
	12.30	19	B	2
	12.30	99	B	10
	12.30	49	B	4
09:31	12.31	16	S	2
	12.31	55	S	5
	12.31	9	S	1
	12.31	5	S	1
	12.38	73	B	7
	12.37	15	S	4
	12.38	16	B	7
	12.38	25	B	5
	12.39	23	B	5
	12.40	89	B	5
	12.39	127	S	4
	12.40	42	B	5
	12.41	116	B	4
	12.42	32		4
	12.45	80	B	2
	12.45	77	B	11
	12.47	8	B	3
	12.46	65	S	11
	12.48	162	B	22
	12.46	47	S	9
09:32	12.48	332	B	19
	12.48	19	S	5
	12.48	71	S	7
	12.48	78	S	8
	12.50	303	B	21
	12.47	125	S	12
	12.48	135	B	15
	12.41	101	S	10
	12.47	144	B	14
	12.48	113	B	4
	12.40	15	S	5
	12.46	12	B	4
	12.40	123	S	11
	12.40	44	B	6
	12.39	145	S	8
	12.39	68	S	5
	12.35	236	S	19
	12.35	16	B	4
	12.35	265	B	6
	12.39	31	B	6
09:33	12.35	143	S	4
	12.35	30	S	3
	12.35	22	S	3
	12.35	246	S	16
	12.35	5	B	1
	12.38	9	S	3
	12.35	100	S	7
	12.38	91	B	4
	12.39	92	B	7
	12.40	7	B	2
	12.44	14	B	2
	12.44	7	S	1
	12.45	90	B	14
	12.44	45	B	4
	12.44	8	B	3
	12.44	41	B	9
	12.45	44	B	6
	12.43	24	S	5
	12.46	410	B	24
09:34	12.46	60	B	3
	12.42	101	S	9
	12.46	124	B	8
	12.46	24	S	4
	12.45	20	S	4
	12.39	237	S	11
	12.43	29	B	1
	12.41	105	S	3
	12.43	17	B	6
	12.40	13	S	2
	12.41	5	B	1
	12.40	111	S	3
	12.39	66	S	4
	12.40	30	B	1
	12.40	55	B	5
	12.41	151	B	11
	12.42	30	B	4
	12.42	43	B	6
09:35	12.42	12	S	4
	12.42	47	S	6
	12.43	72	B	5
	12.43	35	S	5
	12.43	34	S	7
	12.44	241	B	17
	12.44	19	S	4
	12.43	107	B	5
	12.43	23	S	2
	12.44	2	B	1
	12.43	112	S	8
	12.43	149	B	5
	12.43	14	S	4
	12.43	29	S	3
	12.43	158	S	19
	12.45	111	B	8
	12.43	11	S	2
	12.45	219	B	7
09:36	12.45	51	B	6
	12.45	9	S	2
	12.46	49	B	7
	12.45	12	S	4
	12.46	78	B	6
	12.46	172	B	8
	12.46	55	B	8
	12.47	50	B	7
	12.47	13	B	3
	12.46	115	S	10
	12.46	1	B	1
	12.46	48	B	5
	12.48	403	B	27
	12.48	55	B	8
	12.45	56	S	5
	12.47	417	B	15
	12.45	15	S	2
	12.48	69	B	4
	12.49	50	B	5
09:37	12.49	271	S	33
	12.49	85	S	8
	12.49	71	S	9
	12.50	15	B	4
	12.48	189	S	14
	12.48	16	B	3
	12.50	27	B	4
	12.48	20	S	2
	12.48	55	S	9
	12.48	10	S	1
	12.48	80	S	7
	12.49	100	B	12
	12.48	99	S	9
	12.46	128	S	6
	12.49	515	B	21
	12.48	12	S	2
	12.48	36	S	3
	12.49	10	B	3
	12.48	57	S	6
09:38	12.49	142	B	16
	12.48	27	B	3
	12.45	53	S	4
	12.46	19	S	2
	12.45	123	S	8
	12.43	143	S	12
	12.48	131	B	13
	12.48	52	S	4
	12.48	32	S	4
	12.48	35	B	1
	12.48	73	B	7
	12.47	8		3
	12.46	37	S	4
	12.46	27	S	4
	12.46	5	B	1
	12.48	186	B	12
	12.48	5	B	2
	12.48	55	B	5
	12.47	36	S	2
09:39	12.46	81	S	8
	12.48	236	B	6
	12.46	76	S	7
	12.47	34	B	3
	12.46	119	S	5
	12.46	44	B	1
	12.46	34	B	1
	12.45	15	S	2
	12.48	302	B	11
	12.43	10	S	1
	12.45	2	S	1
	12.45	10	S	1
	12.45	87	S	3
	12.44	1	S	1
	12.44	326	S	17
	12.47	58	B	7
	12.44	79	S	6
	12.44	10	B	1
09:40	12.44	45	B	4
	12.47	30	B	3
	12.46	10	B	1
	12.46	17	B	3
	12.46	34	B	2
	12.46	5	S	2
	12.47	37	B	7
	12.47	91	S	6
	12.47	10	S	1

图 1–13

第二节 量能催化的含义

通过阅读上一节的内容，可以大致了解什么是量能分析以及分析中主要的关注点。对于交易者来说，量能分析的目的是为了发现交易点，也就是个股是否有合适的买点或卖点。这才是重中之重。

在个股出现交易点时，量能总会有着不同于以往的变化，尽管有些个股的变化极其短暂、不易辨识，却不可忽略。比如，股价突然上涨，必然伴随着相对密集的成交单。成交量上的异动，可能会对股价后期走势带来持续影响，也可能只是昙花一现，随即就恢复原状。

研究量能的这种不同变化，探寻其中的核心原理与规律，就需要有一个剖析量能的形成性质和理顺与股价之间逻辑关系的过程，这个过程就是区分量能催化和量能跟随的过程。简而言之，就是发现哪些是催化量，哪些是跟随量。

一、催化量与跟随量

趋势或趋向运行中，量能的突变（突然增大或减小）往往预示着股价可能面临着重大变化，这种引发或催化股价发生改变的量能，即为催化量。

趋势或趋向运行中，平稳增加或减少的量能，会使趋势或趋向运行得更长久，这种跟随或助推股价运行的量能，就是跟随量。

如图 1-14 所示，A 点股价上涨、成交量放大，这就是一个相对标准的催化量。之后，股价下跌中，B 段成交量呈常量形态，就是跌势中的跟随量。

常量、变量等成交量类别是从形态划分的，而催化量和跟随量是从性质上划分的。这种区分的目的非常明确：就是为了从细节上把握交易中资金真实的流动方向。这里所指的资金，可能是主力资金，也可能为其他热炒资金，但必然是能够引起股价发生异动的大资金。

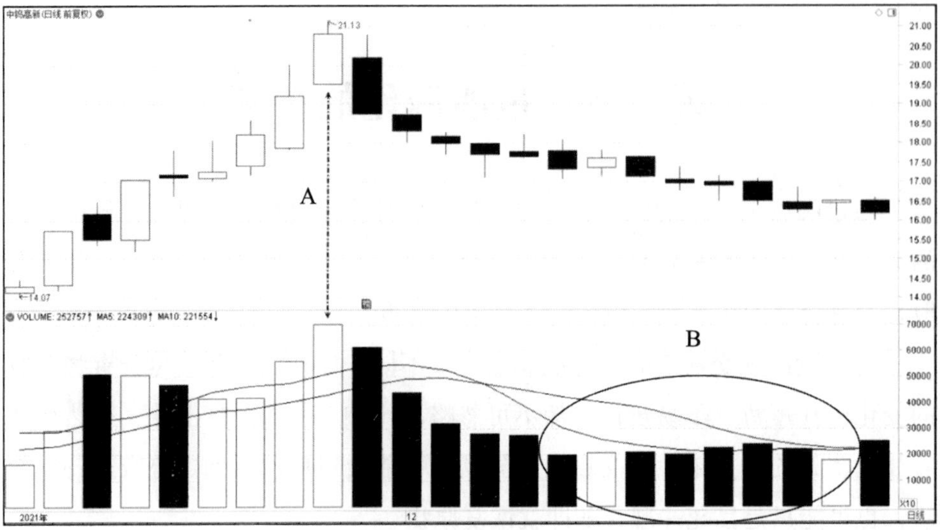

图 1-14

缺乏大资金参与的个股，不值得短线交易者关注。因为这种个股必然存在这样或那样的问题，有些问题作为一般散户是无法得知详情的。有时候，交易者选股会发掘出一些基本面非常优良的“好股”，但是很奇怪，经过技术分析却发现不了主力资金参与的痕迹，是主力资金隐藏得很深吗？

经过一段时间的跟踪，该股突然“暴雷”，这时候交易者才恍然大悟：怪不得股价一直不涨，原来存在这些问题！交易者要相信大资金的调研能力，不会有那么多优良的好股被埋没。

有没有大资金？大资金是流出还是流入？事关交易的成败，是交易者确定买进或卖出的基本规则之一。解决这个问题，可以依据逃逸与回归理论，也可以从量能催化的角度进行分析。

二、催化行为的作用

如果把股价比喻成航行中的船，那么成交量就像是信风、潮汐和暗流。有时候突如其来的量能，会使处于混乱中的局面变得明朗起来，有时却会让本来明朗的局面横生变故。但是有一点必须明确：正如适宜的温度可以帮助鸡雏破壳而出，却不能决定一枚鸡蛋必然会孵化出鸡雏，量能不是股价运行的决定因素，但是它能够起到加速或延缓的催化作用。

如图 1–15 所示，A 点的股价突然打破之前平缓的下跌节奏，放量大跌。这一点的成交量远大于之前的量，明显具有催化作用。

为什么这么说呢?

因为 A 点量价的突变，不管是否有主力资金的故意操纵，都会引发一定数量的抛售盘。这些抛售盘本就处于不稳定的状态，在原来的运行节奏中，并不确定是否会卖出，但如果突然出现抛单集中打压股价的现象，那么这些抛单就会立刻行动起来。换句话说，量价的异动起到催化剂的作用，让本来模棱两可的持仓者马上坚决加入卖出的队伍中。

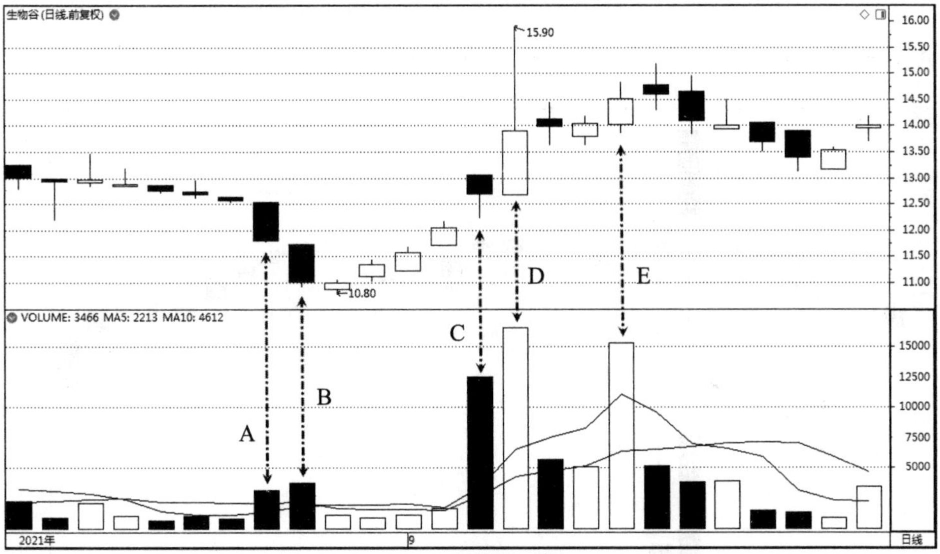

图 1–15

在实战中遇到突然打破平静的下跌或上涨，交易者首先要明白这是一个催化行为，其次分析催化行为的作用和含义。这个分析过程应从技术环境上展开，比如分析该股之前的运行趋势、涨跌幅度、量能等。

类似于图中 A 点量价的催化作用，多数会延续到之后的交易日，如图中 B 点股价继续放量下跌。B 点的股价跌幅与 A 点相仿，但成交量大于 A 点，说明催化效应继续发挥着作用，否则成交量会是一个缩减的跟随量。

实战中，不怕连续催化量的出现，反而是催化量后出现跟随量更让人头痛。如图 1–16 所示，A 点发生催化下跌，次日的 B 点无论股价跌幅还是成交量，都小于 A 点，这就是一个跟随量。这种量价表现倾向于继续下跌，但走势往往较为反复，容易发生误判。而连续催化量出现时，更容易让交易者捕捉到短线反弹的买点。

催化量后出现反弹，也有多种形式。如图 1–15 所示，B 点之后，股价反弹，成交量缩回到 A 点之前的水平，这是跟随量的特征。

跟随量下的股价反弹，比较难以确定买点，除非你是专业盯盘的交易者，能够从分时走势中感受到反弹低点的产生，如图 1–15 中 B 点的后一交易日。不然的话，如图中所示，连续的小阳线反弹，每天的幅度都不大，说明盘中走势强度不高，不会有符合技术要求的买点。

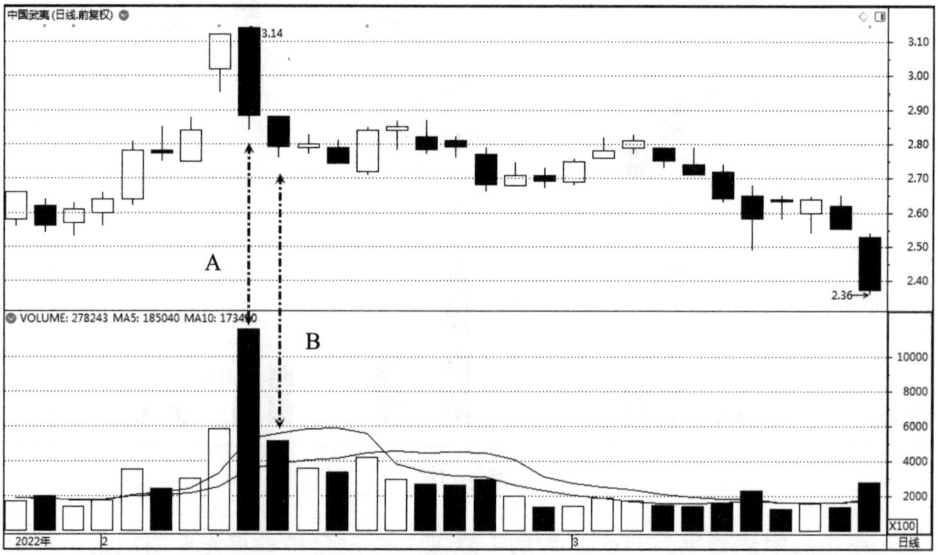

图 1–16

直至图 1–15 中 C 点的出现，这里最显著的就是成交量的变量形态，而股价当日高开低走，虽然股价在低点回升，但是仍以阴线巨量收盘。

C 点首先具有催化上涨的作用，但股价不涨反跌，具有了反向催化的作用。催化与反催化，后面还会讲到，这里就不展开了。对于当日出现催化与反催化、复杂走势的个股，持仓的交易者可依据变量形态规则进行操作。这个技术点后面有专章讲解。

从多日小反弹的角度来说，C点一开始是对连续多日小反弹的反向催化。孱弱的反弹走势中，最容易出现放量大阴线的反向催化形式。但是在案例中，C点处的阴线出现了低点回升，不但未能向下覆盖多日小阳线，反而连向上的跳空缺口都未完全回补。

从该涨不涨，到该跌不跌，催化与反催化始终在变换，持仓的交易者肯定十分煎熬。如果交易者未能在早盘卖出的话，看到当日股价收出长下影线时，就不必急于卖出了。虽然变量形态下，阴线收盘很恐怖，但股价连具有向下引力的缺口都没回补，那不妨再等一等。

有时候等下去可能是错的，但如果有技术分析支持再等一等，这个险还是值得冒的。毕竟，想要赚更多的钱，就不能一点风险都不承担。

在D点，股价一度大幅上涨，这是对涨势的催化，也是对C点的反催化，但是最终收出了长上影线。当日巨大的成交量下，涨势受到压制，这是明显的反催化信号，交易者应当高度警惕顶部高点的来临。

随后的E点，成交量略逊于D点，但股价涨幅远小于D点，这也是反催化信号，说明上方的压制极为沉重，交易者理应做出最后的抉择。

在这个案例中，催化与反催化变化极为频繁、复杂，说明操纵该股的并不是长期主力资金，而是游资等短炒资金。操作这类个股的交易者，应采取短线交易策略，并做好相应的止损计划。

第三节　换手率与量能催化的实战应用

换手率是指在一定时间内市场中股票转手买卖的频率，是反映个股流通性强弱的指标之一。

换手率计算公式：

换手率＝某一段时期内的成交量／流通总股数 ×100%

换手率是成交量的一种分析形式，也可以看成是对成交量的细节分析。相对于成交量来说，换手率在个股活跃度的研判上具有明显的优势。

一、基本知识

一段时期的成交量变化，可以简单地通过柱状图形式予以分析，但是量柱的高低起伏，并不能真正反映出个股的整体流动性如何，而换手率却可以弥补这种缺憾。

换手率能够及时反映出某一个股在当前交易中的成交量，占其全部流通股本的比例，也就揭示出该股的活跃度和是否受到资金的关注。

例如，一根看起来远超前期平均成交量的量柱，其实相对于个股的流通股本来说可能是微不足道的。

如图 1–17 所示，图中 A 点报收一根长上影阴线，其成交量量柱也远大于之前的量。如果仅仅关注量柱本身，无疑会认为当日成交量巨大，甚至符合巨量的标准，即超过 5 日均量线 2 倍以上的量能。

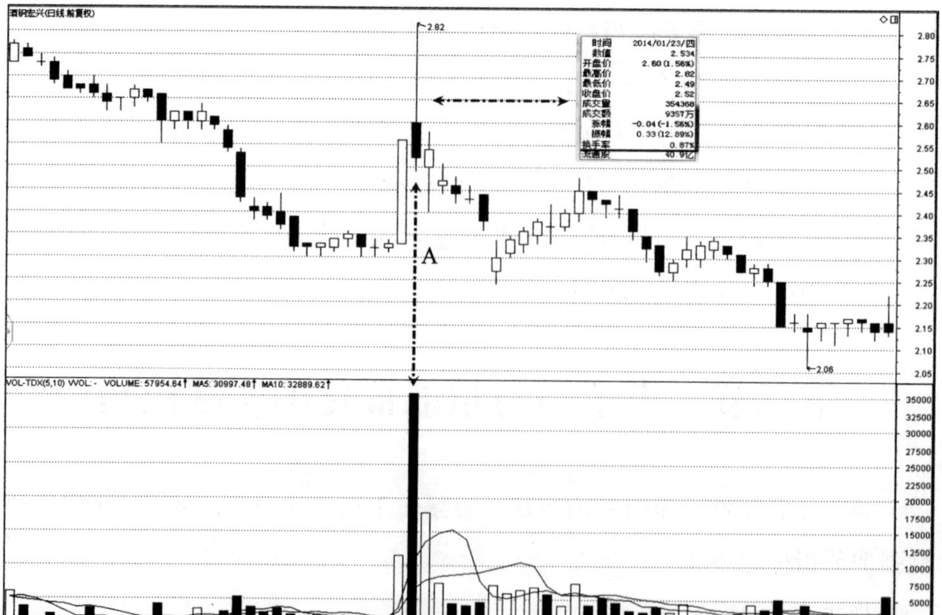

图 1–17

那么这种“巨量”的真实性究竟如何呢？既然成交量本身难以给出答案，这个时候就需要借助换手率来进一步分析。由图中可见，A 点当日的换手率为 0.87%，也就是说尚不足流通股本的 1%，图中所谓的“巨量”，如果和该股流通股本相比，实在不值一提。

图 1-17 中 A 点的换手率不足 1%，却达到巨量形态的量柱，在实战中至少告诉交易者以下几个方面的信息。

（1）前期成交量极其低迷；

（2）“巨量”因个股股本不同，在换手率上具有相对性；

（3）低换手率下，也有可能发生量能催化。

当某一个股突如其来地出现“巨量”时，不要因为其具有极低的换手率，就轻率地认为不会对股价走势带来较大的影响。量能催化不会因为换手率较低就失去效用，如图 1-17 中的 A 点，不足 1% 的换手率，并不影响对股价上涨的反向催化。

实战中交易者要警惕被数据欺骗。比如：换手率低，就认为主力资金出不了货等。诚然，低换手率的情况下，主力资金某一次是出不了太多的货，但并不等于股价不会跌。主力资金在操作过程中，并不必然都能或都要卖在高点上，向下打压或砸盘也是操作手段之一。毕竟股价的折返才是主力资金操作的必由之路。

交易者既要研究“巨量”形态，也不能放弃对所谓低换手率的警惕。

技术环境的不同，会使常规行情中极为平庸的量能，在特定行情中表现为巨量。研究量能催化对股价的影响，就不能仅仅关注量能形态，也需要对不同股本下的换手率有全面的了解。

同样的换手率并不一定会带来相似的价格表现，这种情况一是和个股不同的技术环境有关，二是和个股股本有关。

图 1-18 为蓝筹权重股，流通股本为 956 亿股。图中 A 点处该股升至股价高位，当时的换手率为 2.76%，这个换手率已经处于其历史高值区域，可谓是该股的天量。之后，股价由此出现向下转折的趋势。

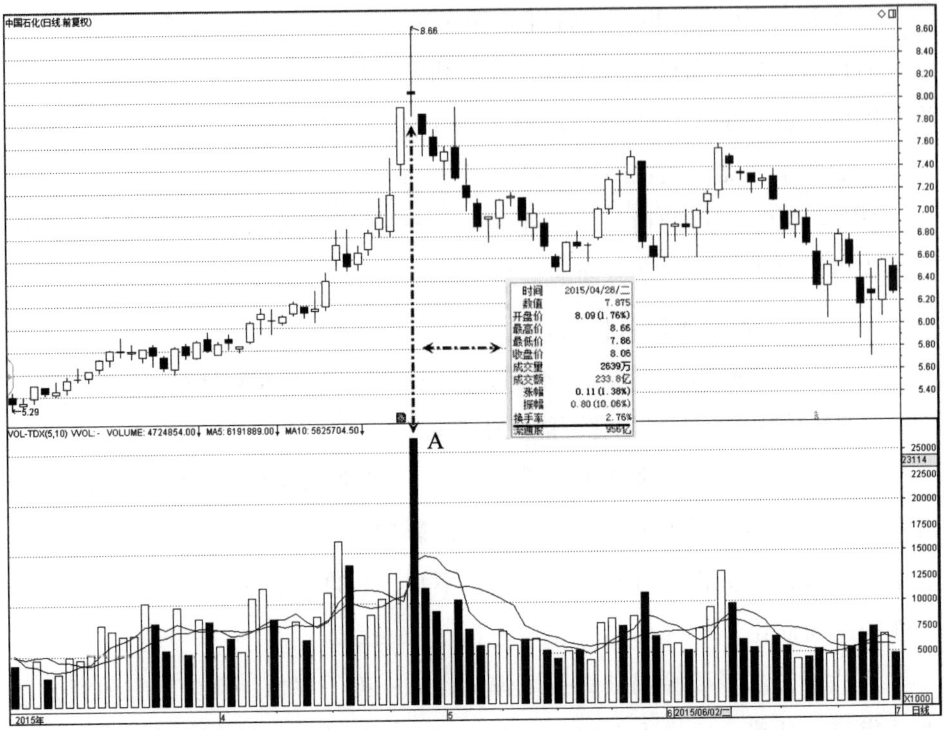

图 1-18

图 1-19 为小盘股，A 点处经过下跌后，在盘整阶段的某日换手为 2.59%。该股流通股本不足 1 亿股。图中可见，这个换手率可以算是该股成交量接近地量水平的表现。

同样是超过 2% 的换手率，在图 1-18 的案例中，是该股历史天量的级别，而在图 1-19 案例中，却仅仅是该股交易冷清的地量级别。这就是不同股本个股之间的差异。

由此可以看出，换手率分析并不是单纯的数字百分比分析，还需要考量个股不同股本的影响。换手率的百分比数值，在不同股本的个股上能否引发量能催化行为，并没有确定的标准。

从量能催化的角度来说，成交量形态分析比换手率分析更能够直观地表现出催化信号，但决不能因此认为换手率分析毫无作用。因为分析个股量能催化的目的是发现交易点，而换手率能够弥补形态分析中的不足之处，让整个分析结论更为全面，也更为准确。

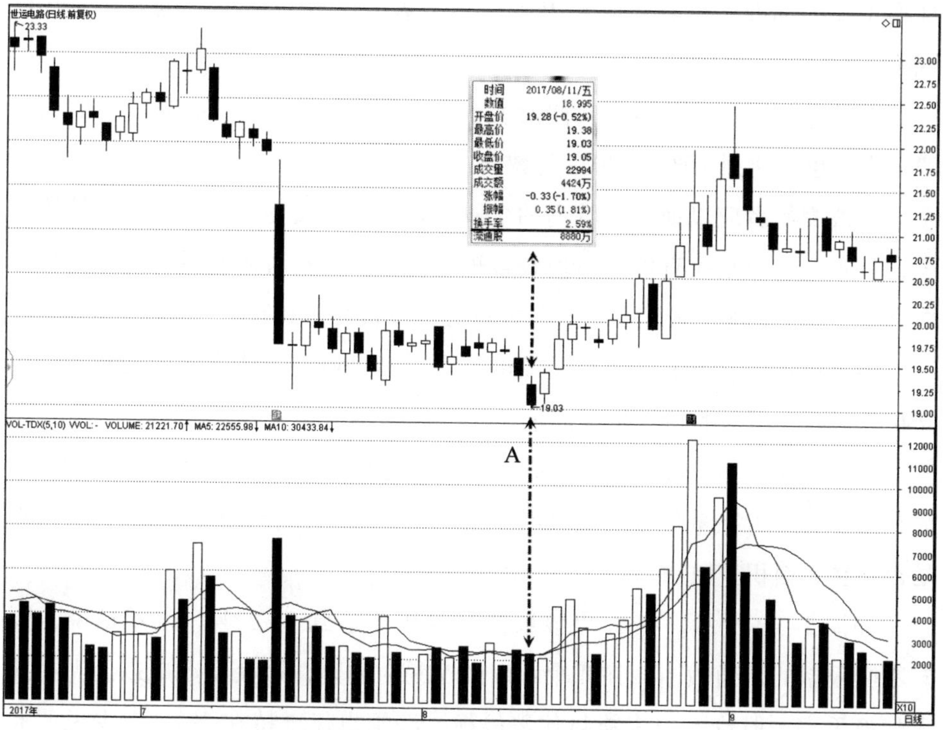

图 1-19

二、高、低换手率的技术解析

从实战角度看，高换手率下显示的是交易火热，低换手率下显示的是交易冷清，这两种特殊情况都有可能成为催化股价变盘的因素，而呈常规或略增、略减的换手率，一般显示为趋向继续的含义。

所以，从发现交易点的角度上来说，应该重点关注高换手率和低换手率这两种特殊表现。当然，我们所说的换手率高和低，并非仅指百分比上的具体数值，还应包括个股因股本的不同而出现形态上不同的认定尺度，以及因技术环境不同而产生的差异性。

1. 高换手率

对于大盘股来说，超过 2% 的日换手率可能都是天量级别的，绝对算得上高换手率。但对一些中小盘股来说，可能超过 20% 的日换手率才勉强达到高换手率的标准，更有新股上市后日换手率达到 50% 以上，也被视为常规现象。

当然，不同技术环境也会使换手率出现异变，受到资金疯狂攻击的大盘股，有时也会达到 10%～20% 的数值。

短线交易者应以换手率较高的个股为目标，即交易活跃、变现容易的个股，只有这些个股才有可能出现较多短线机会，交易者才有机可寻。同时，在这些个股上，也比较容易发现量能催化与反催化，有利于选择买点或卖点。

但是高换手率既有适宜做短差的有利一面，也有可能遭遇股价高点发生转折的风险，即对股价发生反向催化。

过高的换手率，大部分都是资金击鼓传花的游戏，不是绝对不可以参与，而是需要参与者在量价分析上具有一定敏锐的嗅觉，能够及时发现风险因素是否正在大面积扩散。

如图 1-20 所示，在 A 点该股当日换手率达到 71.22%。也就是说，所有不受限制的流通股本，在 4 个小时的交易时间里，被交易七成以上。如此大的换手率，股价不但未能封住涨停板，涨幅也仅维持在 1%，至少说明股价涨升强度与之前相比，已经处于大幅下降的状态中。

现在看图 1-20，知道股价后来发生了下跌，但是在实战中，A 点这根 K 线还是很具有迷惑性的。主要表现在：一是具有冲高的过程；二是具有低点大幅回升的过程；三是 K 线表现为阳线。这三点，就让持仓者难以确定如何进行交易。

但若是从换手率和量能催化的角度来分析，交易者就不难发现，A 点就是一个极佳的卖点。

首先，就如上面分析的，股价涨升强度大幅下降，就是一个需要高度警惕的卖出信号。

其次，换手率达到高危区域（关于换手率高危区域的相关规则，后文有详解），案例中不单是 A 点换手率处于高危区域，A 点的前一根 K 线的成

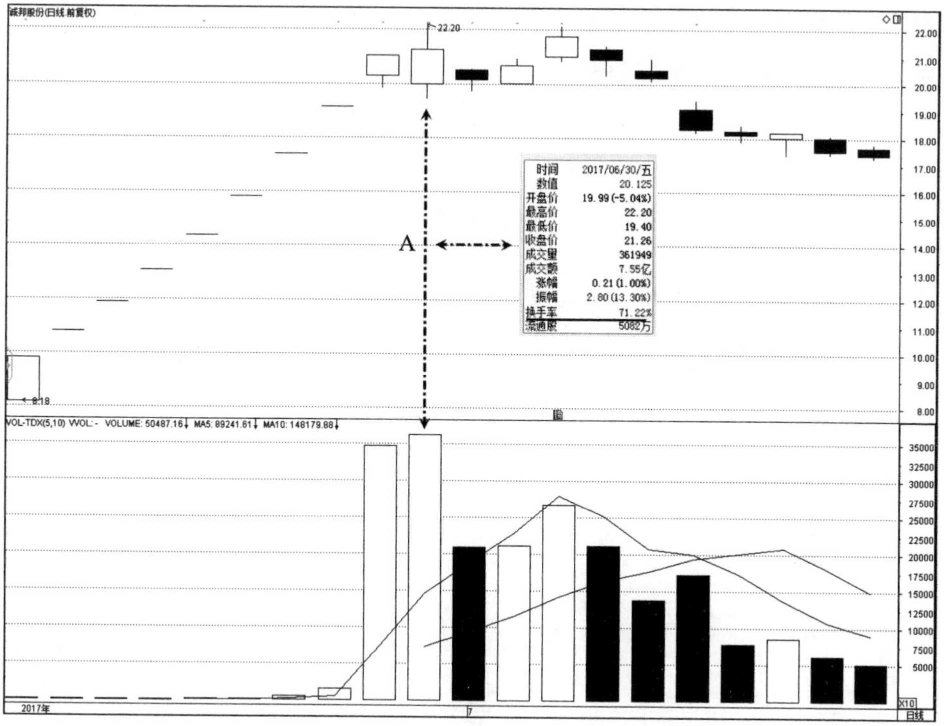

图 1–20

交量，就已经处于高危区域（变量形态）。但当日股价涨停，涨升强度仍然存在，所以可将其视为反向催化的一个临界点。

谨慎的交易者会在这一点就选择卖出，而激进的交易者应有一个预案：次日预估换手率如依然很大，而股价却不能涨停，则卖出。

第三，A 点成交量与股价涨幅出现背离，显示量能催化已经达到极点。图 1–21 即为图 1–20 中 A 点当日分时走势图，图中可见，股价低开后逐波反弹，即使在午盘达到反弹高点时，成交量整体也并没有达到密集放大的程度，仍然保持着从开盘逐渐缩减的态势。

这种盘中股价走势与大换手率明显构成量能反向催化，交易者需要做的，就是放弃犹豫与幻想，果断执行卖出计划。

近年来，新上市的股票打开涨停板后，换手率基本数值通常都会达到 50% 以上，而高危换手率多数在 70% 左右。最能迷惑交易者的是，高得惊人的换手率出现后，股价并不一定都会连续大幅下跌，有的甚至还会出现连续上涨，但这种情况出现的概率极小。

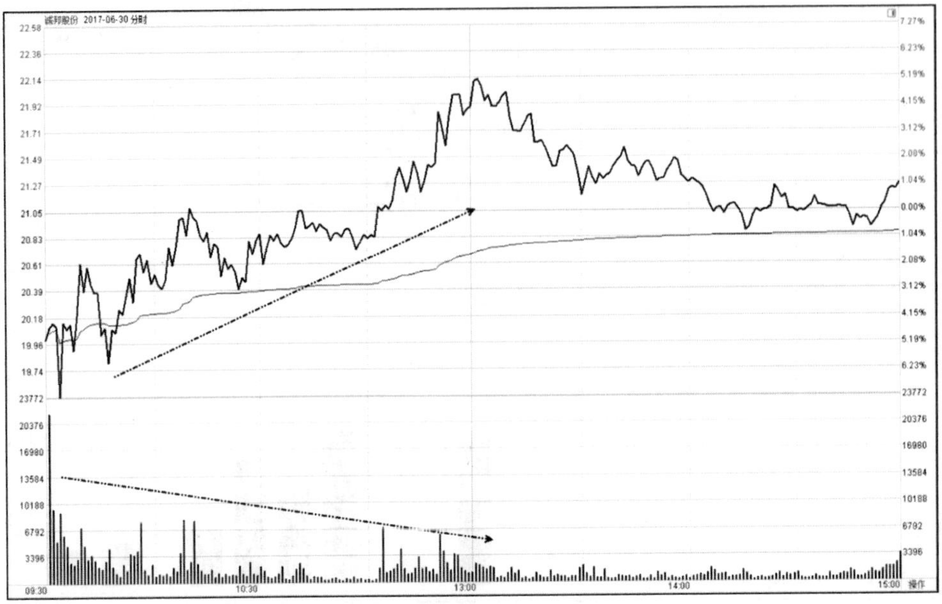

图 1–21

如图 1–22 中 A 点，该股打开涨停板后当天换手率达 68%，之后经过短短三个交易日的回调后，股价继续上涨超过八成。疯狂换手率的背后，多数是资金击鼓传花的游戏。参与者都知道自己在赌，但都认为自己不会是接最后一棒的人。

上述案例中，A 点高危换手率出现后，股价仅仅经过短暂回落调整，就继续展开上涨，而成交量却处于逐渐缩减的量能消散态势中，这种违背量能催化规律的现象，可以说明一点：该股主力资金并非松散的热炒资金，而是敢于控盘的实力资金。

对于主力资金控盘的个股，并不能都保证后市无忧，尤其是最近几年的股票市场上。一旦交易者无法预知的事件发生，比如，主力资金链断裂等，股价仍旧不能避免直线跳水。现在的市场中，已经很少有主力资金愿意采取类似上述案例中高度控盘的方式了，因为高控盘对于主力来说也是风险极大的运作方式，远不如波段性操纵个股股价来得相对轻松。虽然整体盈利幅度无法与之相比，但受限于市场环境与条件，主力资金不得不如此选择。

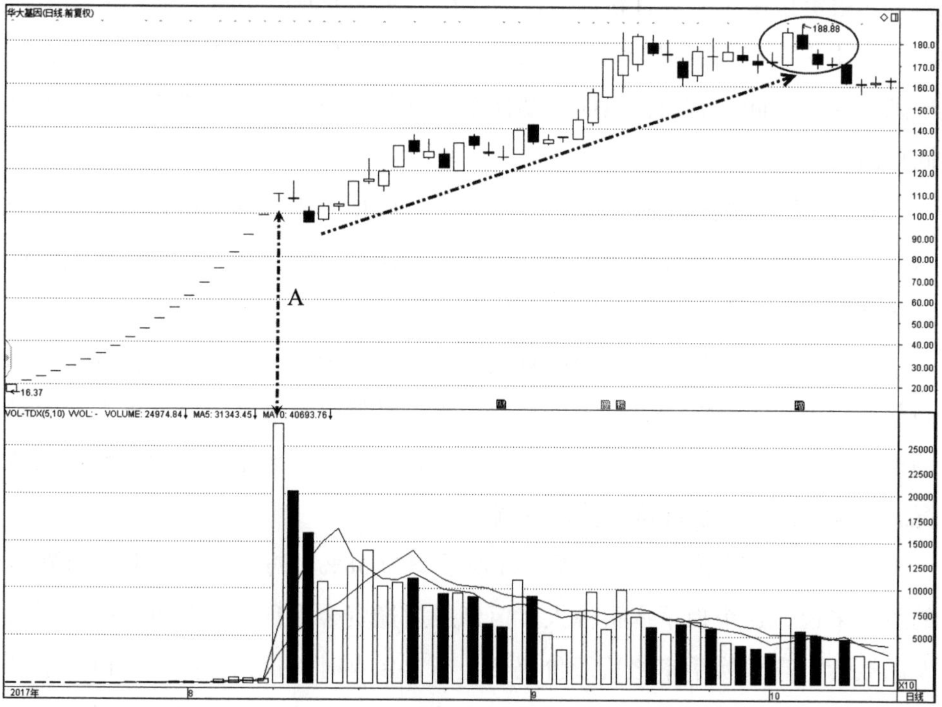

图 1-22

极高的换手率目前还仅是在新股中频繁出现，在其他股票中，当日换手率接近或达到 30% 左右时，可以说就是股价可能接近拐点的高危信号。

实战中的变化总是难以用一个标准来全部衡量，但是有一点是明确的，即一个高危换手率出现时，即使价格没有立即发生转折，交易者也必须明白，接下来要面对的是高危技术环境。如果你参与到其中，就必须有接受股价随时向下崩塌的勇气和预防手段。

不要认为那些资金比你雄厚的各路人马知道股价哪一天开始下跌，没有人知道这一点！在博弈的过程中，没人知道对手会先出哪一张牌，除非你已经被对方看透，或者你已经看透了对手。资金击鼓传花的游戏并非没有规则，而是博弈各方各有各的规则。

例如，某些资金以获利的百分比为离场的界限，超过这个百分比立即触发抛售规则。倘若离场的资金规模过大，必然引发股价的转折。如果规模一般，则可能股价振荡后又会有新资金入场接盘，继续击鼓传花。

规则必须和你的综合实力相匹配，过高的期望值、漫天的贪欲，那和无规则没什么不同。有句俗语叫“墙倒众人推”，股价的暴起暴落，何尝不是同样的道理。

技术上，高危换手率出现后，如果之后的换手率能够维持在相对较高的水准上，而股价不跌并维持上涨，股价涨升强度依然存在，这种情况说明资金热度不减，未大规模撤出，仍有余勇可贾。

随着各路热炒资金依照自身规则逐步退出，成交量必然随之消减，而炒高的股价失去了继续“燃烧”的动力来源，必然只有下跌一条路可走。此时的换手率或者说成交量，怕减不怕增！这是高危换手率出现后的一种特殊情况，也是交易者分析股价走势的一扇窗口。

如图 1–23 所示，A 点开板当日换手率为 58%，对于一个并非上市新股的股票来说，这个换手率很惊人。但该股适逢资金疯狂炒作某重大政策所引发的概念，高危换手率之后股价仍旧上行，B 点时股价创新高，但换手率已经难上新高，之后更是逐波消减。成交量难以为继的态势呈现在图形上，就是一个逐步消散的形态，而股价也随之开始了转折向下的过程。

通过这个案例可以看出，量能对股价的催化或者反向催化，在某些个股中会有延迟现象，即个股的换手率在高危区域，股价虽没有连续大幅暴跌，但也不再能够维持继续快速上涨的趋向，而是横向振荡、运行重心走平或股价小幅下行。这种形态出现后，就意味着热炒资金间击鼓传花的游戏到了最后的时刻。

2. 低换手率

过高，尤其是高危换手率，不可能长期持续存在，而过低的换手率，既有可能长期存在，也有可能阶段性存在。

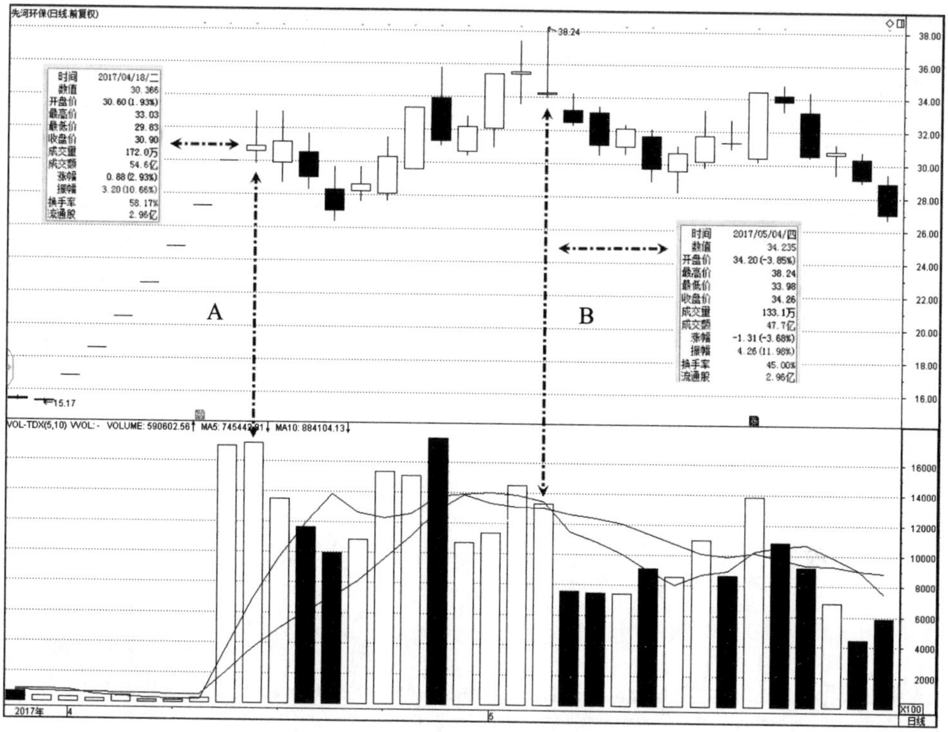

图 1–23

当然，这里提到的低换手率和上文讲的高换手率一样，并不是仅指具体的百分比数值，而是包括股票的股本、技术环境等综合因素。

长期低换手率的股票，所反映的是价格低迷、交易冷清的状况；而阶段性的低换手率，反映的是价格阶段性休整的状况。

冷门股长期低迷的换手率和价格对应存在，但长期低迷的换手率并不意味着股价始终如一、波澜不兴。在这个过程中，总会有若干级别不等的价格反弹出现，而成交量也会出现相应的变化。

如图 1–24 所示，在股价下跌过程中，成交量呈逐级消减的态势，换手率在这个过程中处于较低的水平。但每一次股价较有力度的反弹，换手率也会出现放大的情况。见图中 A 点。

当股价反弹结束后，成交量复归于平静，换手率仍旧会再度陷入低迷。

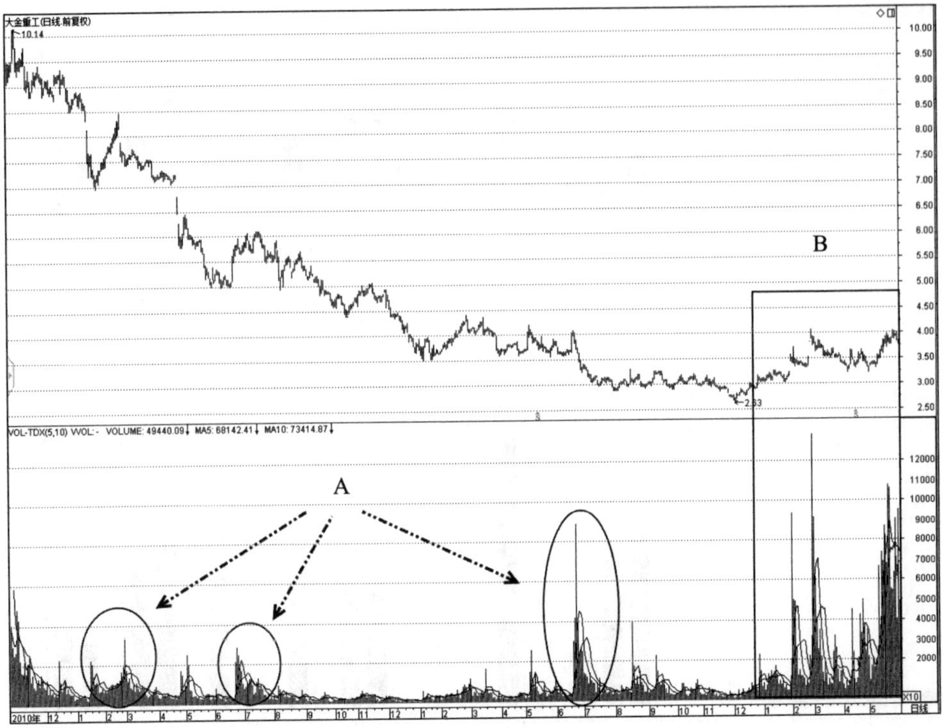

图 1-24

如果换手率在之后并未回归低迷，而是逐步聚拢增加，那么相应的价格走势也必然会由此发生变化。这种变化，既有可能是趋势上的，也有可能仅仅只是趋向上的。见图中 B 段所示。但是，至少意味着一个波段涨升机会的来临。

在图 1-24 B 段的技术环境中，当股价反弹，成交增量，但换手率不能持续放大，而是激增后骤减时，交易者不能被幻想或不切实际的愿望所掌控，必须清醒地认识当前股价反弹的属性。只有这样，无论是短线交易还是其他风格的操作，才会有一个相对正确的选择。

阶段性低换手率是升势中一种常见现象，通常是价格处于休整时的量能形态，但并不排除某些个股就此发生转折。

如图 1-25 所示，A 段最高日换手率超过 25%，随后股价回落调整，量能不断萎缩，至 B 段时最低日换手率不足 2%，之后股价回升，换手率增加。

B 段即为一个阶段性的低换手率。

B 段最低日换手率不及 A 段最高日换手率的十分之一，显示大幅抛盘已经基本结束，但是股价并没有创出新低或者接近前低点，说明之前抛售的筹码大部分并非是主力资金所为。低点无量，至少说明卖出开始减少，但同时也说明买入者同样少。所以这里一旦出现反弹，就很关键。如果反弹孱弱，则可能就此发生股价向下转折或者再次横盘蓄势的情况。如果弹升坚挺，则可能再续一段升势。

至于为什么会这样，不妨从主力资金操作思路上来试着推演一番。

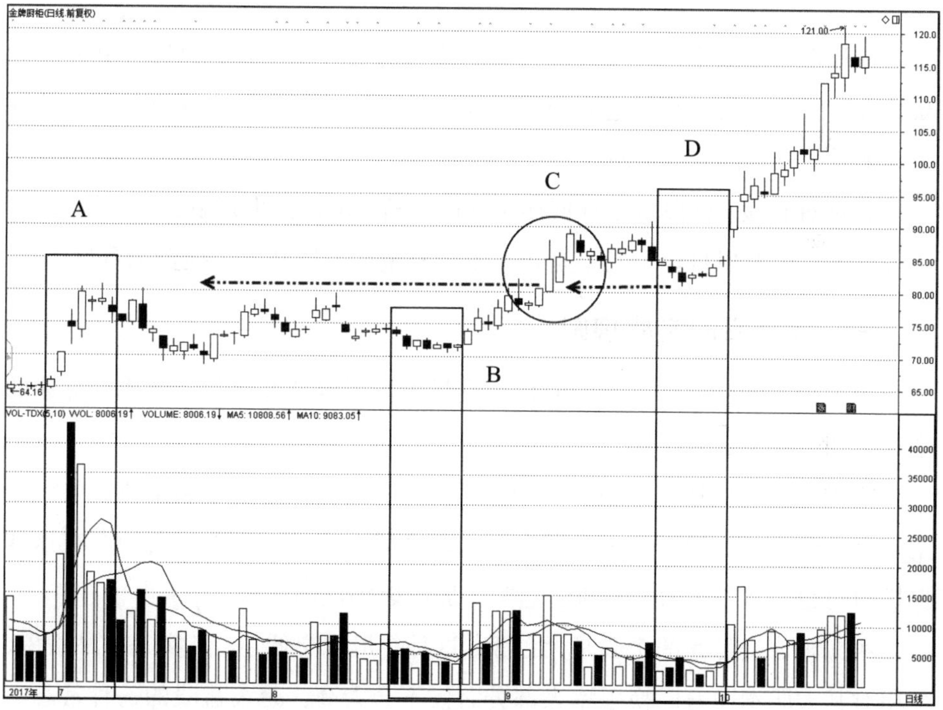

图 1-25

在 C 段，股价突破 A 段高点，日换手率最高时也不足 9%，远低于 A 段的量。这是标准的减量过顶形态。

所谓减量过顶，是指价格突破前一高点，但量能却小于前一高点。减量过顶是主力资金相对控盘的标志，但也要提防主力资金虚假突破，大杀回马枪。

鉴别C段是减量过顶还是虚假突破，从成交量分析的角度来说，主要看之后回落过程中，阶段性低换手率出现时，价格低点能否在前高附近止跌回升。

如图中D段，换手率比B段时还要低，但股价却在C段的启动点，也即前高A段之上止跌。D段的情况说明股价打压时，盘中容易形成恐慌的筹码已经寥寥无几。

一般形成这种情况有两种原因，一是筹码较为集中，二是多数持仓者看好后市。

就该股以及大盘的技术环境分析，市场并非处于牛市、该股也并非“大众情人”，不会有太多持仓者愿意“倾情锁定”，那么结合减量过顶的特异表现来看，该股的筹码应较为集中。

通过对B段、D段阶段性低换手率的分析，可以初步判断股价后期趋向，还可以进一步发现目标个股中是否有主力资金参与以及主力控盘的程度。

三、换手率的实战规则

主力控盘的个股，大部分时候成交量表现得很“低迷”。但成交低迷的个股，并不都是主力控盘。

第一种成交低迷的个股，是指缺少大资金关注，也就是通常所说的没有主力资金介入的个股。无主力资金介入的个股，多是因为上市公司存在这样那样的问题，其股价随波逐流。这类个股缺乏关注的必要。

第二种成交低迷的个股是大盘股，这种个股成交低迷，其实是一种假象，是相对其大股本而言。换手率大部分时候不会太高，是大盘股的一种常态。大概没有资金想要去控盘一家流通股本超百亿的个股。

主力高度控盘的个股，K线图上有明显的特征：股价形成上涨趋势，密集成交区的最大放量点的换手率往往也只有个位数，一般不会超过5%。

个股之所以会出现大成交量，原因大致如下。

（1）资金实力一般，只能以对倒的手法拉升股价。边拉边打，不断通过上涨、下跌的股价折返来降低成本，这种类型个股的典型走势，就是折返非常频繁，“坐电梯”是常事。

（2）主力控盘程度不足。大成交量出现后，多数会开始回落调整，通常回落幅度都会较深，这样才能满足主力逐步增加控盘程度的目的。

（3）资金对赌，即击鼓传花游戏，也就是游资间传递炒作。一旦游资被套或者顺利逃生，那么随着成交量的快速萎缩，股价必然暴跌。这种类型很特别，巨大成交量下，涨会涨得你不敢相信，跌会跌得你怀疑人生。

当交易者在实战中遇到这些个股时，有一套初步的筛选方法，这个方法对于八成以上的个股都有借鉴意义，对于短线交易者有重要的参考作用。上市未满半年的次新股，不受本方法约束。

（1）个股换手率超过10%，需要开始警惕。部分前期成交低迷的个股，出现这个换手率甚至就等于短线减仓信号。

（2）换手率超过15%，高度警惕。半数以上个股达到这个换手率，即使不立即连续大跌，至少也要开始大幅振荡。

（3）换手率一旦超过20%，随时准备卖出。

（4）如果上述某个级别的换手率处于该股历史最高值区域，那么股价大概率会在当日或接下来几日见高回落。

（5）当个股第一次触及到换手率的高危区域，如果股价并未就此见顶，短暂调整后再次放大量上涨，且这种情况再次或多次出现，则顶部大概率已经形成。

（6）一根高换手率的变量，足以将股价钉在高位数月甚至是数年。天上一日，地上一年，有时讲的不是神话，而是股票交易。

如图1-26所示，是某股票股价上涨中换手率不断攀升的情况。至A点时，股价冲高回落，换手率高达50.41%。A点股价高点发生在2017年，高悬半空数年。套在高处者，早已不胜寒！

（7）个股卖出方面，即使没达到上述换手率卖出标准，也要注意变量形态。变量的出现，虽然在换手率上并未进入风险区，但突兀的大量还是会引发多数个股进入调整。

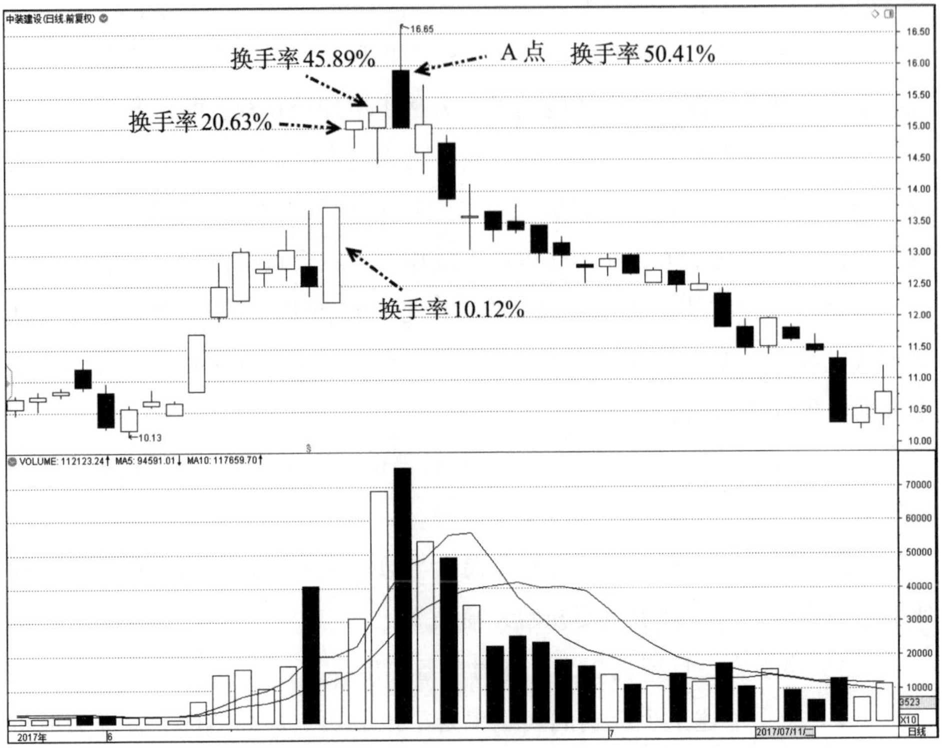

图 1–26

（8）关注新股及次新股拉升阶段的换手率。观察分析新股的换手率，迥异于老股。新股，尤其是经过超跌探底过程后再度起涨的新股，在处于拉升阶段时，卖点多由换手率提示，其他技术指标很难提示卖点的存在，或者不够精准。

换手率超过 10% 只是启动必需的成交量。

换手率达到 20% 时，小部分个股会有调整，但对强势涨升的个股不会有太大影响。

换手率达到 30% 时，就进入换手风险区，但并不意味着股价必然下跌。

换手率达到 40% 时，进入换手高风险区，多数个股会出现阶段性高点，并在之后会有明显的回落过程。这个换手率也是大部分新股发出的卖点信号。

换手率达到 50% ～ 70% 时，几乎就是必然下跌的信号，这时要做的就是放弃幻想，及时卖出。当然，实战中也有换手率超过 70% 后依然上涨的个股，但存在的概率极小，实在没必要为了一个小概率，去冒大风险。

第二章

量能催化与买卖点的选择

第一节　量能催化下的起涨点

起涨点在技术分析中是一个容易让人误解的词。只要股价上涨，就会有起涨的那个点位，也就是起涨点。但是并不是所有股价上涨的点，都能成为适合买入的点。起涨点并不完全等同于买点。

为什么这么说呢?

有过实战经验的交易者应该都有过这样的经历：技术上判断某一个股要上涨，实际上该股确实出现了上涨，但买入的交易者不是没能赚到钱，就是还被套在其中。最常见的原因是：该股上涨的幅度太小，微薄的利差可能连交易的手续费都不够缴纳。

在交易中要寻找的是具有买入价值的起涨点，这种性质的起涨点往往都和量能催化行为紧密相连，辨别出量能催化或者反向催化，基本上就能抓住适合的买点。

在目前四千多家股票的市场上，发现这些股票就需要进行大批的遴选和淘汰，而从技术环境分析上入手，不失为一个省时省力的好办法。

一、起涨的市场条件

1. 趋势跌幅大

一个下跌趋势往往具有持续时间长、跌幅巨大的特点。做空力量在这个过程中得以全面释放，同时随着价格的大幅度下跌，交易标的的价值越来越凸显出来，这就为做多力量的复兴提供了基础条件。

趋势之间有一个起落转承的过程。即使下跌趋势已经穷途末路，上涨趋势也不可能在一夜之间就铺平大道坦途。主力资金需要一个建仓的过程，虽然建仓的方式多种多样，但过程总是免不了的。其实通常所说的底部构筑，也就是跌势与涨势之间的转承以及资金建仓的笼统说法。

2. 人气极度低落

主要下跌阶段结束，进入底部构筑阶段之后，这时市场的悲观氛围和下跌期间并无改观，甚至有过之而无不及：机构普遍看空后市，交易者情绪降至冰点。市场人气极度低迷的时刻，恰恰也是主力构筑底部的最佳时机。

这个阶段管理层的态度悄然发生改变：一些长期困扰股市发展的深层次问题逐渐得到解决；政策面发出积极的声音，一些有利于股票市场发展的政策开始颁布实施。总之，政策面开始转暖。

3. 强势股开始补跌

在市场人气低落、希望与失望并存的关头，前期大盘下跌过程中，普遍抗跌或强势反弹并被市场普遍看好的强势股票，此时突然出现纷纷跳水杀跌的场面。与此同时，指数或前期一些阴跌的个股也转为急速下跌，涌现个股集体跌停的场面。

各种各样的技术底、市场底、政策底，以及支撑位和技术关口都显得异常脆弱，市场局势似有崩盘之势。这种情形会给市场造成进一步的恐慌，并促使大部分人产生对后市的失望或绝望心理，并选择尽快清仓离场。

4. 无形的手

在上述情况发生，尤其是一波急速下跌之后，市场整体（包括指数和个股）形态并没有出现像很多人预计的那样持续不断的大幅下跌，而是呈现一种方向不明的波动。

每逢市场上有利空消息传播，或技术形态显示将要进一步下跌时，却往往在最后一刻转危为安。似有一只无形的手在下面托着市场，在市场普遍存在的浮躁情绪中，维持着相对平稳的局面，同时市场的运行重心也在悄然抬升。

二、起涨的技术条件

1. “最后一跌”

在下跌趋势末期，大多数个股进入到底部构筑阶段时，会有一个加速下跌的过程，这个下跌过程通常会探明下跌的最低点，所以也被称为下跌趋势的“最后一跌”。

“最后一跌”具有重要意义，它的出现往往预示着行情已经进入底部构筑阶段。但是必须提醒一点：“最后一跌”出现之前，如果股价曾有过大幅下跌的过程，交易者就不能将所有的股价暴跌都当成“最后一跌”。

“最后一跌”往往跌速较快、跌势迅猛，其量能构成具有以下特点：下跌过程中成交量呈变量形态或基本呈常量，而“最后一跌”中的最低点当日的成交量，往往处于常量的水准。如图 2-1 所示，A 段为“最后一跌”恐怖的下跌过程，仅仅 6 个交易日股价下跌超过 26%。

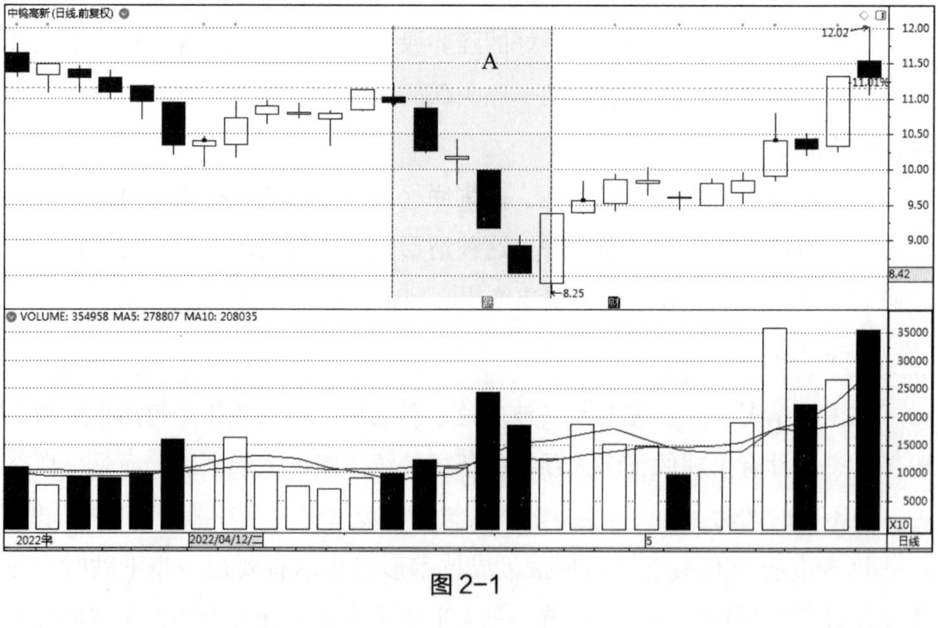

图 2-1

从交易心理的角度分析，杀跌过程出现成交量变量形态，是由恐慌情绪引发的抛售行为或主力对倒制造恐慌所致，而恐慌性抛售得到宣泄之后，价格和量能都会恢复到正常状态，但价格仍旧会在惯性下跌的引导下创出新低。

在“最后一跌”结束后，多数个股会开始回升，通常较强的会回升到杀跌前的价位，稍弱的回升至一半的价位。主力建仓较晚的可能仍会继续考验“最后一跌”低点的可靠性。

2.“脱离苦海”

如果说“最后一跌”是底部构筑阶段的“地标性”形态（建仓期并不完全等同于底部构筑阶段），那么“脱离苦海”的出现，就意味着底部构筑已经进入中后期阶段。

所谓“脱离苦海”的个股，意指已经走出下跌趋势，而底部构筑已经完成或接近完成的个股。这类个股介于强势与准强势个股之间，同时相对涨幅不大，正处于趋势起涨的阈值上。

对于此类个股的界定，可以采用 120 日均线和 250 日均线为基准。当股价成功突破两条长期均线的压制并由此获得支撑，则标志着该股已经“脱离苦海”。

实战中有一些个股形态复杂难辨，如图 2-2 所示，A 段之前该股股价数次突破 120 日均线和 250 日均线，但是并不能在长期均线系统上站稳，随着反弹结束，股价便会跌回到两条均线之下，形态似乎难以认定。

当画出一条下跌趋势线后，该股的形态立即变得很明了：该股股价虽然数次突破了长期均线，却一直受制于下跌趋势线的影响，难以获得趋势与均线的真正支撑。直至 A 段，股价突破下跌趋势，才由此获得长期均线系统的支撑。同时，图中成交量也显示出不断催化，而不是逐渐萎缩的形态，这些技术条件的具备，显示出股价已经成功“脱离苦海”。

在一个下跌趋势运行过程中，当股价突破趋势线、长期均线，并得到有效支撑后，交易者应当重点关注这类个股，因为上涨趋势或波段上涨的起涨点已经或即将出现，交易者可以避免因过早介入而被动参与股价底部的痛苦折返。

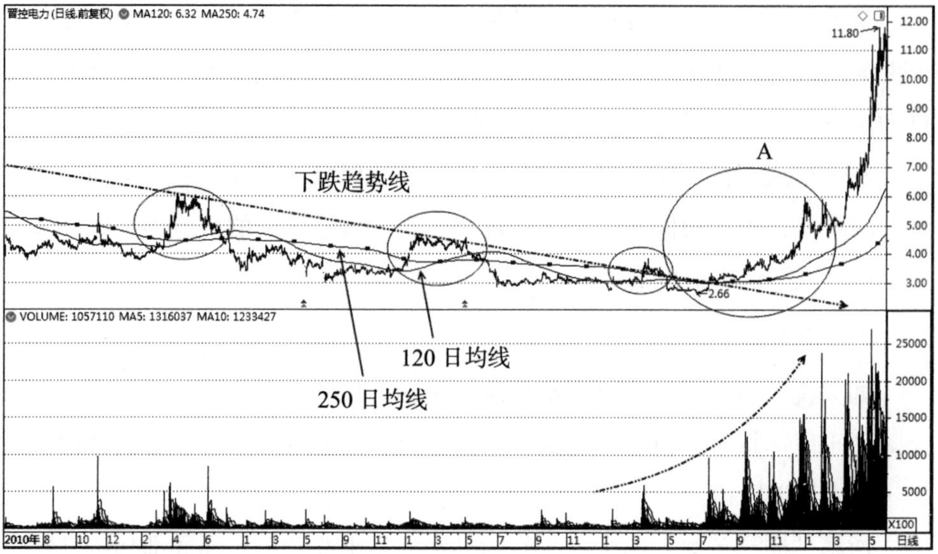

图 2-2

3. 转折的测试和验证

趋势转承必然是从短期趋向开始，然后过渡到中期趋向，最终对长期趋势产生影响或改变趋势方向。

但是必须注意到，在下跌趋势运行过程中，股价的短中期趋向会多次出现与下跌趋势相逆的现象，即出现力度不等的反弹行情。而在上涨趋势形成及运行过程中，股价的短中期趋向也会多次与趋势相逆，即出现回落调整行情。

实战中经常会发生的情况：某个看上去刚刚形成的所谓上涨趋势，其实只是一个强势的反弹行情；某个被认为是反弹的行情，却在之后衍化为上涨趋势启动和形成的初期阶段。

下跌趋势运行过程中，各种力度不等的反弹也是对趋势本身的测试和验证。当反弹不能对趋势形成突破，随后股价继续下跌时，即确认了原有趋势运行的有效性。

上涨趋势启动和形成的初期阶段，价格的回落调整，同样是对趋势本身的测试和验证。趋势是否突破不会一蹴而就，而是存在不同形式、反复验证和测试的过程。

如图 2-3 所示，A 段就是该股脱离下跌趋势，构筑底部结构的过程。股价频繁出现上下折返的走势，就是对趋势转折和长期均线反复验证和测试的过程。

至 B 段，股价整体已经处于长期均线之上，显示得到了相应的支撑。即使如此，股价仍旧还是不断出现折返振荡，这也是股价摆脱下跌趋势的束缚，展开新一轮上涨趋势的常见形态。在 B 段，成交量的密集程度已经明显不同于 A 段，说明资金活跃度正在大幅上升。交易者可以在股价不断测试和验证的过程中，通过催化或反向催化来寻找短线介入点。

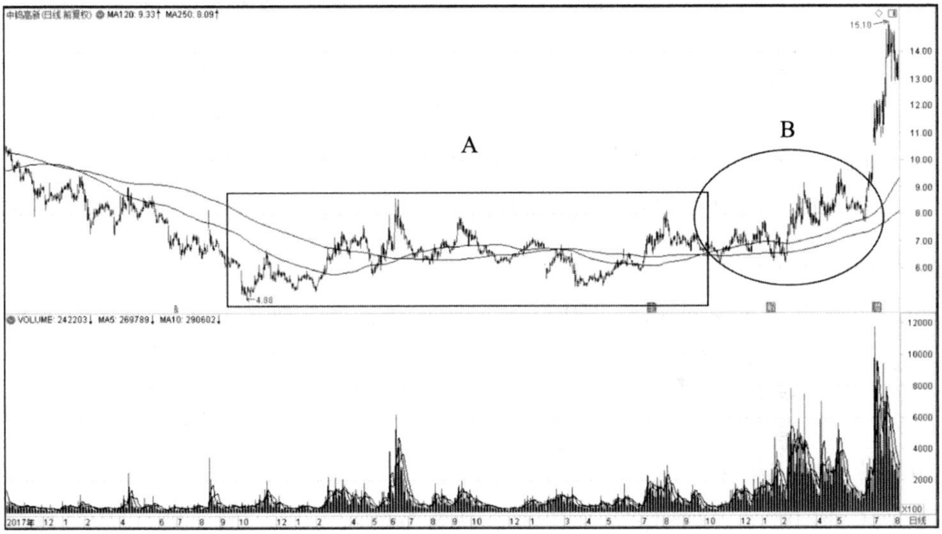

图 2-3

4. 均线系统的分布

在长期下跌趋势中，价格和短期均线会多次在短期反弹或次级反弹中启动上行，随着反弹的结束又会再次回落。在下跌趋势下所发生的任何级别的上涨行情，都不能随意猜测就是趋势扭转。在没有技术环境分析的前提下，只能暂时认定为反弹行情。

反弹行情是否会演化为趋势扭转，“脱离苦海”技术可以从大势上进行遴选，而反应较为灵敏的短中期均线会率先给出答案。均线系统中不同时间周期的均线，分布在相应的位置上，并能对运行中的价格起到支撑作用，或者由压制转化为支撑，这就是研判趋势扭转中的均线分布。

用于研判趋势扭转的均线系统，主要由短中期均线构成，比如5日、20日、60日均线等，但仍需要加入一条中长期均线来对趋势进行确认，如120日、250日等。

如图2-4所示，均线系统由5日、20日、60日三条短中期均线和250日长期均线构成。

其中5日均线主要起到测试股价强度和反映运行角度的作用；20日、60日均线用于反映支撑与压制作用；250日均线的主要作用是确认趋势扭转成功与否。

图中A段，股价与5日、20日短期均线首次穿越250日均线，这次上攻有成交聚量的配合，但上攻角度为30度区，强度并不理想。

在个股下跌途中或构筑底部的过程中，或有多次上穿或触及250日等长期均线的动作。

下跌途中上穿或触及250日等长期均线，多为强力反弹所致，这时的250日均线应为角度较大的下行态势或由上转平、转下的态势。

在构筑底部过程中上穿或触及250日长期均线，这时的250日均线应为由下转平或小角度下行的态势。

上述两种对于长期均线的挑战，其技术意义完全不同：下跌途中挑战长期均线，更多的是一种诱多行为；构筑底部过程中挑战长期均线，则是一种测试行为，意在测试长期均线的压力大小，为趋势扭转做准备。

图2-4中A段就是对250日均线的测试：穿越250日均线就是在测试压力的大小，而后的回落则是测试这条均线是否具有支撑，也就是压力是否能够随着价格的上涨而转化为支撑。这是趋势或趋向发生扭转的技术核心。

在B段虽然股价和短期均线曾跌破250日均线，说明长期均线的压制并未在短期内转化为支撑，但也并没有因压制的存在和反弹汇聚的做空力量而出现快速下跌，显示多方在潜移默化中消化了空方的能量。

在B段多条均线间发生聚拢，并与股价形成短暂的盘线形态。这种技术形态出现时，就要为可能出现的向上发散做好准备。很快，股价与短期均线以45度区放量上行，角度、聚量形态等都证明趋势在这里开始出现扭转。

B段之后，股价与均线以30度区缓速下跌来进行调整，并于60日均线上得到支撑，见图中C段。这是对趋势扭转的最后一次确认。而后，股价与短期均线以45度区上涨，是行情进入新上涨趋势后的首次启动加速。

在趋势扭转的关口上，不同时间周期的均线分布，可以协助交易者判断多空力量的对比关系，当大多数迹象都指向多方占优时，趋势扭转必然水到渠成。在这个过程中，成交量整体上必然要大于之前下跌趋势运行阶段的量。交易者还可以通过绘制股价运行重心线等技术手段，来分析和观察趋势的扭转和启动情况。

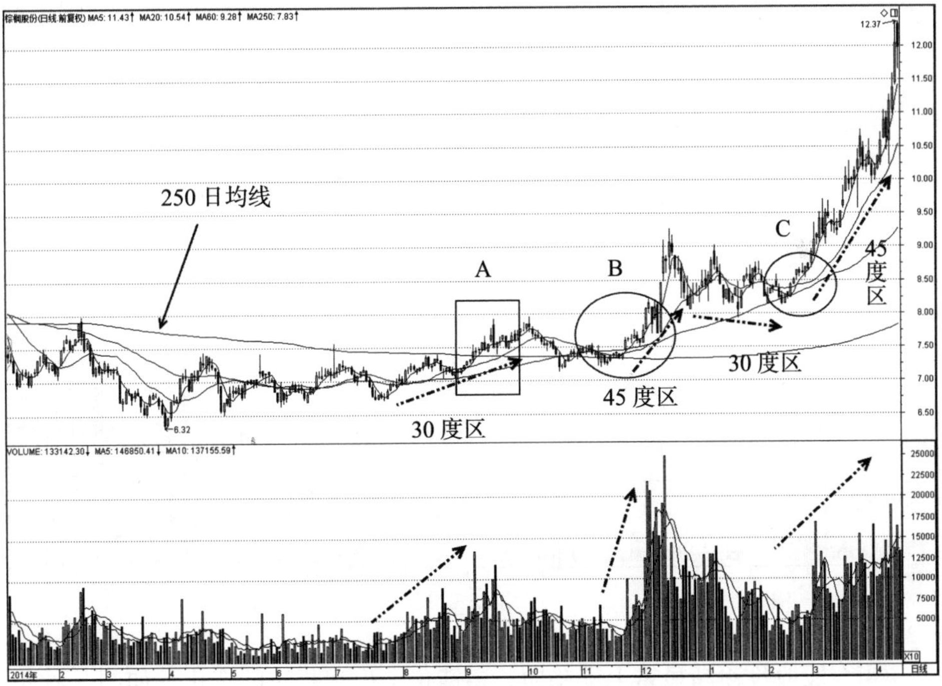

图2-4

三、起涨的量能条件

个股的底部构筑，并不仅指价格止跌企稳后的上涨阶段，也包括“最后一跌”阶段。在个股尚处于下跌及“最后一跌”阶段时，量能多处于常量、变量等形态的不断转化中。

如图 2–5 所示，A 段是下跌过程中出现的几处变量形态，B 段则是最后一跌中的低水平常量形态。

在个股长期下跌的末期，如果经常出现常量和变量的不断转化，那就是主力“吸筹—砸盘—吸筹”这一循环过程的外在表现形式，即主力建仓吸筹的主要特征。

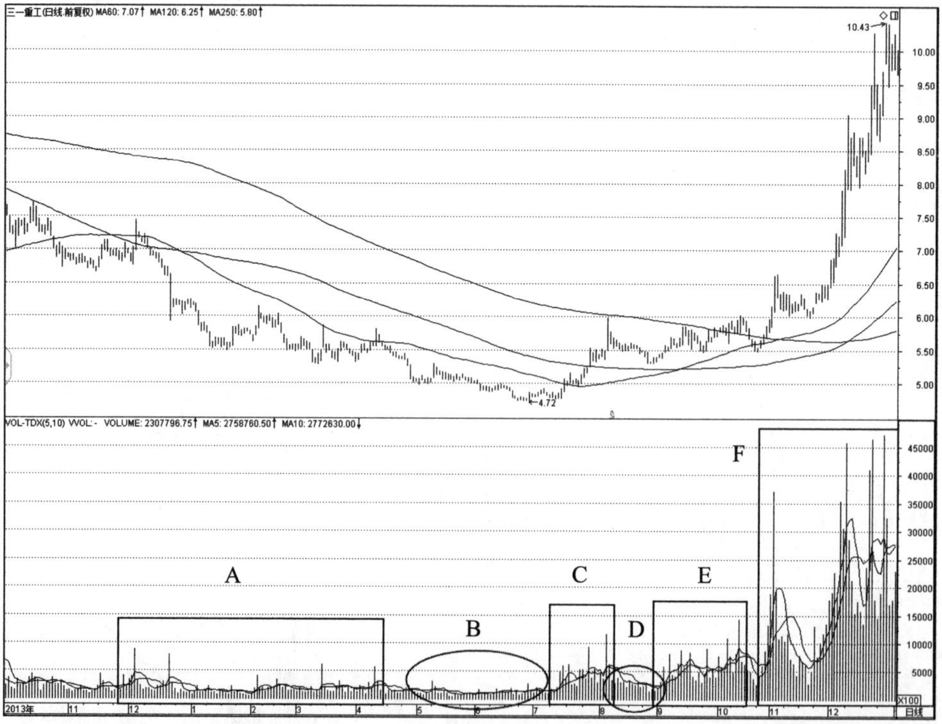

图 2–5

当个股股价逐渐显露上涨趋向，量能也会出现相应的变化。如图 2–5 中的 C 段，成交形成聚量形态。随后的 D 段，股价回落而成交呈量能消散形态。

尽管C段和D段的量能形态与股价的契合不存在问题，但这两段的成交绝对值仍旧处于较低水平，实战中不能排除反弹行情的可能性。

在接下来的E段，成交量并未承接D段的缩减，而是出现了再一次的聚量形态，同时股价也处于挑战长期均线的过程中。E段的聚量形态非常关键，它的出现使得成交量保持持续增加的态势，避免了因量能萎缩而导致涨势夭折的后果，也从量能上佐证了有大资金正在借助股价的振荡不断入场。

在F段，股价走出“脱离苦海”形态。同时密集成交的出现，也使趋势启动正式拉开序幕。趋势启动的量能变化，不可能只有上述案例中的一种，必然因个股而异。但是从底部构筑阶段，再到上涨趋势正式启动，成交量必然会迥异于跌势中的量能表现。

如果个股没有走出“脱离苦海”形态，那么一种可能是：目前只是一波反弹行情，在这种情况下，即使量能放大，也会在反弹后再度缩减至涨升前的水平。另一种可能是：仍旧处于大型底部的构筑过程中。这种情况下，量能有可能缩减，也有可能维持一个新常量的形态。

如果个股走出“脱离苦海”形态，那么即使再度回落，大概率也只是下挖一个“散兵坑”，很快就会出现回归到上涨趋势的强势启动中。

主力资金善于利用市场资金的力量来完成自己的任务，在这个前提下，多股资金的合力必然会使量能呈现和跌势不一样的“风景”。趋势的启动，量能总是会“说话”。

第二节　股价重要高点的形成

股价在构筑重要高点时，大多存在着量能催化或反向催化，这和热炒资金或主力资金阶段性减仓或出货行为密不可分。

常量形态（形态的相关概念下文会详细讲解）下出现的股价高点，多数是短期振荡高点，股价很快就能够收复这个价位，所以也谈不上“重要”。有时候持仓者被套，只要忍一忍就能够解套甚至获利，只输时间不输钱。

“重要”的高点，应该是指趋势转折和次级行情的高点，持仓者如果被套在这些高点上，短时间内解套的概率比较小。在这些高点上，成交量多数表现为变量或者聚量形态，能够充分反映出量能催化或者反向催化的特征。

所以，从量能催化或者反催化的角度，更容易识别和判断出股价高点的构筑过程并发现较佳的卖点。

一、短线卖点与普通高点

股价在上涨过程中，会以不同的角度和速率运行。较小角度的匀速上涨虽然也存在着量能催化，但是很难促使股价出现极端的走势，所以只有大角度的急速上涨，才会使股价形成重要高点。

实战中，突然或逐渐放大的量能会使股价加速上涨。这时候，量能对于股价起到了同步催化作用，也就是同一方向上的催化。在催化量出现后的几个交易日里，股价上涨的同时，成交量应至少保持在新常量或逐渐形成的聚量形态上，也就是跟随量。跟随量应具有对股价的助推和维护作用。如果量能在这时过度缩减，不能保持新常量或聚量形态，反而出现量能消散形态，那么之前的催化量则可能催化股价高点的出现，也就是形成反向催化。

如图 2-6 所示，A 点突然出现变量并催化股价上涨，之后的几个交易日，量能并未萎缩至 A 点之前的水平，股价也一直保持稳定上行的态势，说明跟随量能够起到助推作用。

图中的 B 点是一个反向催化量吗？首先，B 点并没有出现量能的突然放大，只是一个跟随性质的常量，无论是量背离还是价背离都不符合要求。其次，实战中股价冲高回落是常见现象，也就是说反向催化虽然存在，但未必每一次都会成功。

比如，图中 B 点之前的 K 线，量能明显放大，K 线留有较长上影线，显示盘中股价存在冲高回落的过程。这个技术细节说明存在反向催化，但是还应该看到，当日 K 线实体和涨幅对比上影线的部分依然占优，说明同向催化强于反向催化。就交易而言，这里是适合短线交易者的卖点，而不是一个“重要”的股价高点。

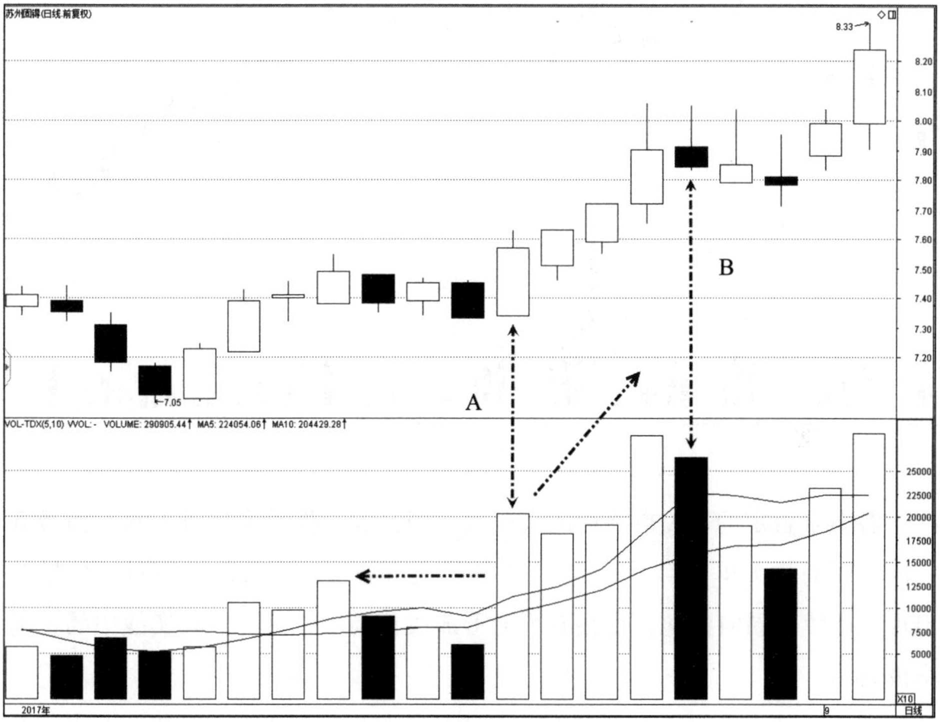

图 2-6

二、重要高点

分析催化量和跟随量，有利于抓住在股价高点卖出的机会。在一些实战案例中，即使是同向催化的量能，一旦达到变量形态的级别，也会触发股价高点的产生（关于变量形态的内容，后文有专章讲解）。

如图 2-7 所示，A 点股价冲高回落，由此形成股价的重要高点。但是交易者分析量能形式却发现，A 点仅仅是跟随量，或者是下跌催化量，其前一根大阳线才是具有明显催化作用的上涨催化量。

A 点之前的大阳线具有同向催化的特征，似乎并没有反向催化的存在，那么只有等到 A 点出现，交易者才能发现卖点吗？

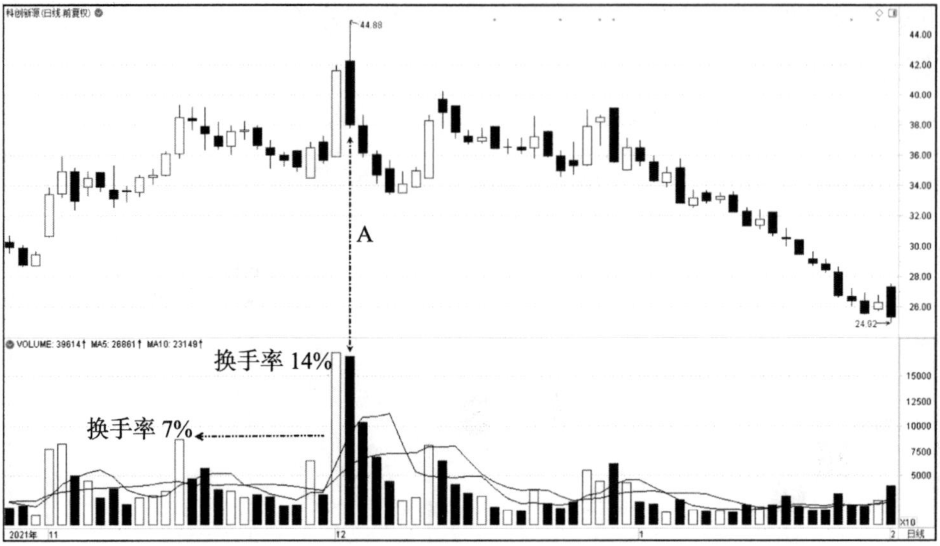

图 2-7

答案是否定的。A 点之前的大阳线，当日成交换手率超过 14%，而最近一段时间的最大单日换手率是 7%，其量能形态上毫无疑问是变量。变量的出现，即使是同向催化，也很有可能形成股价高点，这一点在实战中的正确率极高。

那么 A 点就是一个跟随量吗？尽管从收盘后静态画面中分析，A 点是跟随量或者下跌催化量（盘中动态演化），但如果分析盘中走势，却能发现更多的变化。

图 2–8 为 A 点当日分时走势。从图中可见，股价当日早盘有冲高回落的过程，这个过程也是成交量最密集的地方，比较符合反向催化的技术特征。尽管当日股价冲高回落的过程非常短暂，但若是结合前一日走势进行判断，就不会觉得过于突兀。由此可见，A 点当日早盘是具有反向催化的，并随着走势的延续发展到跟随量、下跌催化量。

综合来看，股价大角度直升伴随着变量形态，让交易者确认股价高点的形成并不难，难就难在选择卖点上。其实在实战中，交易者可以选在 A 点之前的大阳线卖出，虽然当日是同向催化，但变量形态的出现，预示着短线回落的概率极大。一些个股出现变量后，次日往往会低开，并不都会如案例中那样，次日再来一次冲高的过程。而有时间盯盘的交易者，也可以等到 A 点最后确认后再行卖出。

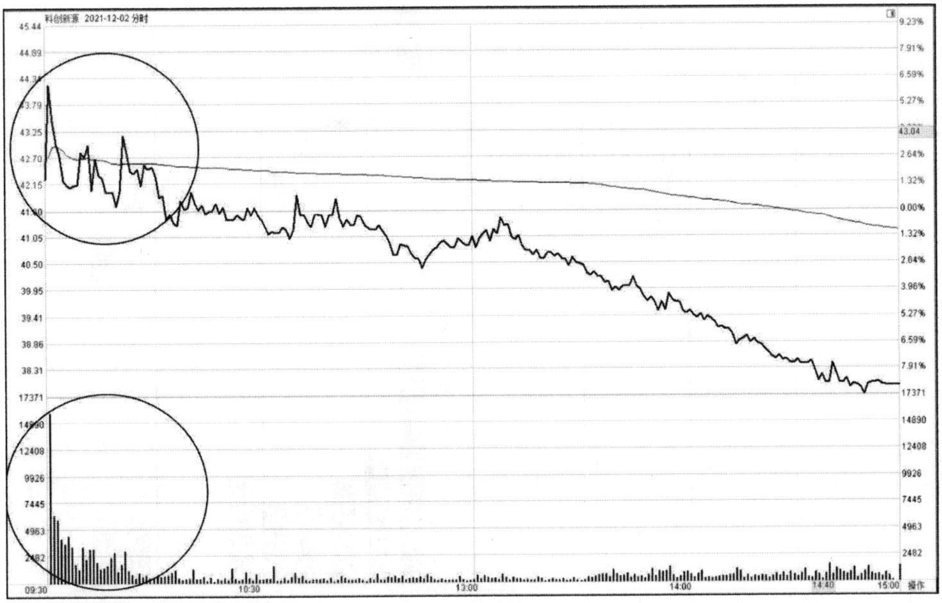

图 2-8

实战中，确定股价高点是一般高点还是重要高点有很多种方法，以变量当日换手率的大小值进行认定，就是方法之一。图 2-7 中，A 点以及之前的大阳线，当日成交换手率超过 14%，都是该股历史最大值，由此形成的股价高点大概率会成为重要高点。

三、复杂变化

实战中，量能的催化与反向催化有相对简单易辨的形式，也存在复杂多变的形式。某些情况下，量能的催化和反向催化甚至有可能接踵而来，会使交易者在多空之间摇摆不定，难以做出最终的判断。

如图 2-9 所示，A 点突然出现变量，但是股价却未能大幅收涨，而是冲高回落，当日收出一根类似于射击之星的 K 线，A 点应该说具备量能反向催化的特征。但是次日股价却再度上涨，之后 B 段的几个交易日量能呈新常量形态，而股价横向振荡。

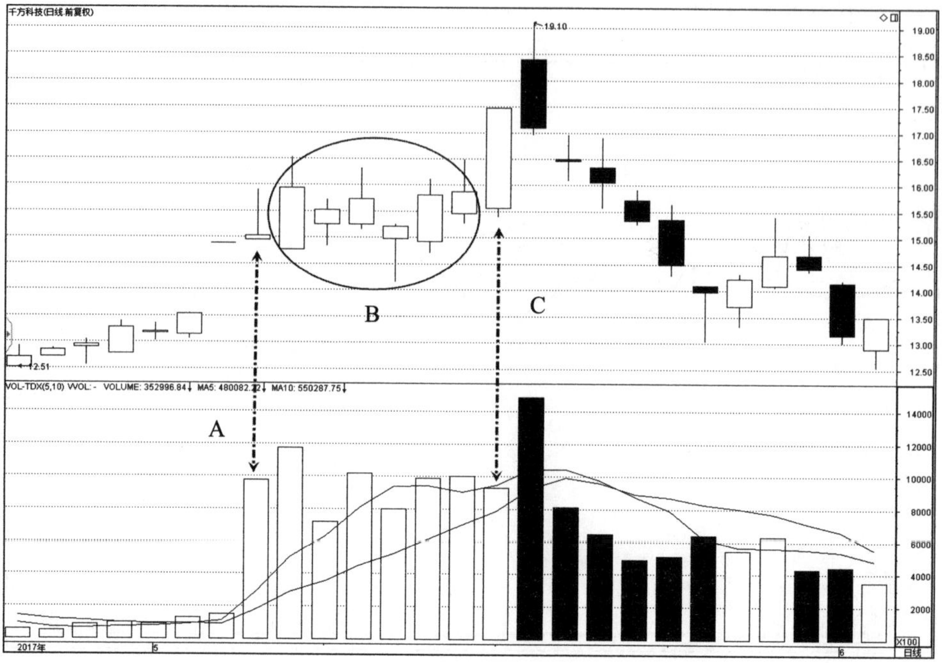

图 2-9

从案例中股价后期走势上来看，A 点的反向催化并未能形成股价重要高点，原因何在？

从量能催化基本原理上来分析，A 点的反向催化不存在任何疑问，盘中必然有资金在大幅卖出，否则冲高回落的长上影线就不会出现。

图中可以看到，A 点之前是一字线涨停板，当日量能相比之前并没有明显的变化。一个突然出现的涨停板，对于散户持仓者来说，一般不会选择卖出，因为涨停板不是跌停板，只会带来兴奋而不是恐惧。而且封单坚决的一字线涨停板，通常说明买入资金实力强，无疑会让持仓者更加期待股价会有连续上佳的表现。

A 点当日的分时走势如图 2-10 所示，股价高开高走，基本符合大多数持仓者的预期。可能很多人都在等待股价的再一次涨停，但是股价并未能触及涨停板价位就冲高回落，之后大部分时间横向振荡。这种走势会让持仓者逐渐产生失望情绪。

图中可见，午盘过后，股价进一步跌破均价线，无疑会让持仓者的失望情绪达到顶点，于是不少人选择卖出，以求保住来之不易的收获。

其实，从量能的角度来分析早盘的冲高，就可以提前预知股价难以继续涨停。开盘后，成交量就开始缩减并与股价冲高形成背离；在股价盘整后的第二次冲高过程中，成交量明显弱于之前的盘整期间。这些技术细节都显示出，量能并不支持股价进一步走强，这里就是短线交易者的卖点。

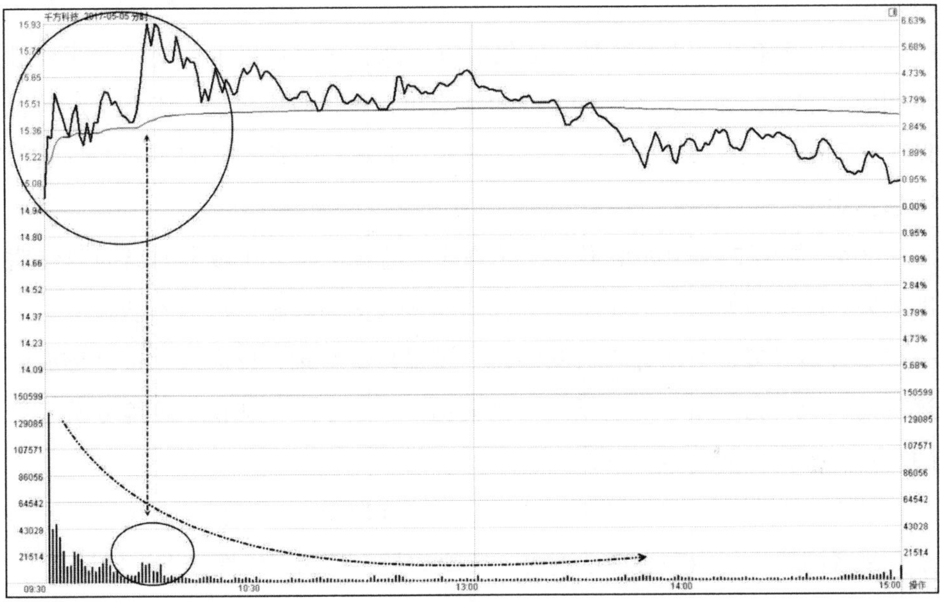

图 2-10

选择 A 点卖出的交易者，在此后的 B 段必然备受煎熬，因为次日就是一根中大阳线上涨；而没有卖出的交易者，日子同样也并不好过，因为整个 B 段都处于振荡折返的走势中。B 段对于交易者来说是极其难熬的，因为其中充满不确定性，催化与反催化经常交互出现，让人难以抉择。

B 段在量能分析中的最核心价值，就是成交量并未出现量能消散的形态，而是在 A 点成交放大之后保持了一个新常量的形态。尽管股价在 B 段极不稳定，但放大后的量能却稳定在一个新水准上，这一点至少告诉交易者：交易非常活跃，有人大量卖出筹码，但也有人大量买入，短线存在套利的机会。

在B段这种量能形态下，有几种情形需要交易者高度关注。

（1）成交量形态出现变化，即不能保持新常量形态，而是转化为逐渐萎缩的量能消散形态。如果是这种情形，股价几乎难以避免向下跌落的走势，也就宣告了涨势的结束。

（2）量能再次放大，出现反向催化。这种情形出现时，交易者应该及时卖出。

（3）量能再次达到变量，催化股价大涨。这种情形下，交易者需要做出相应的准备：即变量当日冲高时短线卖出，根据盘中量能、走势决定是否做T买回。后期观察成交量能否再度形成新常量，如能，则继续持股；如否，则选择卖出。

（4）如图2-9中的情形，C点的常量过顶，似乎让做多的局面忽然明朗起来，C点的大阳线，让做空或选择卖出的交易者必然后悔不迭。但是下一交易日的走势，再次让人大跌眼镜：变量再次突现，反向催化最终形成。这就是一个较为复杂多变的反向催化案例，但对于习惯从技术环境分析入手的交易者来说，倒也不是很难辨别。

还有一些案例，量能的催化和反向催化在股价高点上接连出现，考验的是交易者的反应能力和心理承受力，反映的是交易的博弈性和诡诈性。

如图2-11所示，A点出现变量，股价大涨，这个点量能催化的出现，似乎昭示行情脱离盘局，开始走向明确的涨势阶段。但是，下一交易日却出现反向催化，随后股价进入到下跌过程中。

案例中A点尽管具有量能催化特征，但变量形态还是需要交易者高度警惕的，持仓者或可选择不在当日卖出，但空仓者应避免追高。在次日股价冲高回落过程中，发现反向催化特征时，持仓者应放弃幻想，及时卖出。

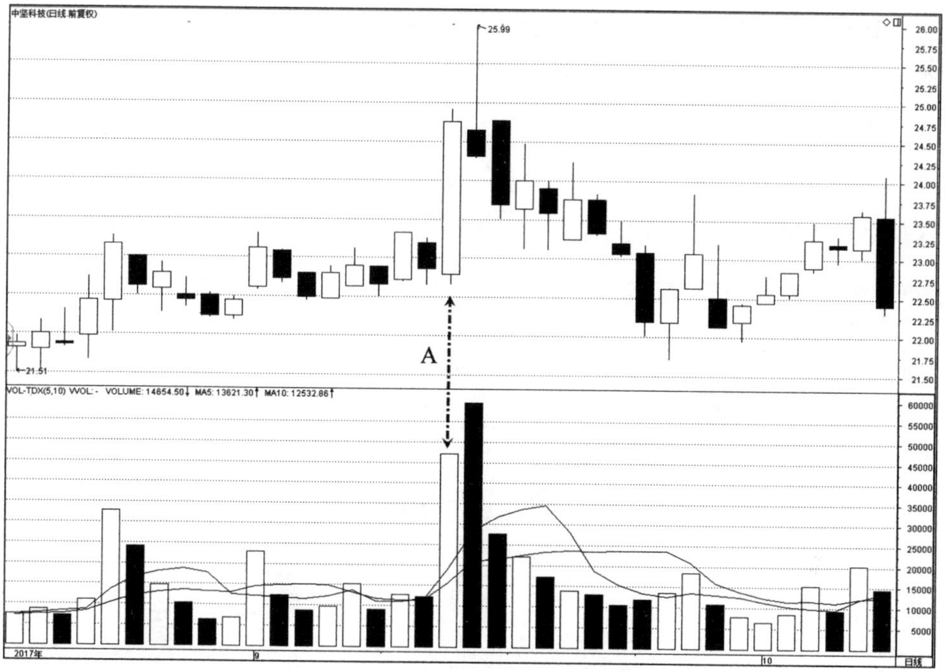

图 2–11

第三节　股价低点的形成

跌势中的成交量，多数呈量能消散或常量形态，所显示的是交易冷清、乏人问津的局面。但是，股价的低点往往就是在这个阶段形成的。股价低点的出现，必有级别不等的量能催化现象，所以分析量能催化现象，能够发现股价低点的级别或真伪。

一、股价低点的级别分析与操作

股价低点是一个相对含糊的概念，但有一点很明确：股价低点并不都等于买点。有些个股的低点出现后，股价的涨幅可能连 1% 都达不到，而另一些个股的低点，却可能是整个上涨趋势巨大涨幅的起涨点。这之间的区别，也就是股价低点的级别，不同级别的低点，必然会有不一样的未来。

在选择买点时，很有必要对股价低点进行分析和鉴别，回避一些弱反弹类型的股价低点，而将重点放在可能具有趋向甚至趋势级别的股价低点上。如图 2-12 所示，该股经过一段时间下跌后，于 A 段出现反弹，但这个股价反弹的幅度非常平缓，如果交易者不能在第一时间抓住最低点，则很难获利。这就是一个弱反弹的类型。

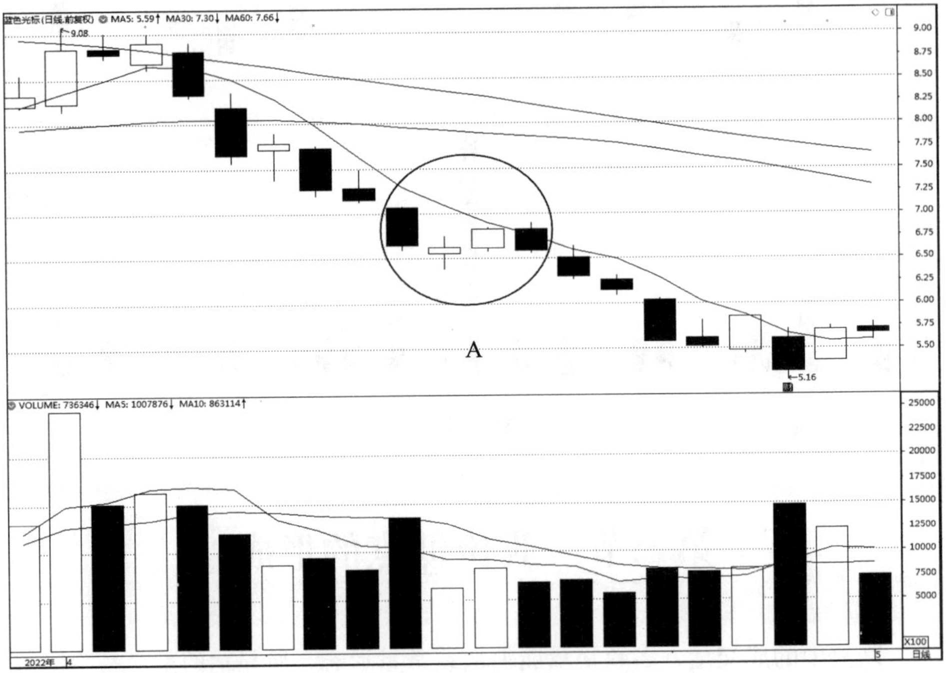

图 2-12

通常来说，趋势性低点或者强力涨升波段低点，多出现在长时间或急速大幅下跌的个股上。因为这部分个股经过了一个做空动能相对充分的释放过程，本身持续下跌的动力已经大幅衰减，一旦出现量能催化形态，说明有新资金进入或原存量资金蠢蠢欲动，极有可能正在酝酿一次级别较大的反弹行情或开始构筑底部区域。

对于经过长时间大幅下跌的个股，即使出现股价低点，不同操作风格的交易者所要做的准备工作和心理预期也不同。

因为多数个股在经过长时间大幅下跌后，有一个构筑底部区域的过程，会反复多次出现量能催化下的股价急跌与急升，主力资金需要利用价格的折返来吸纳筹码、降低成本。这种情况下，中长线交易者可以分批在不同低点上逐步建仓，而短线交易者可以利用股价折返的机会寻求短线差价。

图 2-13 中，该股在长时间下跌趋势中，成交量基本处在常量态势，偶有变量形态出现。至图中 A 段，股价开始进入到构筑底部区域的过程中，其间突然爆发级别较大的变量形态，量能催化现象明显。但是，这种量能形态下的急速上升并不能持久，股价很快又回归平静。

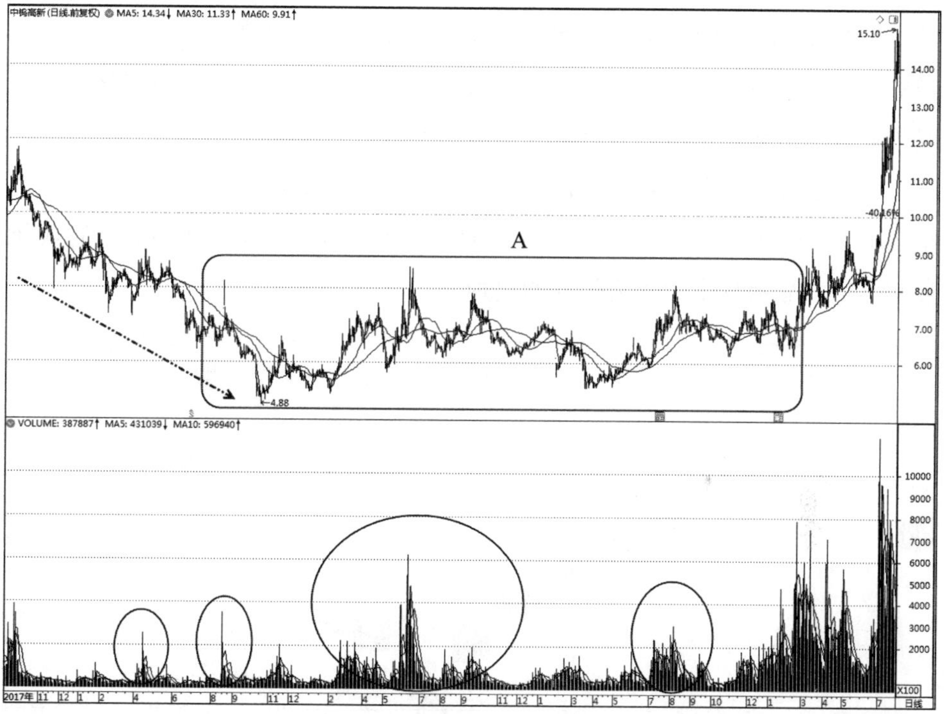

图 2-13

这种从常量态势一跃而起的量能催化现象，就像是在空寂无声的地方突然传来一阵惊魂动魄的雷声，打破的必然是原有的宁静和节奏。变量形态出现后，股价又开始回落，量能也重回前期常量水准，“雷声”似乎对股价并无任何影响。

图 2-13 中的这种现象，就是个股股价低点出现后、构筑底部区域时的

典型表现。交易者即使确认股价低点为趋势性低点，也必须为自己的介入做好相应的策略。比如短线交易者低点买入后，变量形态出现且判断具有量能反向催化时，应及时卖出，兑现盈利。而长线交易者则可以选择分批在低点建仓，发现反向催化时降低仓位，股价回落时再度补仓操作。

二、低点的形成细节

交易者选择长时间或急速大幅下跌的个股为主要介入目标时，要学会观测和把握股价低点的形成细节。

股价真正具有交易含量的低点，多数都是杀跌杀出来的，也就是通常所说的杀出“带血的筹码”的价位。平缓的低点、不带有量能反向催化现象的股价低点，多数并不靠谱或者反弹羸弱，不具有交易价值。

如图 2–14 所示，该股股价连续下跌，形成具有恐吓意义的阴聚量形态，至 A 点成交量放大，而股价当日探底回升，收出较长下影线（最好达到或超过实体），显示盘中做多力量开始出现。

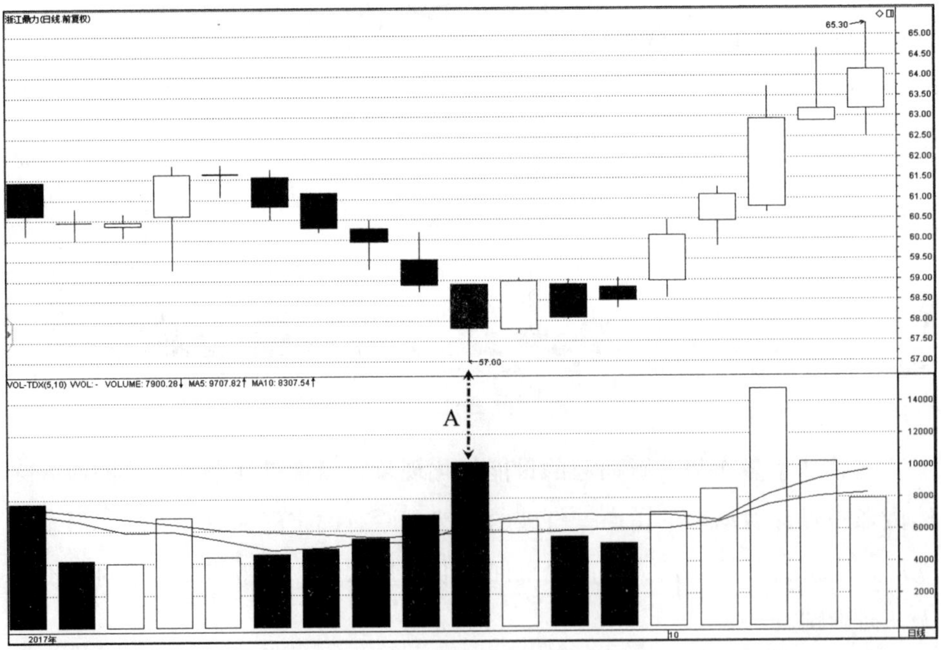

图 2–14

阴聚量形态下，止跌回升当日的量能一定要较为突出，明显大于阴聚量形态形成过程的平均量能。同时，价格的回升要具有一定的力度。阴聚量形态下量能的明显放大，说明杀跌盘汹涌，如此集中抛售的杀跌筹码不能促使股价进一步大跌，则必将反向催化股价回升。

实战中，个股并不必然都出现阴聚量形态，尤其是长期处于下跌趋势中的个股，其最低点往往不具有明显的放量过程。

三、注重个股技术环境分析

分析价格低点形成时，还需要特别注重技术环境。一些刚刚从涨势中发生转折，或者正处于跌势正盛阶段的个股，也要避免介入。情绪宣泄的力量，如同狂暴的洪峰，有时候会将所有的技术点都打破。

刚刚从涨势中发生转折或者处于跌势正盛阶段的个股，其所出现的量能反向催化形态，有时候是由部分喜好抄底的资金带来的。而主力资金善于迎合这些抄底资金的心理，当日可能会故意收敛减仓力度，让抄底资金踊跃进场。但是，随后的交易日股价继续大跌，这些进场的抄底资金却只能选择止损或被套。

如图 2–15 所示，该股刚从涨势中发生转折，A 点虽然出现变量形态，成交量明显大于之前，但是当日跌幅并未出现较大幅度的回收，下影线和实体相比较小。这种变量形态所显示的，是对于股价下跌的同步催化作用，并不是反向催化。或者说，反向催化并未能达到一定的级别，并非主力资金所为，大概率是实力较弱的抄底资金所为。

从案例中可见，A 点之后股价出现弱弹，便继续下跌。这种低点具有较大的欺骗性，主要是 A 点变量非常类似于量能反向催化的特征。但是，如果交易者从技术环境上入手分析，便会发现诸多疑点，就不会被假象欺骗。

涨势发生转折的下跌初期阶段，即使价格下跌中量能出现放大，也不可轻易入场抢所谓股价低点的反弹。图 2–15 中，即使你抢到了 A 点的股价低点，之后的交易日也很难获取多大的盈利，能保住不亏就已经算是万幸了。后期，随着股价逐步扩大跌幅或延长下跌过程，喜好抄底的资金会越来越少、越来越没有勇气进场。正基于此，经过大幅或长期下跌过后的个股多呈现量能消散形态。

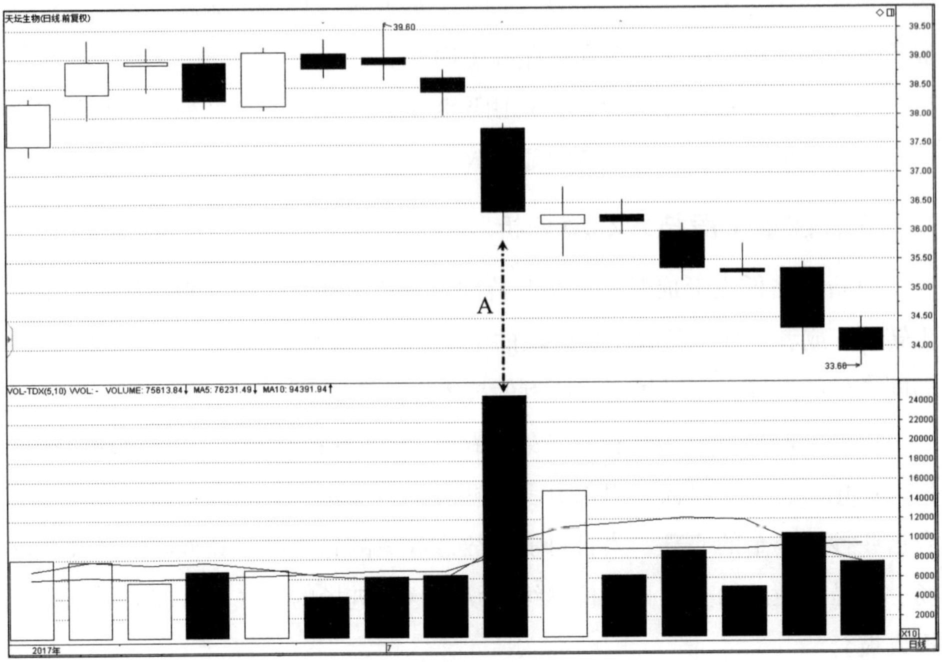

图 2–15

实战中，还有一些个股股价出现了一段跌幅之后，K 线和成交量都出现反向催化的形态，如图 2–16 中 A 点所示，但股价却仍旧继续下跌。

对于这种情况，需要整体分析个股的技术环境。比如，一些主力资金出货的个股，经常会发生这种情况。在交易中，对于怀疑是主力资金出货的个股，交易者应予以回避，绝不可以抢这些个股的反弹。关于如何判断主力资金是否出货，不是三言两语能够讲清楚的，有兴趣的朋友请参阅《主力行为分析核心技术》（中国宇航出版社出版）。

实战中，判断股价低点上出现的量能反向催化，是否能够成为真实的买点，还有一个技术环境上的要点，即股价强度因素。如图中 A 点，虽然具有量能反向催化的特征，但是股价和 5 日均线近在咫尺却难以触及，更不要说收复和突破了，这就显示出股价上涨的强度其实很虚弱。

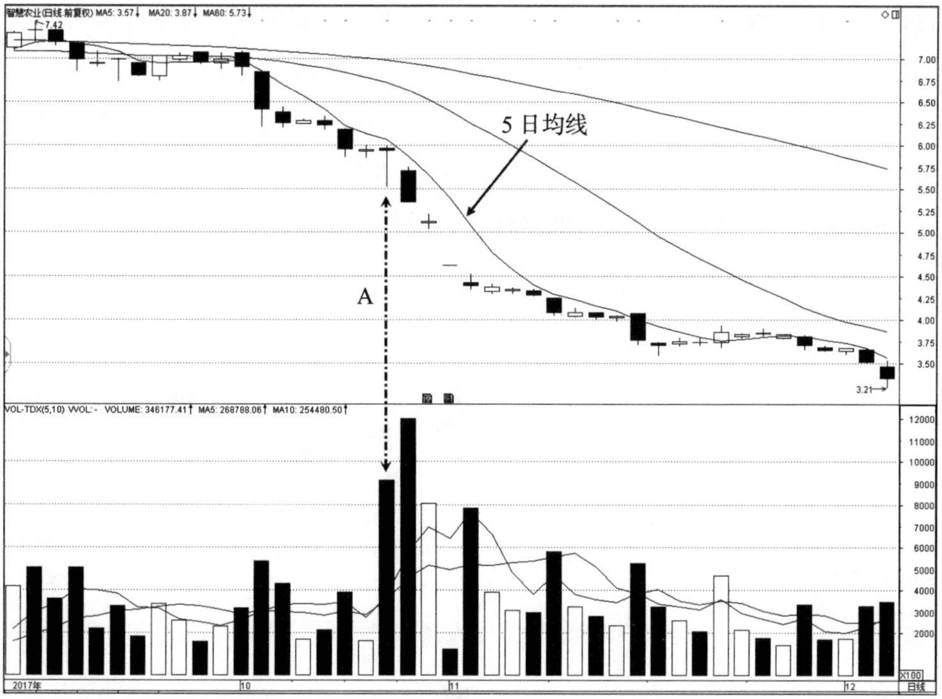

图 2-16

从均线理论的角度上来说，5 日短期均线保持下行，压制着股价向下运行，是较为典型的压线形态。这是跌势中消耗做多动能的一种形态，尤其是在跌势的初中期出现时，更是应当回避的类型。

综上所述，即使股价低点上出现了量能反向催化，交易者仍需要分析技术环境上是否符合买入要求，避免落入主力资金布设的陷阱。

第四节　连续催化与股价拐点

当股价处于连续上涨或者连续下跌过程中时，交易者最想知道的就是股价何时会出现最佳卖点或买点，以便能够在合适的价位进行交易。

股价出现连续上涨或者连续下跌，从技术上来说都是一种极端状态，多数很难持久存在。在股价单一方向连续运行的过程中，资金的逃逸与回归会逐渐具有倾向性，当这种倾向性达到一定程度，量能催化或反催化就会发出明确的提示信号，可以通过分析量能催化现象及时抓住交易点。

如图 2–17 所示，该股出现一个连续上涨的过程，这个涨升过程中成交量呈聚量形态，A 点股价冲高回落，成交量达到变量形态。可以看得出来，这个点是一个明显的量能反向催化现象，也是交易者理想的卖出点。

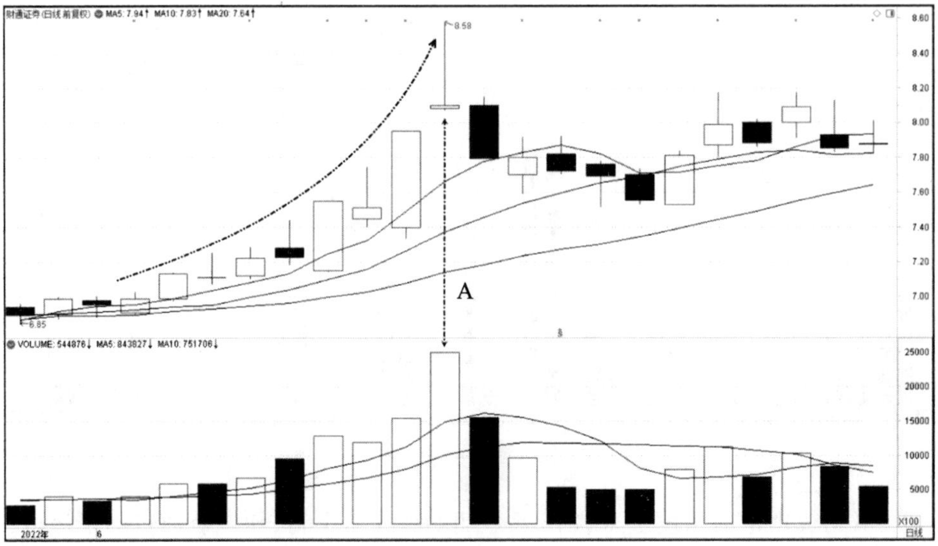

图 2–17

可能有交易者会有疑问：等到收盘才发现 A 点是量能反向催化，卖出岂不是太迟了？可以通过分析 A 点当天的分时走势，来看一看究竟能不能在盘中发现更好的卖点。

图 2–18 就是 A 点当天的分时走势。该股早盘高开高走，成交量也在这个阶段集中放大，随后股价回落，成交逐步萎缩且呈量能消散形态。直至午后开盘，股价再一次上涨，成交量虽有放大，但难以与早盘的集中放量相提并论。这就预示着股价的冲高得不到后续资金的支持，很难维持升势。之后股价高位振荡，这里也是交易者比较理想的卖出点。

案例中该股午后开盘的冲高，已经是比较容易发现的量能反向催化现象了。实战中，很多个股根本不会给出这个机会，而是在早盘冲高后便直接回落。心态犹豫的交易者如果没选在早盘冲高时卖出，就只能在跌势中再选卖点了。

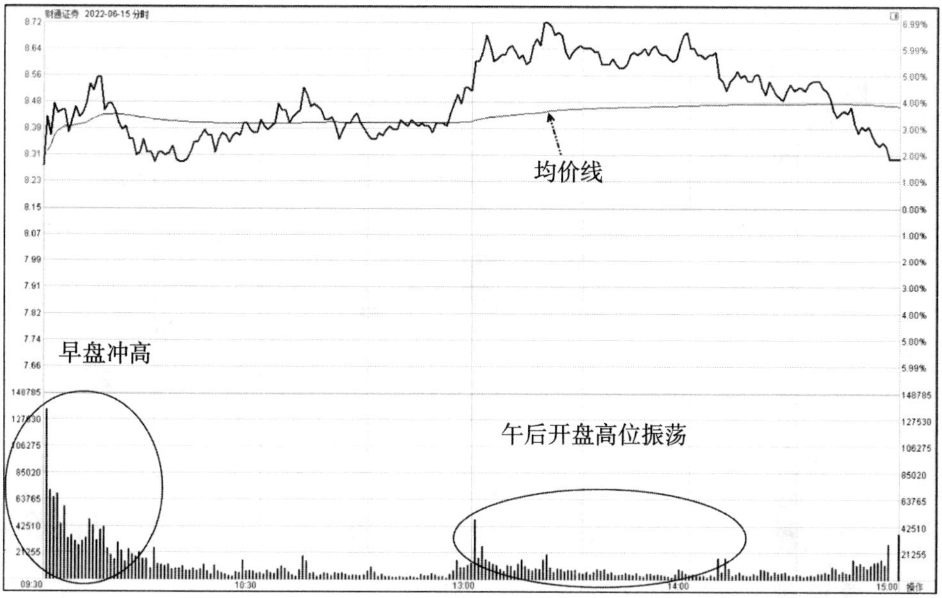

图 2-18

连续上涨的量能催化与反向催化会帮助交易者寻找股价拐点、确认卖出点，而连续下跌中的量能催化与反向催化，也能帮助识别股价是将继续下跌还是拐点即将出现，借此可以做好买入准备。

从技术上来讲，连续下跌的个股其风险性不容小觑，盲目买入抢反弹，有时无异于刀口舔血。有人认为股价止跌就是买入信号，但是实战中股价止跌，并不意味着就会转入上涨。止跌之后的股价可能横盘，也有可能稍做休整后继续下跌。

如图 2-19 所示，A 点、B 点、C 点的三根放量长下影 K 线出现后，股价都出现不同程度的止跌反弹。但是这种形式的止跌，对于交易者来说只适合减持仓位，并不适合买入，原因在于股价反弹空间较小，大部分人难以顺利套利卖出。

上述这三个点都有类似量能催化的现象，但是根据技术环境分析，处于跌势的初中期或者短期均线构成压制的量能反向催化，多数难以提供较好的买点。出现不同级别的量能催化现象，有很大的概率会使股价止跌。当量能不能催化股价出现转向拐点时，大概率会催化股价继续跌势。

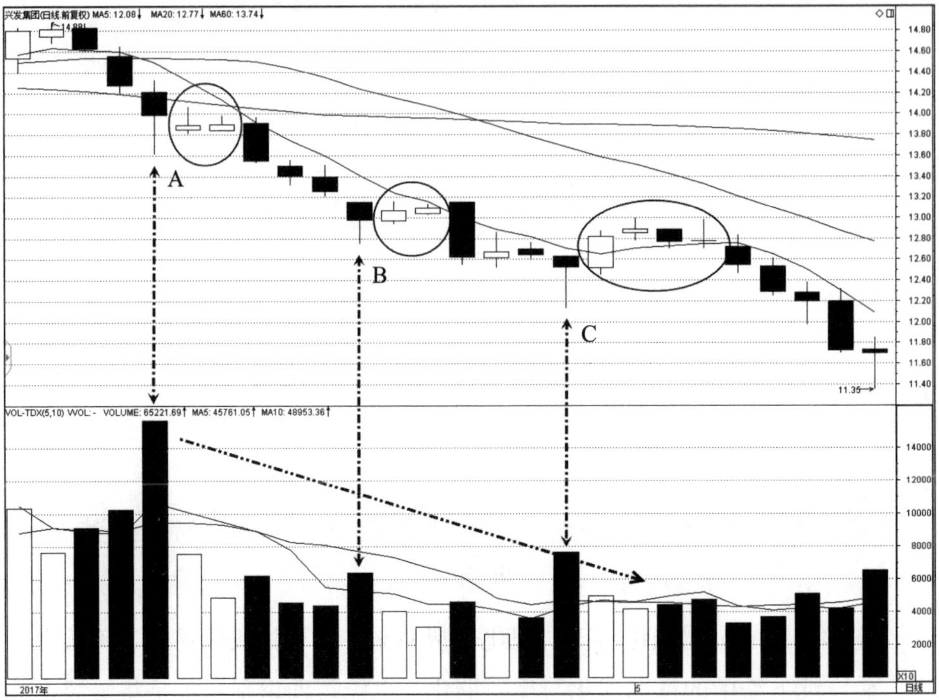

图 2-19

股价止跌，并不是交易的买入信号。如图 2-20 所示，A 点股价探底回升，止跌信号非常明显。但之后的交易日，股价并没有马上转入上涨，而是和均线形成压线形态。

股价止跌之后，会不会出现一个具有持续性的反弹，主要在于股价的强度。一个连短期均线都不能突破并获得支撑的上涨，股价强度也就可想而知了。所以短期均线是否被突破，是确定股价强度的第一信号。

前面说过，不同级别的量能催化现象，有很大的概率会使股价止跌。但是，当量能不能催化股价出现转向拐点时，大概率会催化股价继续跌势。如果股价并未进入跌势，而是走出了 A 点之后的股价和均线形成的压线形态，至B点股价突破短期均线，显示出强度信号，且量能同步放大，则表明量能催化明显，这里至少是一个短线介入点。

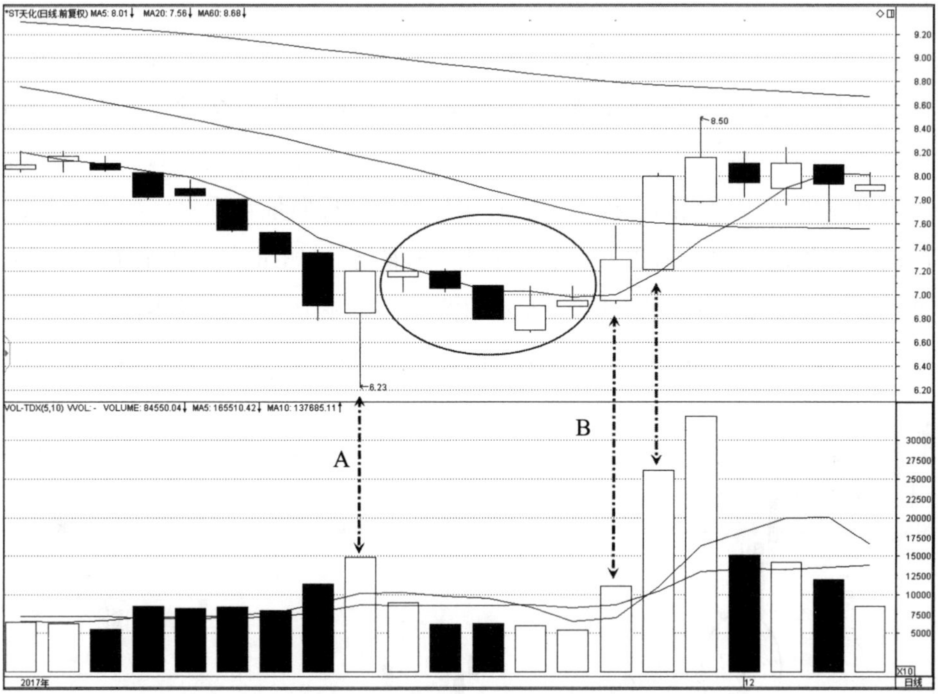

图 2–20

第五节　量能凹口

在交易者寻找与确认买点时，有一个成交量形态非常有助于发现短线机会，那就是量能凹口。量能凹口是指K线图中一段时间内的成交量量柱形成像凹口一样的形态。

经过实战验证，量能凹口在日线系统容易出现骗线，而在分钟系统上的应用效果较为理想，而且时间单位越小的分钟系统所出现的量能凹口准确性越高。量能凹口形态，较适用于短线交易者寻找价格低位的买点。

量能凹口的形态，很形象地显示出资金从逃逸到回归的过程。交易中不管是主力资金还是散户资金，其逃逸之后必有回归，只不过因等级、层次的不同，从逃逸到回归的时间周期有很大的差异。这里的量能凹口专指短期行为。

图 2–21 为 15 分钟 K 线图，A 点股价大跌，成交量放大之后，开始呈盘整走势，至 B 点再度放出较大的成交量，并和 A 点成交量形成了一个凹口形状。

在量能凹口形成的过程中，会有明显的量能反向催化现象。如图中 A 点的反向催化，B 点完成凹口时同样出现反向催化。在量能凹口形成的两个（A 点和 B 点）重要节点上，这种反向催化能进一步确认形态的真实性。

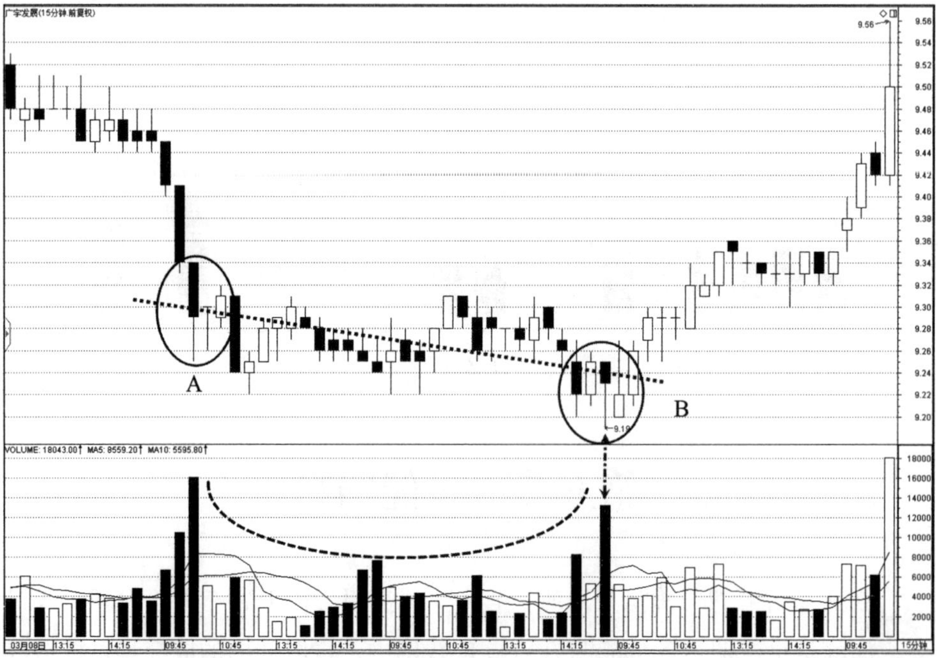

图 2–21

图中 B 点在量能形态上没有问题，该股后势也出现了上涨，但在技术的确定性上还是存在些许瑕疵。强调这一点，是为了提醒交易者在判断形态时，要注意一些重要环节上的差距，因为这些差距极有可能会带来形态上的失败走势。

B 点的瑕疵主要体现在 K 线上，那根放量的 K 线如果没有创出新低的下影线，而是保持小阴线的形态，就更为完美了。

有人可能会说：B 点那根放量的 K 线收出一个较长的下影线，不是更能显示出资金的回归吗？

问题就出在这根 K 线上面，因为下影线太过明显地暴露出资金回归的意图了。

基于博弈的诡诈性，主力会刻意隐藏自身行为的轨迹，就像《孙子兵法》中所说："兵者，诡道也。故能而示之不能，用而示之不用，近而示之远，远而示之近。"

B 点那根放量 K 线的次一个交易日，股价还是对前一交易日的下影线予以填充。主力资金的用意在于：驱赶前一交易日跟风进场的市场资金，弥补自己露出的破绽。

量能凹口形态中，类似于图中 B 点的位置，既不能是中大阴线，也不能是中大阳线，都不符合形态的要求。

小阴线是比较理想的 K 线形式，尤其是和 A 点位置的股价能够保持运行重心不出现大角度下移，则更佳。在成交量量值上，AB 两点应大致相仿，不能有较大差距，否则也难以构成合格的量能凹口形态。同时，量能凹口两个重要节点之间的时长也不宜太长，否则就不能认定为是量能凹口形态。

第六节 量能催化与量价背离

量价背离，是指成交量与价格之间出现偏离或脱离同步运行的形态。例如股价上涨（下跌），成交量增加（减少），这是二者同步形态；随后股价继续上涨（下跌），而成交量却在减少（增加），这就是二者之间的一种背离形态。

分析量价背离，其实就是在分析资金的逃逸与回归，或者交易中供求关系的平衡与失衡。传统理论中提及背离，总是将其分类为顶背离和底背离。

这种分类有失偏颇。实战中，并非仅在所谓的顶部或底部才会出现背离，背离在量价运行中可以说是常见现象。同时，顶部或底部也并非都存在背离。

量能催化较容易引发量价背离的出现，比如升势中出现较大的量能，但是并未带来价格相应的大涨，则意味着量能可能会催化跌势的到来；在跌势中出现较大的量能，但并未使价格大跌，则意味着量能可能会催化涨势的到来。

量价背离出现在不同的价格运行阶段，其技术意义大相径庭，实战中结合技术环境分析，才会对具体操作起到重要的参考作用。量价背离的分类，从贴近实战交易的角度，可以将其分为量背离和价背离。

一、量背离

价格升势中，成交量不能有效维持在一个相对较高的水平上，而是出现逐步缩减消散的态势。这种情况说明，随着价格的涨升，买方产生畏高倾向，不愿在目前价位入场，而卖方也不愿意就此低卖。在这种量能缩减消散的局面下，价格可能暂时维持继续上涨，但是很难长时间一直持续，终会打破这种背离和僵持的局面。

上述是量背离的原理性阐述，实战中，部分量背离是因为主力资金减仓形成变量高点后，虽然并未导致股价就此大幅回落，却因失去主力资金的维护，继续上涨的动力渐渐衰竭。

如图 2-22 所示，在 A 段之前股价和成交量呈上涨放大的同步阶段。A 段变量出现之后，股价仍在上涨，但成交量开始逐渐萎缩消散。在 B 段，股价虽创出新高，但成交量仍旧处于量能消散形态中。

量价的背离，意味着股价运行处于不稳定的状态中，极有可能因为这种背离关系而出现拐点或重要波动高点。在这种成交量逐步缩减的情况下，如果股价创出新高，应该值得交易者怀疑和警惕。

对于量背离，必须明确一点，不能把控盘庄股的特殊形态也认定为量背离。大部分的控盘庄股在相对低位完成筹码收集，在之后的股价上涨趋势中，不会再放出明显而密集的成交量。除非到了出货阶段，部分庄股才会有密集成交出现。

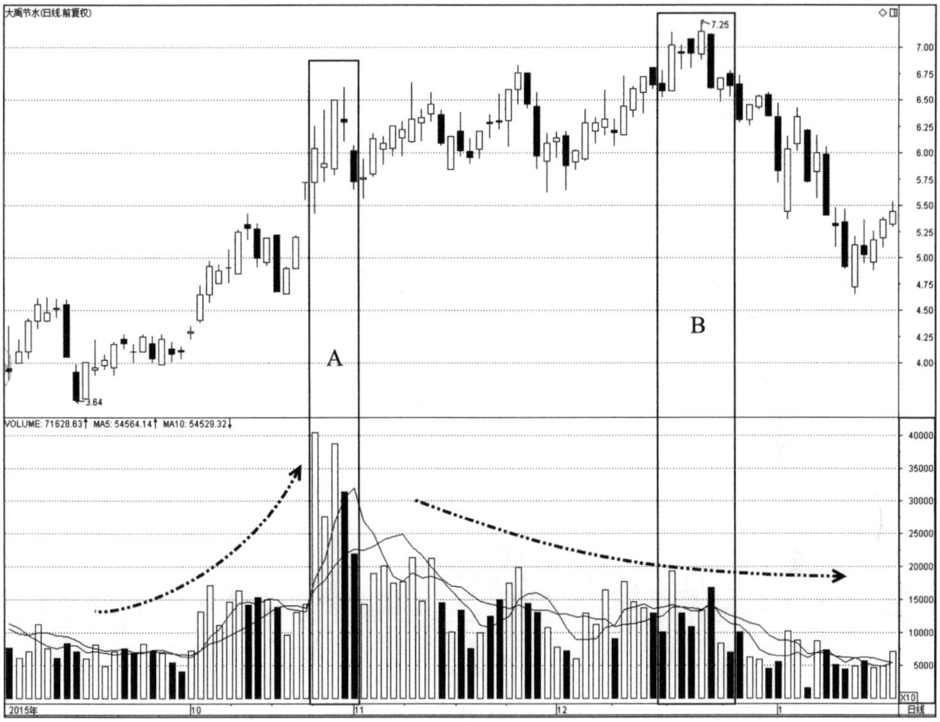

图 2-22

如图 2-23 所示，A 段及之前是量价同步阶段，也是庄股最后收集筹码的过程。A 段之后，量能逐波降低，而股价却逐级上升，这也是控盘庄股以减量过顶的形式运行。

量背离同样会出现在下跌趋势中。

在价格连续下跌过程中，成交量整体保持着萎缩消散的态势。偶尔伴随反弹的发生，会出现间歇性放大。

当成交量长期处于低迷、缩无可缩的低水平常量形态之后，随着股价的多次反弹，成交量从低水平常量形态开始渐次增加。虽然股价在之后仍旧会出现下跌，但成交量却不再萎缩至之前的水准，而是悄然逐波增加。这种量背离形态的出现，意味着已有资金分阶段入场，股价可能已经处于底部的构筑过程中。

如图 2-24 所示，该股处于下跌趋势中，A 段的成交量缩至地量水平。

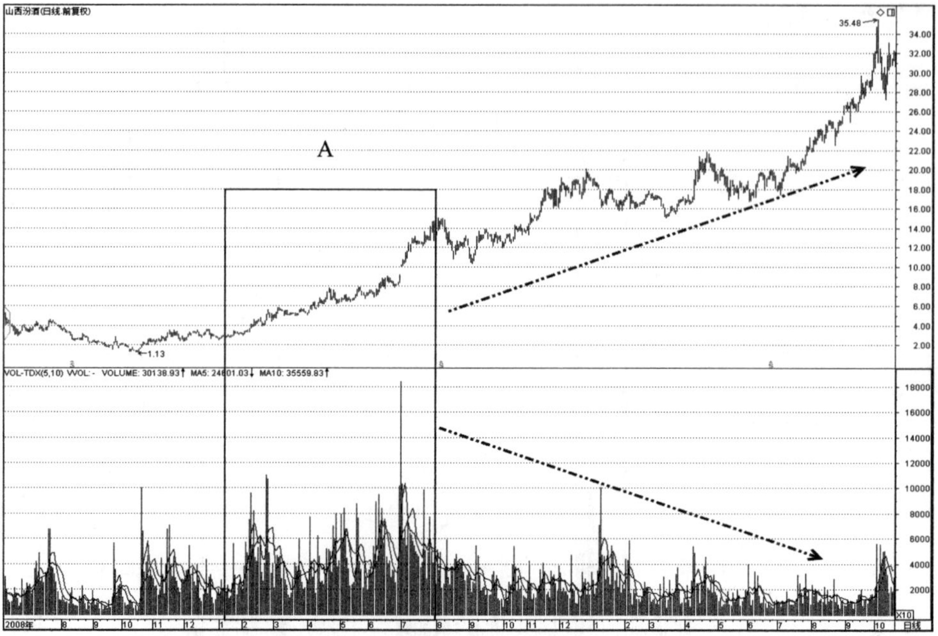
山西汾酒(日线,前复权)
A
35.48
1.13
VOL-TDX(5,10) VVOL: - VOLUME: 30138.93↑ MA5: 24601.03↓ MA10: 35559.83↑
2008年
日线

图 2-23

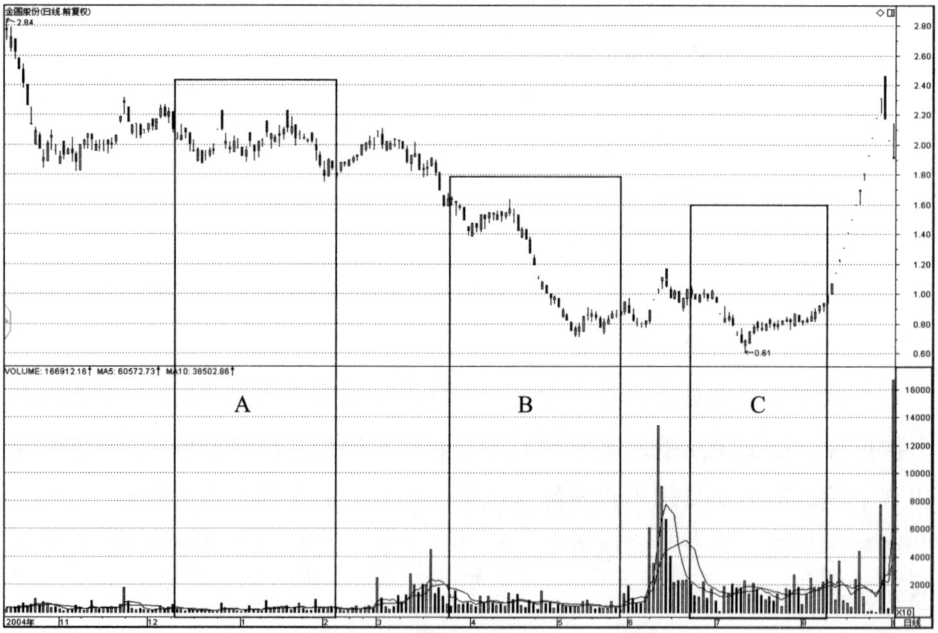
金圆股份(日线,前复权)
2.84
0.61
VOLUME: 166912.16↑ MA5: 60572.73↑ MA10: 38502.86↑
A
B
C
2004年
日线

图 2-24

股价振荡后继续下跌，但是从图中 B 段可见，再次萎缩后的成交量大于 A 段的量，并没有再次进入到地量的水平。一波急速反弹后，股价再次下跌，C 段萎缩后的成交量已经明显大于 B 段和 A 段。

从 A 段的地量水平，到 B 段、C 段的整体成交量渐次增加，说明有资金逐步开始进场，交易的活跃度正日趋升温。尽管股价仍旧处于跌势中，但是量价背离关系已经昭示出，价格底部的构筑正在进行中。

二、价背离

量背离，是说在价格未改变趋势或趋向的前提下，成交量先出现改变。价背离，则是指在成交量未发生改变的前提下，价格先出现改变。成交量维持在较高水平上，但股价却不能继续升势或难以保持稳定上涨的态势，那么趋势或趋向可能会面临转折。

如图 2-25 中 A 点所示，当日股价涨幅 2.5%，换手率超过 19%；而之前 B 点股价涨停板，换手率不超过 3.4%，这就是一个标准的量价背离。过度激增的成交量所造成的量价背离，大概率会引发股价反向运行。通常来说，

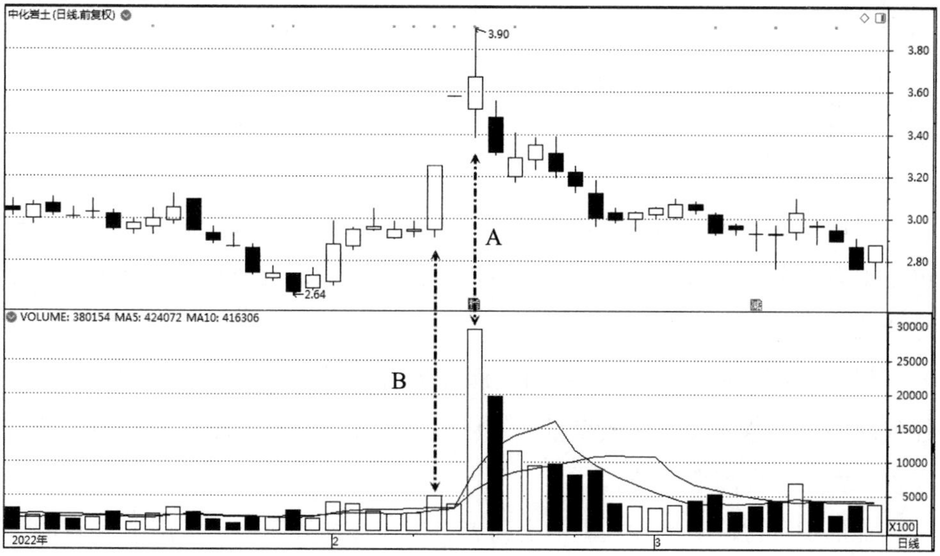

图 2-25

实战中所谓的“过大”成交量，是指至少一个月或几个月内的最大单日成交量，并具有变量形态的技术特征。关于变量的技术点，后面将有讲述。

案例中的量价背离，明显具有量能反向催化的特点。图 2-26 就是图 2-25 中 A 点当日的分时走势图。图中显示，当日最大涨幅出现在下午十几分钟的放量拉升中，随后股价便大幅回落，再无起色。

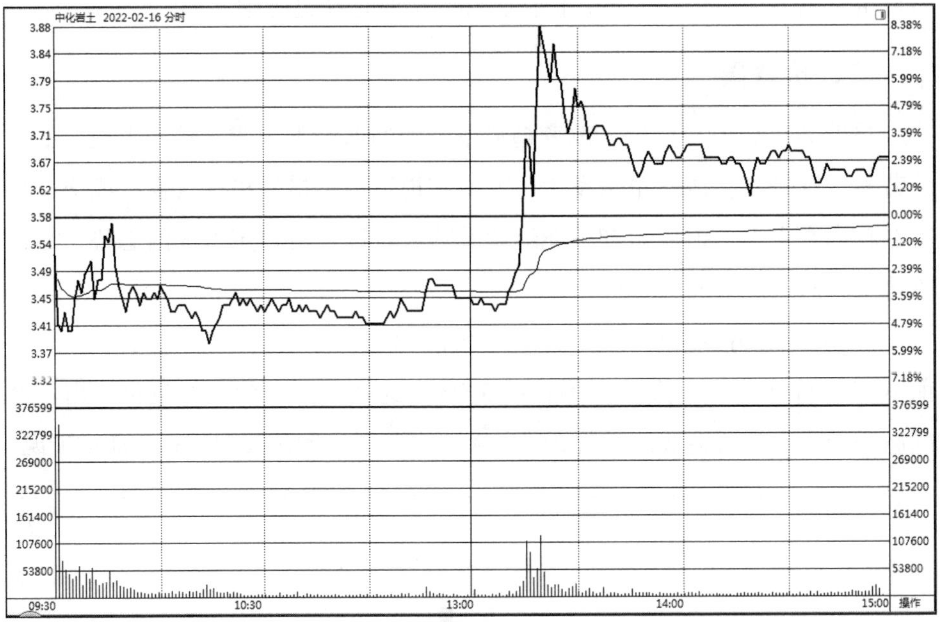

图 2-26

量能催化下的大幅度放量急拉所带来的暴富效应，最是蛊惑人心，通常也是主力资金经常采用的诱多手法。对于这种盘面，有经验的交易者是不会见涨就追的。

以图 2-25 为例，该股连续两个涨停板后，至 A 点时再度急速上涨没有任何问题，但急速拉升时成交量如果已经显示出变量的特征，对于追涨的人来说，就是一个高危信号。

能够识别出变量高危信号的交易者，就应该能够明白，案例中 A 点的量能催化，大概率会形成一个对于涨势的反催化。A 点不但不可以追涨，还应该是一个极佳的卖出点。

面对上述案例中的诱惑，不妨设想一个问题：如此巨大的成交量都不能让股价涨停，说明上方卖出盘极重，如果接下来成交量不能一直保持这么大，那么卖盘会不会就此消失？此消彼长的道理告诉交易者：强弱是一直处于转换之中的，涨势催化到了尽头，必然会引起反向跌势催化的到来。卖盘不但不会消失，反而会因跌势的到来而变得更加汹涌。因为本来并不想卖出的人，在催化效应中会迅速加入到杀跌的洪流中。

从量能催化的角度来说，当股价在一个趋势上稳定运行时，量能则处于跟随性质；当量能催化现象出现时，则意味着当前运行的趋势或趋向可能发生改变。对于股价长期运行在一个趋势上的个股，交易者可密切关注其是否有量能催化的现象发生。一旦发现异动，意味着一个重要的交易时机即将出现。

量能催化的量究竟达到何种程度，才会具有催化的作用？

这个问题和个股股本大小、是否热门股、股价所处技术环境等有关，所以很难给出一个统一的答案。实战中，大幅上涨过后的个股即使出现略小于最高成交量的情况，也会有催化反应。其他个股，当出现近几个月未有过的大成交量值，或者历史天量出现时，就需要格外警惕催化反应的发生。

如图 2-27 所示，A 段成交量大增，形成密集成交形态，但股价却难以保持继续强势上升的势头，价背离形态出现。放量而价不涨，违背了成交量放大、确认股价上涨的助涨原则，这种量价背离关系显示出价格遭遇到强大的压力，存在趋势或趋向被扭转的可能性。

实战中，类似于图中 A 段价背离的出现，可以肯定是资金减仓的结果。至于这个减仓是何种性质，则需要从技术环境等方面综合分析判断。

有一点可以确定，价背离的出现必然会引发股价不同级别的回落。同时，形成价背离的量能方面，成交量数值越是接近历史天量，其引发股价大幅回落的可能性越大。

下跌趋势运行阶段，尤其是阶段性急跌过程中，某一日价格不再继续下跌或跌速大幅放缓，但成交量却仍旧处于连续增加、聚集的态势中。价背离形态的出现，则预示着价格短期拐点的来临。

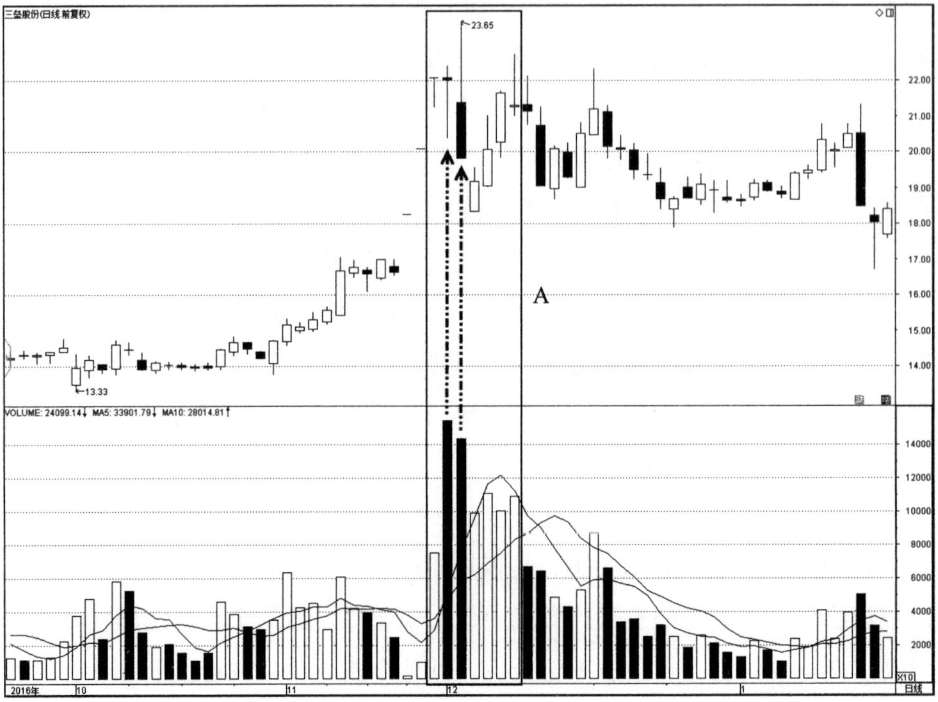

图 2-27

如图 2-28 所示，股价快速下跌过程中，A 点成交量创出跌势中的高值，但当日 K 线却收出长下影阴线，跌幅明显回收。

这种量价背离关系所显示的是：随着跌势的一再延长，被恐慌所困扰的持仓者最终难以忍受折磨，于是杀跌盘集中涌出，既打出了股价的阶段性低点，也释放了继续下跌的动能。恐慌盘大幅的杀跌，正为主力资金或有准备的短线交易者提供了一次难得的介入良机。

跌势中的价背离和阴聚量有着相同的技术原理，部分阴聚量可能也具有价背离形态的特征。二者都是短线交易中捕捉急跌、超跌时机的技术手法，仅适合于短线交易者操作。对于波段交易者来说，价背离是分析价格趋势或趋向的一个重要支点。

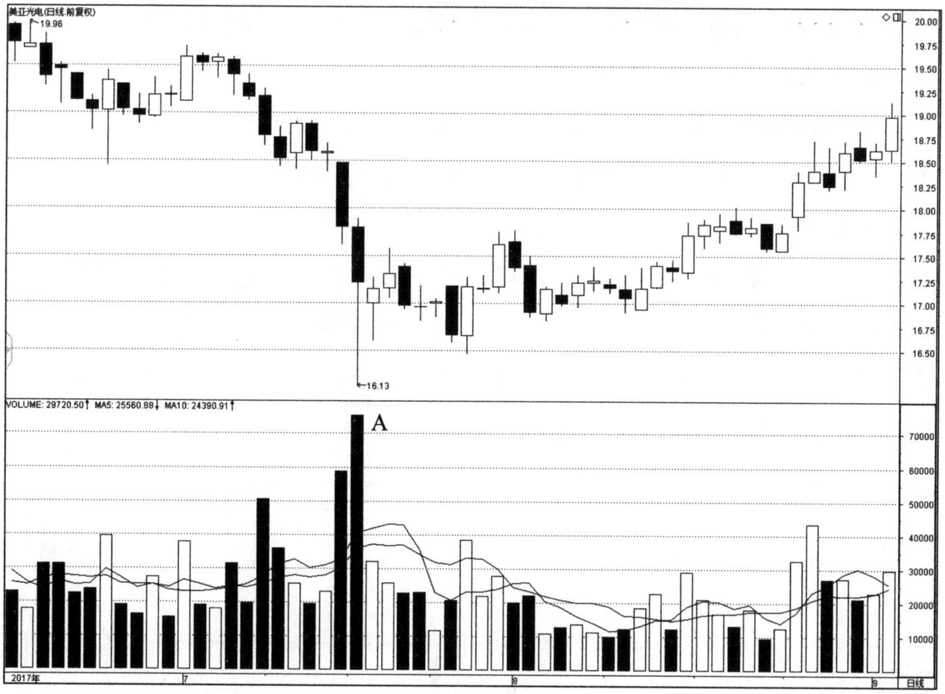

图 2-28

第七节　量能催化与股价强度的逻辑

股价无论是处于上涨还是下跌过程中，都能体现出相应的强度。所谓强度，并不是仅指放量的大阳线或大阴线，这两种股价和量能的极端表现形式，毋庸置疑具有强度，但并不能证明强度的可持续性。股价运行强度和股价涨跌幅度以及量能的大小，并不具有正比例关系。

比如，某股以巨量成交报收大阳线，但是次日股价却不涨反跌，前一交易日的强势已荡然无存。没有持续性的强势上涨或下跌，则说明股价并无强度。

股价强度从来都不是某一交易日涨得有多高，跌得有多猛。能够很明显表示出来的强势上涨或下跌，股价强度都很难予以判别。原因在于，资金的疯狂追逐或者主力的操纵手法，会让强度隐藏起来，因而难以辨别。

那么股价强度究竟是什么？如何识别？

股价强度的本质，是资金对于股价潜移默化、不露痕迹的影响，这也是尚未显露头角峥嵘的潜力个股的共同特征。股价强度是交易者选择潜力个股的重要技术标准之一。

实战中，如图2–29所示，A段的技术形态岌岌可危，似乎一波大跌即将来临，交易者往往会选择卖出观望。该股好像徘徊在悬崖的边缘，虽然惊险连连，却始终未出现大跌。千回百转之后，在大多数人都不看好的情况下，该股却峰回路转，走出一波靓丽的上涨。

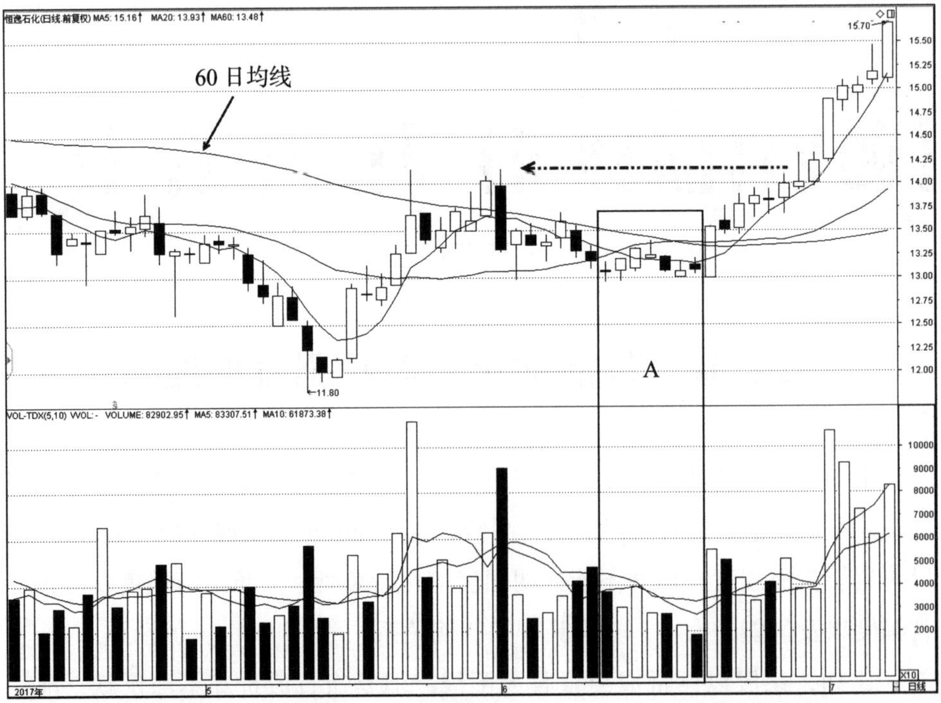

图2–29

当跌而不跌，反转为涨，谓之强。

当图中个股股价突破60日均线，成交量也从量能消散形态转化为变量形态，预示价格出现重大变化，这里就是股价强度的显现。之后，成交保持新常量，而股价再次突破反弹高点，则是强度的延续和增加。这一系列形态，都提示出做多交易点已经出现。

说到“当跌而不跌”，必须详加论述，因为这个技术点讲不透彻的话，可能会给交易者的实战带来不利的影响。

“当跌而不跌”，必须注重技术环境分析。对于经过大幅上涨后的个股，“当跌而不跌”可能并不适用。同时，不能把“当跌而不跌”与“反转为涨”等同起来。而且，处于下跌途中无强度弱反弹的个股，也不会出现“当跌而不跌”。

如图 2-30 所示，A 段出现“当跌而不跌”，随后的弱反弹虽然穿越前高，但无论是股价还是量能，都没有出现明显的增大，显示增量资金并不踊跃，可能只是盘中存量资金所为。B 段的情况则更为明显，之后股价反弹也更为弱势。这种情况下的“当跌而不跌”，并不能显示出股价强度，更多的技术迹

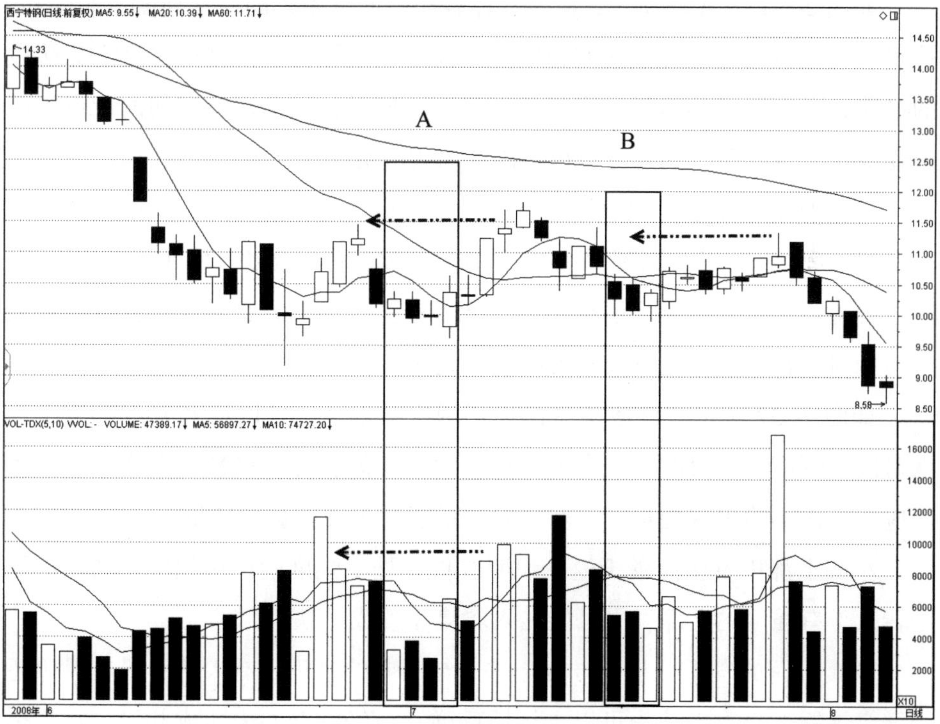

图 2-30

象显示，这只是下跌途中股价的振荡和折返形态。其实这个案例仅通过均线系统也可以辨别其中的弱势，和图 2–29 有着极大的区别。

具有上涨强度的个股，并非不会出现下跌，甚至正是通过其在下跌中的表现，才能够判断出其强度的大小。同样，具有下跌强度的个股，也可能会出现反弹，正是分析其在反弹中的表现，才能判断出其强度的大小。

股价的涨与跌，构成了折返。折返是股价的波动形式，是多空角力的表现。涨势中的折返，也称为回落调整；跌势中的折返，则为反弹。无论是 K 线图还是分时图，排除直接涨停或跌停的个股，都存在着折返。通过分析股价的折返，个股上涨或下跌中的强度自然就会浮现出来。

在 K 线图上，涨势中的回落调整（折返）时间短、幅度小，说明做多力量处于优势地位，而这种优势地位表现为股价强度，将很快就促使股价结束回落，重归上涨。

如图 2–31 中 A 段所示，K 线实体较小，同时整体的回落幅度相对温和，持续时间也较短。这种回落调整的量能要呈消散形态，但之前之后涨势阶段的量能，要有明显的增量（变量或聚量）。同时，回落调整期间的量能不能出现变量，否则股价强度分析也会因此出现变数。

在分时走势图上，现价线在上涨途中，折返的持续时间、幅度明显小于上涨的时间、幅度，意味着股价的涨升强度较高。说明做多力量处于优势地位，而这种优势地位延续到之后交易日的概率较大。同时，这意味着盘口存在的压力相对较轻，股价之后极有可能进入到快速拉升阶段。

如图 2–32 所示，该股早盘出现了两次折返，持续时间和幅度都逊于上涨时间与幅度。在分时走势图上，折返期间的量能要求和 K 线图中一样，量能应缩减而不能出现变量，之前之后的量能要出现明显的增量。

小幅上涨中发生频繁折返，说明股价正处于强度确认过程中，结果可能是转入带有强度的上涨，也可能转入弱势盘整或下跌。

频繁折返的发生，是各方资金逃逸与回归的过程。有人认为目前股价还会继续下跌，也有人认为可以入场博反弹，市场资金并未达成共识。在你来我往的博弈中，哪一方能够占据优势地位，则是盘中观察的重点。

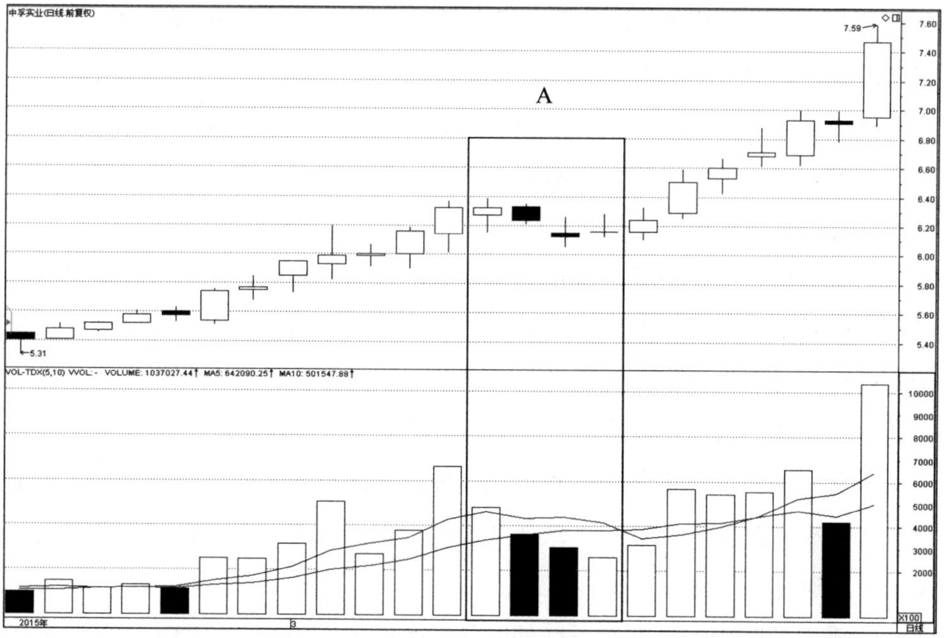
中孚实业(日线 前复权)
A
7.59
5.31
VOL-TDX(5,10) VVOL: - VOLUME: 1037027.44↑ MA5: 642090.25↑ MA10: 501547.88↑
2015年
3
X100
日线

图 2-31

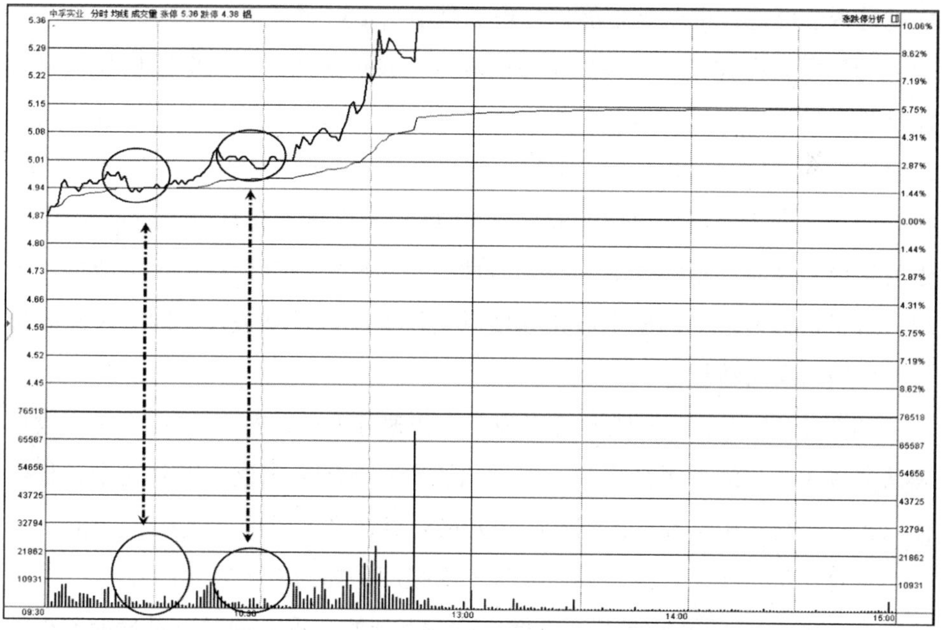
中孚实业 分时 均线 成交量 涨停 5.36 跌停 4.38
涨跌停分析
09:30
10:30
13:00
14:00
15:00

图 2-32

还要注意一种现象，即小幅上涨中虽然折返较少，但整体升势明显羸弱，这时的“折返较少”并不表示涨升强度较高，而是代表着交易清淡。

无论是K线图还是分时图，如果股价折返的时间、幅度与上涨的时间、幅度大致相当，说明虽然处于涨势中，但继续涨势的强度已经有所降低。这个时候交易者应避免追涨操作，个别品种在操作上可以采取低吸。

如果股价折返的时间、幅度多于上涨的时间、幅度，说明股价目前的涨升强度已经不足，交易者应保持观望。折返的幅度如果较大，说明股价遭受到的打压相对较重，应分析股价是否已转为跌势强度。这种分析主要也是通过折返或反抽，以及一些技术关口上的压制等来予以判断。

跌势中的折返与涨势中的很近似，即折返的时间、幅度明显少于下跌的时间、幅度，意味着股价的下跌强度较高。在下跌强度没有任何改变之前，交易者应避免参与做多交易。

当折返的时间、幅度与下跌的时间、幅度大致相当，说明虽然处于跌势中，但继续跌势的强度已经有所降低。但此时仍应保持谨慎，分析股价上涨强度是否会出现，也就是量能催化现象是不是正潜藏其中。

受到主力操控或资金高度密集的攻击，股价必然会在短时间内显示出量能催化下的迅速涨升。但是，当资金不能以密集形式将股价继续推进，而是以变量形态出现时，某一方向上的极端强度可能会在瞬间转化为反向强度。

因资金密集攻击而出现的股价急跌急涨，其强度变化具有不稳定的特性，也就是说，这时的量能催化具有虚假性。因为密集的资金攻击不可能持续出现，对于这种情形下的所谓股价强度，交易者应该时刻关注，同时注意股价可能出现的反向转折。

如图2–33所示，该股股价出现一个快速涨升的过程。至A段时，股价确认突破相关均线并继续上涨，显示出股价具有较高强度，而且这个过程中伴以密集成交。B点股价达到本次涨升最高点，之后股价迅速发生回落。

在这个案例中，B点之后，股价上涨强度是如何发生转化的呢？

图中B点是股价最高点，股价从这一点开始转折，同时也是量能转折的开始，B点无疑是一个关键的量价分析点。

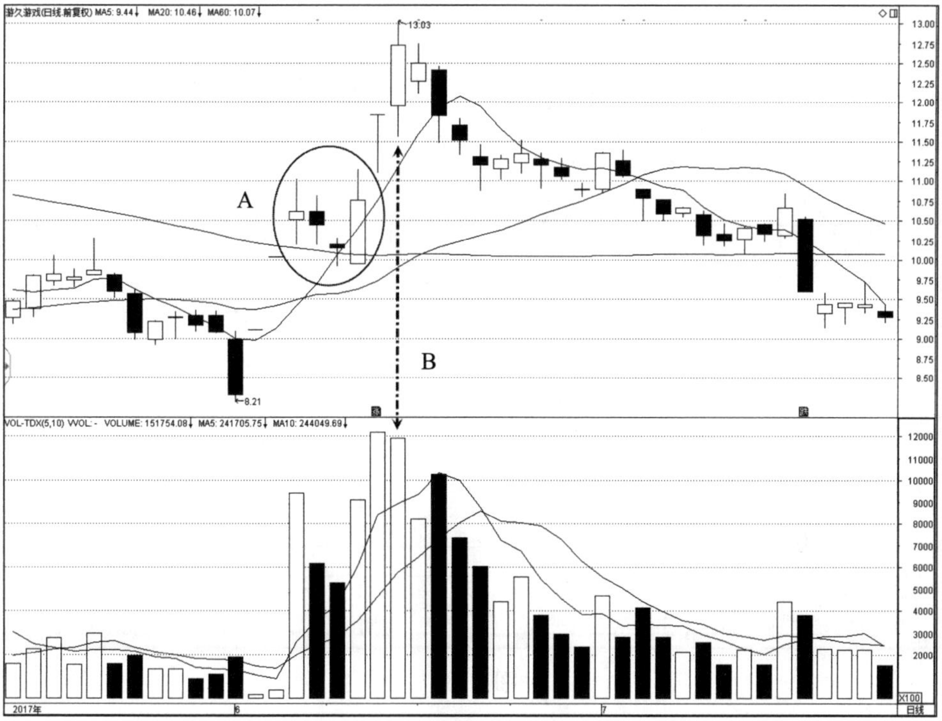

图 2-33

图 2-34 即为图 2-33 中 B 点当日的分时走势。

从图 2-34 中可以看到，该股当日股价虽然整体升幅达到 7% 以上，但真正处于涨升的时间并不多，升幅主要由两个短时间内的迅速拉升所构成，其余的大部分时间里，股价多处于振荡回落的态势中。

图中的分时走势可以告诉交易者两个关键点。

（1）该股上涨的压力并不大，股价强度理应可以继续保持。原因是，盘中的两次急速拉升的幅度都超过 4% 以上，早盘的急拉甚至超过 6%，但之后的回落相对较缓，量能在回落中并未出现变量等，这就显示上方并无密集的大卖单打压。换个角度理解，如果盘中主力资金想封涨停板的话，难度应该不大。

（2）该股涨升压制不大，却并没有干净利落的封涨停板，而是将全天大部分时间都花费在振荡中，原因何在？

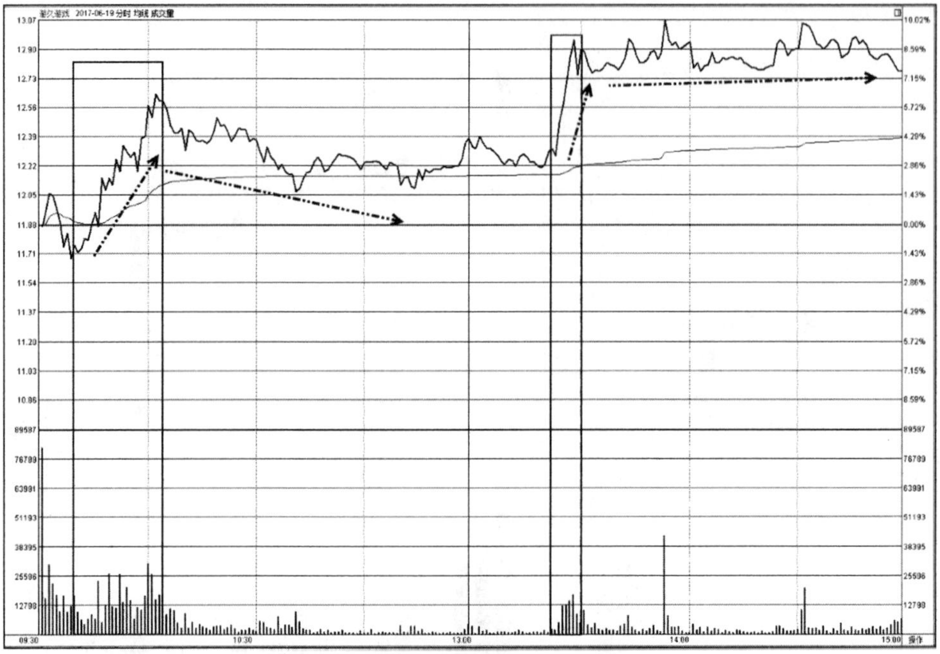

图 2-34

如果说主力资金意在震仓洗盘的话，那么这种幅度平缓、为时较长的折返过程，不但吓不走人，相反还会吸引更多的人加入进来。尤其是午盘过后第二次急拉出现，无疑会吸引到很多关注的目光。

强度明显，能大涨而不涨，排除掉震仓洗盘的可能性，只能是主力资金在阶段性减仓或出货。从这个角度来看这个分时走势，一切疑问都迎刃而解——利用短时间的对倒急拉做高股价，在这个过程中满足跟风追高资金的需求，然后不急不慢地利用拉高的空间来减持筹码。

可以说，案例中拉高之后的两次长时间的折返，就是主力资金减仓所致，也正是主力资金的减仓或出货，才导致该股的上涨强度迅速转化为下跌强度。

交易者还可以通过观察盘口来分析强度变化。例如某股盘中涨到 9.6 元，之后出现折返，虽然折返幅度与时间都不多，但回升后的股价一直不能突破 9.6 元；或者虽然穿越这个价位，但很快就回落到 9.6 元之下。这就是上涨强度不足，或是将要转向的信号。

实战中，一些主力资金还会利用对倒或交易中的时间差来迷惑交易者，造成某股强度较高的假象。例如利用早盘高开急涨制造突破的假象，但是这个急涨往往只能维持几分钟，股价就会发生大幅回落。或者利用尾盘最后几分钟迅速拉升股价，看起来似乎强度依旧在，但下一交易日股价却突然低开低走，迅速下跌，露出主力资金狰狞的真面目。

第三章

常量催化

第一节　什么是常量

常量是指某一时间段成交量相对平稳的形态，也是这一段时间内成交量的平均值，是一种相对稳定的成交量形态。多数时候，这种形态下的股价会在某一方向上平稳持续运行，但是常量形态并不意味着股价必然就会一直波澜不兴。

传统理论中有地量的概念，某一时间段内的常量可能是地量，但常量并不完全等同于地量，对此，交易者要有明确的认识。

常量并非静态的而是动态的，会随着行情的不断发展而变化。某一阶段的聚量、变量等形态可能会转化为新的常量形态，所以常量的值与形态并不恒定，而是处于不断升降变化之中。

这里认识一下常量在不同股价运行阶段的不同表现形态。

（1）当某一时期的交易处于极度低迷状态，成交量跌破或接近历史最小值，那么这个时期的成交量既是地量，也是常量。

如图 3–1 中 A 段所示，在股价长时间的下跌阶段，成交量的数值和形态一直处于历史较低水平上，这期间的成交量既是该股的地量形态，也是一种低迷的常量形态。此时很难从日 K 线层面上发现量能催化现象。

（2）随着行情的发展，股价反弹，成交量增加。当量能达到较高数值后，不再增加也并未持续缩减，处于相对稳定的态势时，这个时期的成交量也是常量。

如图中 B 段所示，股价快速反弹，成交量迅速增加，而后成交量稳定在这个较高数值和形态上，这种现象被称作常量升级或新常量形态。此时，量能催化现象非常明显，相对容易判别股价可能发生的变化方向。

（3）当股价下跌，成交量经过缩减后稳定在一定的水平上，而此时成交量仍远大于之前的地量阶段，这个时期的成交量也被称为常量。

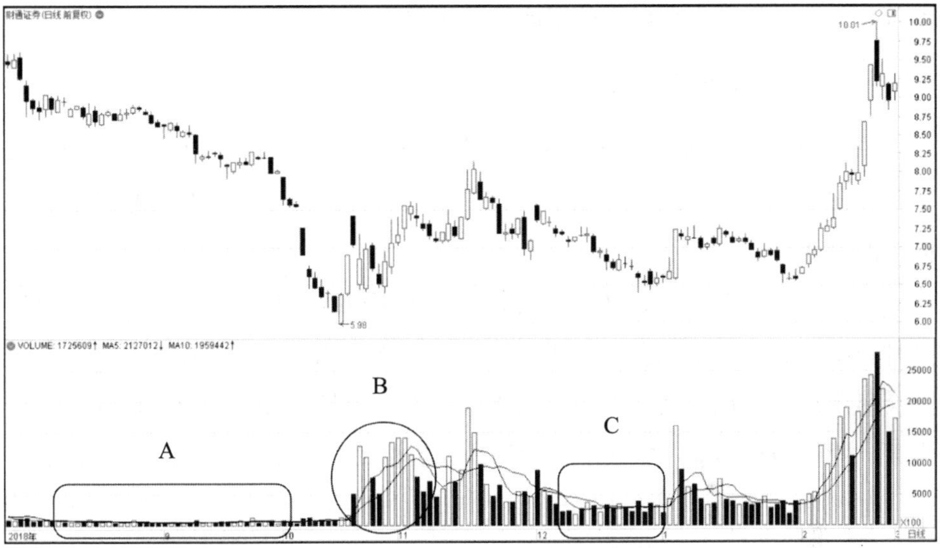

图 3–1

如图 3–1 中 C 段所示，股价下跌过程中，成交量经过之前的缩减过程（量能消散）后，不再继续缩减，而是稳定在当前的数值与形态上。对比图 3–1 中成交量柱状图可见，C 段常量的值大于 A 段地量（常量）阶段的值，此常量已非彼常量。这种现象也称作常量升级或新常量形态。

经过一段时间的股价涨升和下跌过程后，成交量再度回到常量形态，但其数值已经不同于之前的常量，虽然同样处于相对稳定的状态中，但对于分析主力资金的增减仓位具有重要的作用和意义。

实战中，不仅常量这一种成交量形态存在升级现象，后面将要讲到的聚量、变量等也存在升级的现象，其实这也是行情持续发展的一种必然现象。

第二节　常量分析——实战中最易被忽视的形态

从表面上看，常量似乎是引不起股价的大幅波动，是最稀松平常的成交量形态。但是，作为成交量运行形态的一种，其存在必有内在价值，而分析其内在价值也是解读成交量运行与循环的必不可少的重要环节，也是分析量能催化现象、辨别真假虚实的不能忽视的重要成交量形态。

一、诱人的常量攻击

常量攻击，是指常量形态下，股价出现缺乏强度的上涨（向上攻击）或下跌（向下攻击），这只是在原有趋向或趋势内的波动，很难对趋势形成方向上的改变。

常量攻击极其常见，在个股构筑股价顶部或底部形态过程中，多会出现这种技术形态。通常也会伴有级别较小的量能催化现象，但往往在股价强度上会显示出虚假性。大多数独立的常量攻击并不具有交易价值，而在常量攻击下，股价会在形成压制或支撑的均线、价格关口上结束波动，反向运行。

如图 3-2 所示，该股股价下跌过程中的每一次向上反弹，都在下行的 10 日均线上下结束，股价涨升强度较低。在这种常量形态下的股价向上攻击，很难拉开价差，也就不具有可供交易的获利幅度与空间，所以并不适合交易者操作。

实战中，一部分的常量攻击其实是主力资金的诱多行为。通过这种操作方式，主力资金可以减掉小部分筹码，或者逼迫持仓者尽快抛售筹码。还有一些常量攻击源自市场资金的抢反弹行为，形式上带来了股价的弱反弹。这种缺乏强度的涨升，必然会让抢反弹的资金大失所望，很快就会多转空，反手抛售筹码，从而加速股价下跌。实战中，交易者必须注意，不要被这种攻击形式迷惑。

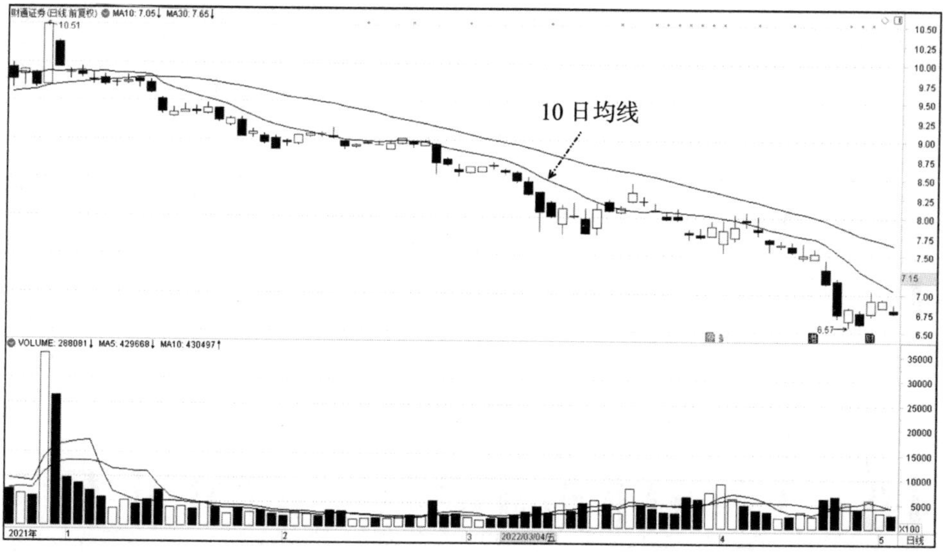

图 3-2

常量攻击出现时，股价多不具有大幅连续涨升的强度，但也会有一定例外。比如，在主力资金控盘程度较高的一些个股上，起初毫不起眼的常量攻击，往往会演化成为重要的上涨波段。

如图 3-3 所示，股价在 A 段的整个大幅涨升过程中，成交量大多数时候保持着常量攻击的形态，在这个涨势过程中，仅出现过两根具有变量形态的成交量。这就是主力资金高度控盘个股的独特之处，筹码的高度稳定性决定了不会出现太多（尤其是突如其来的）连续集中大卖单砸盘行为。

在目前的市场上，主力资金高控盘个股并不常见，采取这种操作形式的主力资金也越来越少，这就决定了交易者遇到这种个股的机会并不太多，所以交易者不能把每一次常量攻击的个股都想象成高控盘个股。是不是高控盘个股，需要交易者深入分析，绝不可进行愿望式交易。

二、分层透视分析法

通过上述讲解，交易者可以发现常量是一种最容易被忽视的成交量形态。多数常量形态表现出来的无效性，会让交易者忽视这种形态存在的价值，从而不会费心费时去关注与分析。但是，平凡的表象中往往隐藏着最珍贵的线索。

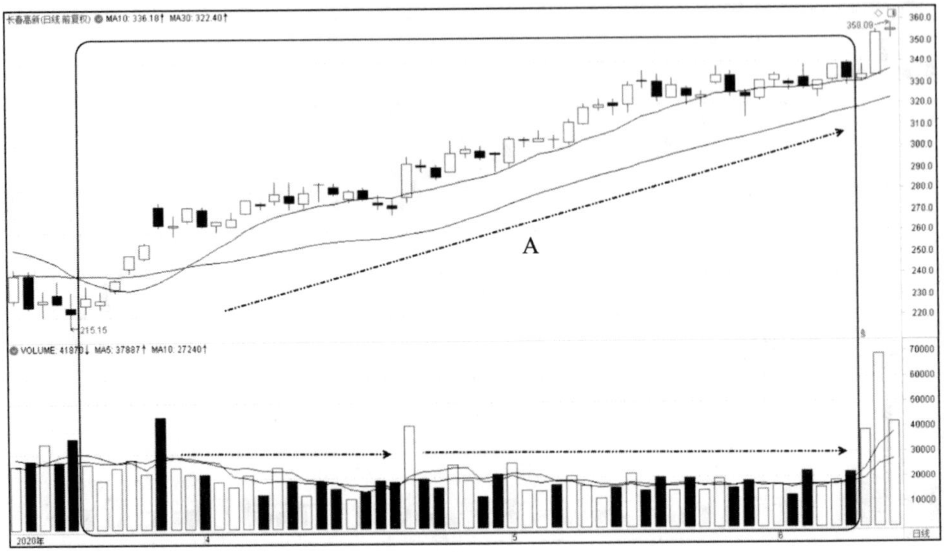

图 3-3

实战中，交易者经常会发现一些个股会突然出现拉升，而成交量就是从平淡无奇的常量形态突然激增到变量、聚量等形态，在量能催化下，从默默无闻一跃成为最热门的暴涨个股。

可能有人就会感到很奇怪，怎么看不出来主力资金建仓的过程?

其实，这种类型的个股一般有两种情况。

一是实力资金的短期炒作行为——即建仓、拉升、出货一气呵成，股价短期内出现较大的涨幅，然后股价很快就从暴涨转为暴跌，最终股价从哪里来回哪里去，甚至还会跌得更深。

如图 3-4 所示，A 段股价下跌，成交量一直处于低迷的常量状态。B 段股价突然跳升，在股价高位上，成交量以变量形态激增。之后股价逐步下跌，成交量也随之呈现量能消散的形态。这就是一个典型的资金短期炒作的案例。

二是主力资金建仓的过程极其隐蔽，往往就潜藏在最不被人关注的常量形态中。如图 3-5 所示，该股在盘整区域时，股价来回折返，成交量在大多数时间里都处于常量形态，如图中 A、B、D、E、G 段所示。

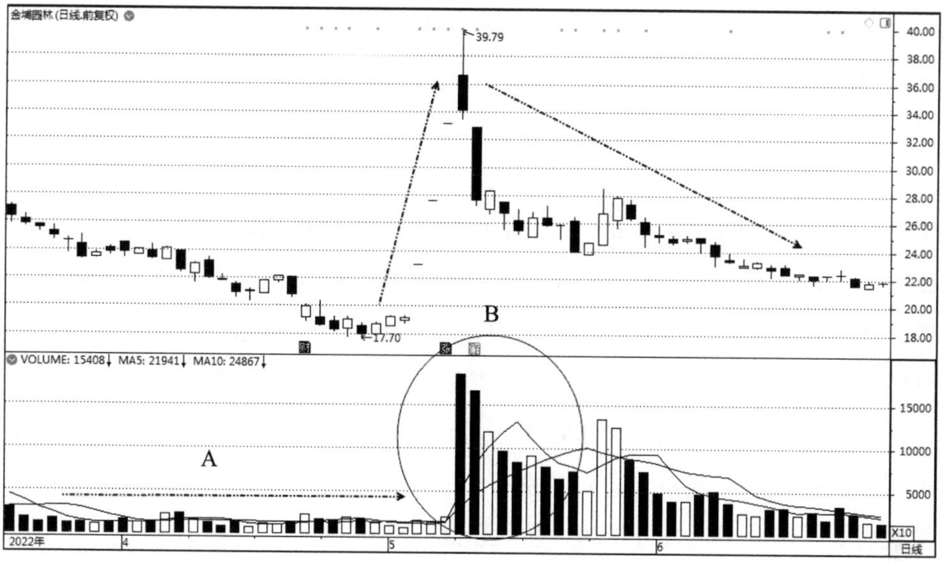

图 3-4

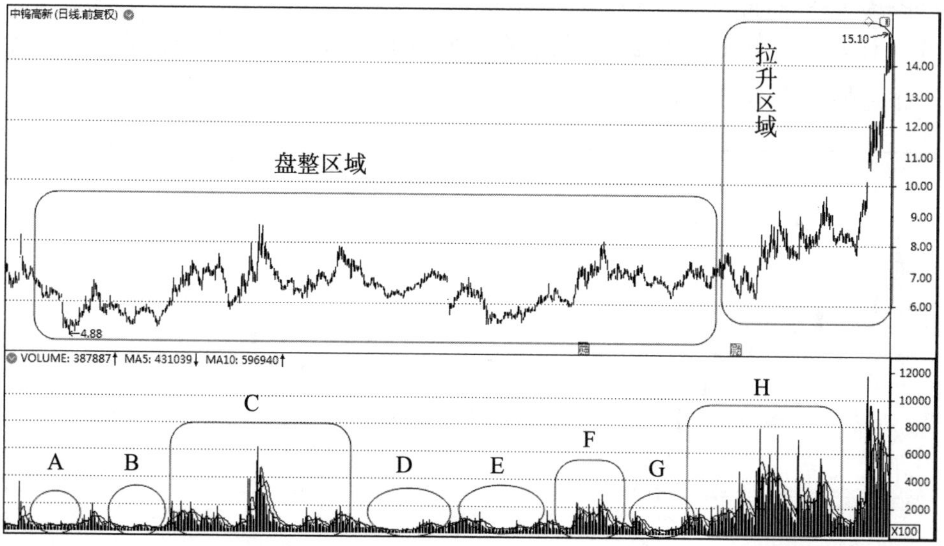

图 3-5

在整个盘整区域，只有 C 段和 F 段的成交量有所放大，股价也相应表现得较为活跃。如果交易者在股价盘整区域买入，又错过一闪即逝的短线卖点，那么这种频繁折返必然令投资者相当难熬。

其实主力资金就是借用这一区域多频次的反复折返来吸筹建仓的。直至H段，成交量才开始明显放大进而形成聚量形态，并催化股价进入拉升阶段。

图3–5中的个股，其股价与成交量变化仍属于相对容易识别的类型，常量形态的持续时间并不算太长。比如C段的变量，就打破了之前常量的格局，出现了明显的量能催化现象，至少能让交易者判断出该股有大资金在运作，但不能确定是大资金的短期炒作行为，还是主力资金建仓行为。只有通过后续股价与成交量的进一步演变，才能判断出资金的真实属性。

实战中，还有一些个股常量形态持续的时间比较长，就很难从日线上发现明显的量能催化现象，这对甄别是否有主力资金运作存在一定困难。这时候就需要采用分层透视分析法，从股价运行的细枝末节上来分析判断。

如图3–6所示，股价在A点见底回升，在A点之前和之后一段时间内，成交量维持着低迷的常量态势，甚至在A点股价的最低点，当日的成交量也并没有突出的表现。这就让交易者在判断该股是否见底，或者寻找短线买点上很迷惘，找不到确定的技术依据。

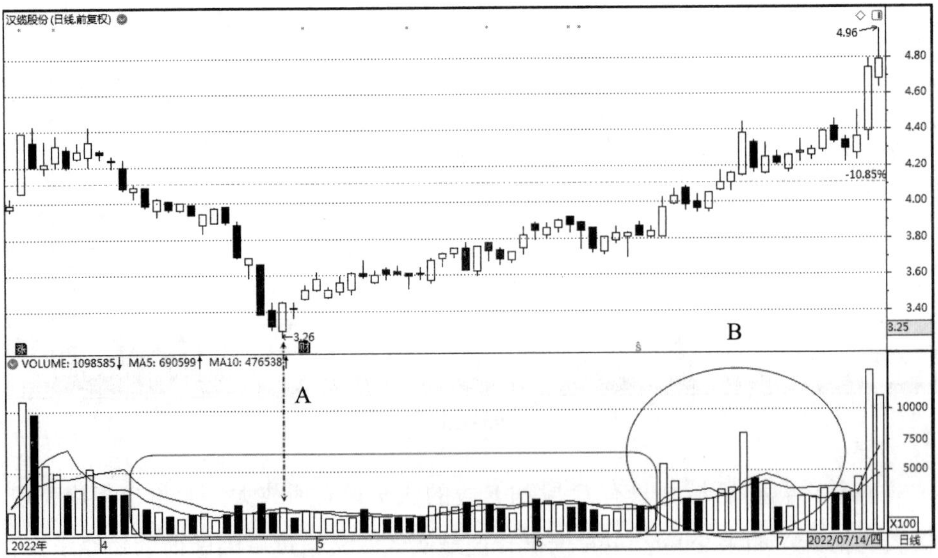

图3–6

现在看这张图，因为可以看到后期的股价走势，比如 B 段成交量放大，股价上涨，会觉得 A 点就是一个明显的见底低点。但是在实战环境中，A 点低点之后，虽然股价出现反弹，但成交低迷，股价上涨孱弱，似乎随时都会折头向下，重回跌势。这种盘面对于持仓者来说就是一种煎熬，买也不是，卖也不是，非常彷徨无奈。

对于持仓者来说，日线上缺乏交易的技术依据，并不必然等于不具有交易价值，可以通过分析个股的分钟 K 线和成交量形态，来寻找或者发现交易线索。当然，这种分析判断方法仅适合短线交易者或者做 T+0 交易的持仓者。

如图 3-7 所示，图中右侧就是图 3-6 中 A 点当天的 1 分钟 K 线走势，图中左侧为 A 点前一交易日 K 线走势。

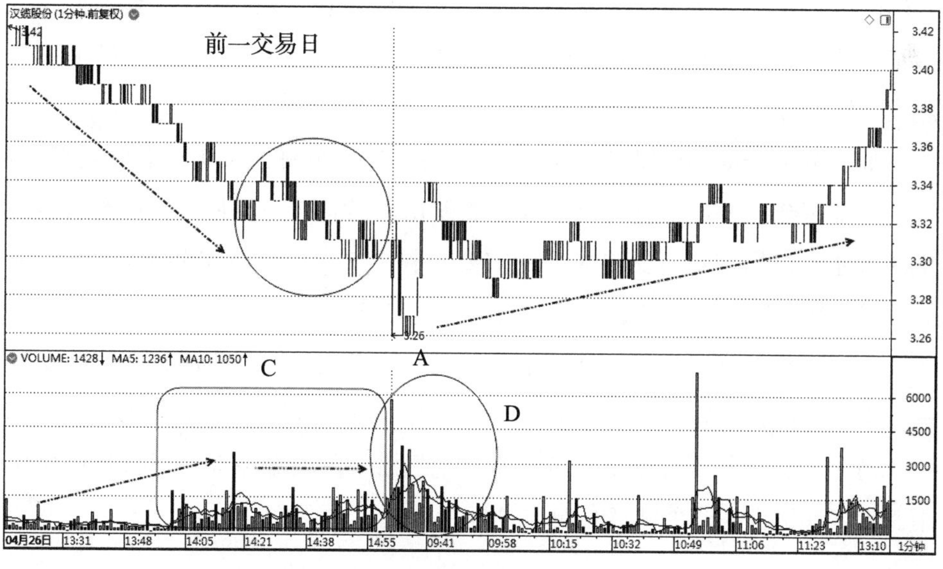

图 3-7

从图 3-7 中可以看到，日线系统上平淡乏味的常量，在 1 分钟系统上有明显的改观。图中 C 段，在股价下跌的末期，成交量已经出现明显放大，而这时股价下跌已不再如之前那样顺畅，时有反弹发生。虽然反弹极其微弱，但还是迟滞了股价下跌的速度。这种情况说明已经有资金开始进场买入。

实战中要格外注意一点：资金进场买入，并不必然等于股价马上就会止跌上涨，尤其是在分钟系统上。因为即使是主力资金的买入行为，也要区分阶段对待。比如，建仓初期的主力资金，买入是一个漫长的过程。某一时刻买入后，主力资金并不想让股价很快出现反弹，反而期望股价进一步下跌，以便继续低价建仓。所以，有的时候某股有资金进场的迹象，但在下一个交易日股价却很奇怪地继续下跌。

案例中 C 段告诉交易者有资金进场，但因为是 1 分钟系统，进场资金的规模不会太大。这种情况下，不论是持仓者还是短线交易者，都不可贸然入场。因为不知道进场资金的性质，至少还需要一个相对明确的技术信号。

次日图形中的 D 段，股价创出新低后快速反弹，成交量激增。这个现象告诉交易者，入场资金至少能使股价波动，也就排除掉了散户资金碰巧集中入场的可能性。不管入场的是主力资金还是短炒资金，在 A 点能够维持股价持续上涨，成交量明显活跃于之前的下跌阶段，就至少给交易者提供了一个短线交易机会。

通过分层透视，可以发现这是一个低级别（1 分钟系统）量能催化现象。至于它是否会进一步演化为高级别量能催化，仍需进一步观察。在实战中，交易者还可以根据自身交易风格的需要，利用 5 分钟、15 分钟或者 30 分钟等不同层次与级别的系统，进行细化分析与判断。

分层透视的优势在于，能从细节上早一步发现量能催化的存在，并及时进行交易。但它也有明显的不足，即稳定性不好，容易给交易者带来误判。

总之，常量并不都是那么的寻常，挖掘潜在的资金流动对股价的催化作用，就能够更进一步看清股价真实的运行轨迹。

第三节　常量与分时波动中的买卖点

在针对个股进行全面分析和研判的过程中，分时图是一个不可或缺的组成部分。尤其对短线或波段交易者来说，能够表现出价格即时变化的分时图，是一扇了解个股强与弱、呆滞还是灵动的窗口，非常有利于甄选个股。

但必须说明一点，分时图也有缺憾处。某一日分时走势的强势，并不能证明这种强势就必然会持续到下一交易日，尤其是在行情整体处于振荡阶段时，个股涨跌的单日强势往往缺乏持续性。

一、分时图

分时图由三条线构成，即昨日收盘线、均价线和分时价位线，后者也被称为分时线、股价线或现价线。

分时图的坐标可以选择普通坐标、10% 坐标、满占坐标等，通常使用默认的普通坐标。交易者也可根据自己的看盘习惯和喜好来选择。分时图上的横线代表价格和相应的涨跌百分比，竖线代表交易时间，通常每一条竖线的间隔为 30 分钟，如图 3–8 所示。

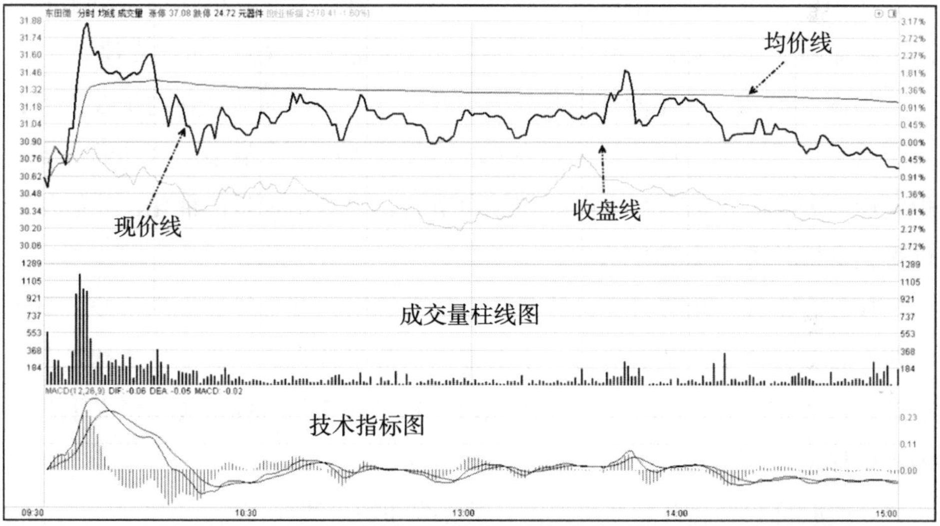

图 3–8

昨日收盘线是指以前一交易日的收盘价所画的横线。如果现价线低于这条线，则股价在下跌；高于这条线，则在上涨。

均价线是指由每分钟的平均成交价格相连所构成的曲线。每分钟的成交均价 = 每分钟的累计成交金额 ÷ 每分钟的累计成交量。均价线在个股分时图上一般用黄色来显示。

现价线是指由每分钟最后一笔成交价格相连所构成的曲线，在个股分时图上一般用白色来显示。

即时走势的下方是成交量柱线图，能够显示盘中即时成交的情况。交易者还可以根据自己的需要，在成交量柱线图的下方增加技术指标图，一般有多个技术指标可供选择。

二、分时支撑中常量的技术含义

分时图主要反映股价日间即时波动的情况，也是交易者了解股价涨跌的重要窗口。在技术分析中研判分时图中股价的波动，可以主要从支撑与压制两个方面来进行。这其中常量是大部分分时图最常见的成交量形态，也是研判支撑与压制重要的量能标的之一。

所谓的分时支撑，是指对于股价的下跌能够起到止跌的作用，对于股价的上涨能够起到助涨的作用。分时支撑包括收盘线支撑和均价线支撑。

如图 3–9 所示，A 段现价线处于收盘线之下，横向波动在均价线上下，成交量呈常量形态，这是一种弱势下的均价线支撑。实战中，这种弱势支撑稳定性最差，股价的运行方向往往倾向下行，只有出现量能催化，才能使股价得到支撑并进一步涨升。

B 段现价线、均价线突破收盘线上行后回落，现价线缠绕均价线、盘整振荡在收盘线之上。此时经过一个低级别的放量催化后，成交量依然是常量形态，与 A 段变化不大，这是一种相对平衡的收盘线支撑，技术意义上是一种等待形态。

C 段股价放量急升后回落振荡，现价线和均价线保持着一定的厚度空间，显示股价得到现价线、收盘线的双层强势支撑，回落中的成交量已经处于升级后的新常量，说明量能催化仍在发挥作用。在现价线和均价线之间不具有较大乖离的前提下，这种情况将会对股价起到一定的助涨作用。

1. 收盘线支撑

实战中，收盘线的支撑力度决定着当日股价处于上涨还是下跌的态势，所以当现价线振荡在收盘线上下时，是一种多空相对平衡的盘口显示。也就

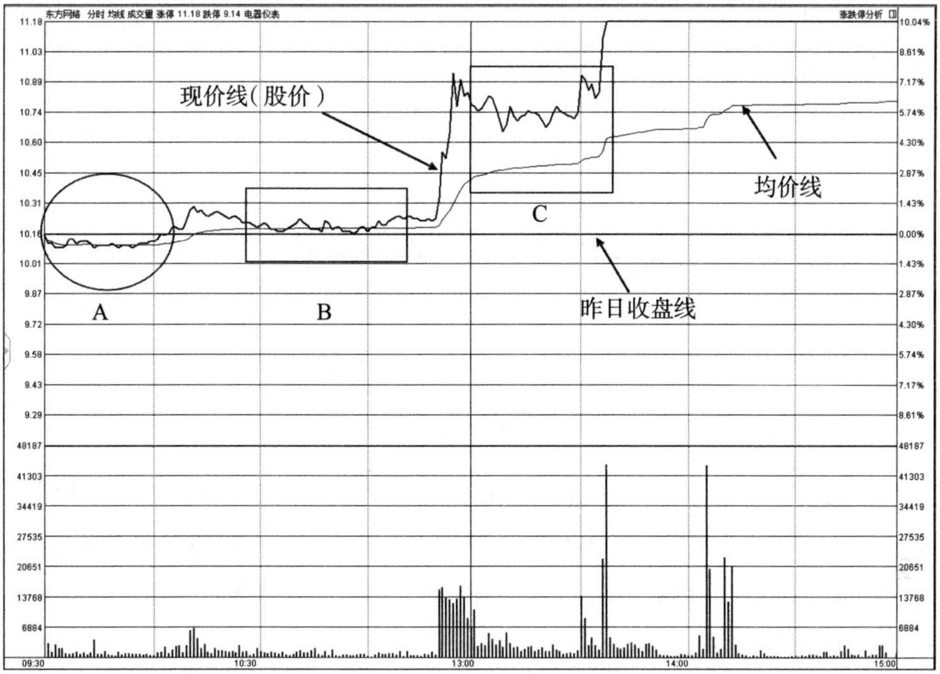

图 3-9

是说，如果不考虑其他技术分析因素，仅从分时走势上分析，那么现价线在收盘线上下振荡时，股价既可能上涨，也可能下跌。

这个结论无疑已经失去了分析的意义，所以在分析分时走势时，必须加入技术环境分析，综合多种技术手段对股价波动进行判断，而不是仅仅依据某一时刻短暂的分时波动。

比如，用 K 线分析可知，某股在技术环境上已经处于调整末期，分时走势显示现价线在收盘线上下振荡，那么极有可能是股价启动上涨前确认支撑的动作。当某股在技术环境上处于将要调整或调整过程中时，分时走势显示现价线在收盘线上下振荡，那么极有可能是股价诱多或随机振荡的动作。

现价线在收盘线上下振荡的形式主要有两种，如图 3-10 所示。

图 3-10 中 1 显示现价线盘绕收盘线，这时股价会出现一会上涨、一会下跌的情况，这种形式并不必然意味着股价失去支撑，从技术的角度来说，更像是对支撑有效性的测试过程。图中 2 显示股价一直处在收盘线上方，回

落触及收盘线时便会上涨，这种形式的支撑从分时走势上讲，股价强度要高于 1 的振荡形式。

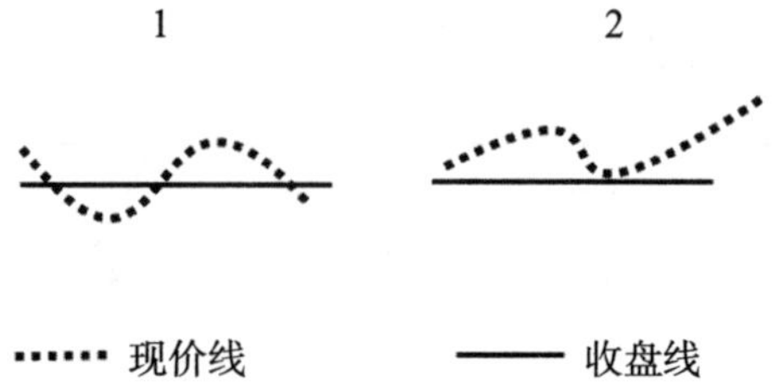

图 3-10

上述两种振荡形式在实战中出现时，成交量在多数情况下会呈现常量的态势，也比较符合多空相对平衡的盘口显示。在任何一方打破这种平衡之前，对盘中躁动的持仓筹码和场外的等待资金，常量的存在会分别起到一定的清理与吸引作用。

图中 1 这种形式，在技术上既完成了对收盘线支撑的测试，也利用微幅振荡吓走了一部分持仓者，进行了一定程度的洗盘。如图 3-11 所示，A 段现价线盘绕着收盘线上下波动，股价时而上涨时而下跌，成交量呈常量形态。

这种盘口会对交易者产生较大的迷惑性，尤其会给持仓者造成一定的压力。一些看盘经验不丰富的持仓者，可能会因此担心股价会在振荡后下跌；而场外等待进场的资金，可能会因盘面不明朗，暂时取消进场买入的计划。

常量形态下的这种振荡形式，就是一种等待和验证的技术形态。如果进一步分析股价运行的倾向，就必须加入技术环境因素。比如，案例中该股刚经历了一波快速下跌，早盘振荡幅度变小，早盘今日才出现常量形态等，综合这些技术环境因素，可能会发现今天的早盘有些“不一样”，盘口变得“安静”了，迥异于之前的盘口。这是交易者看盘的重要观测点，发现了这一点，往往就意味着一个交易机会的来临。

图 3-11 中，交易者并不需要等待太久就会发现现价线逐渐盘升，离开

收盘线，跃上均价线，这个现象说明收盘线展现出了支撑作用，股价正在发生积极变化，交易者可以做好相应的交易准备。

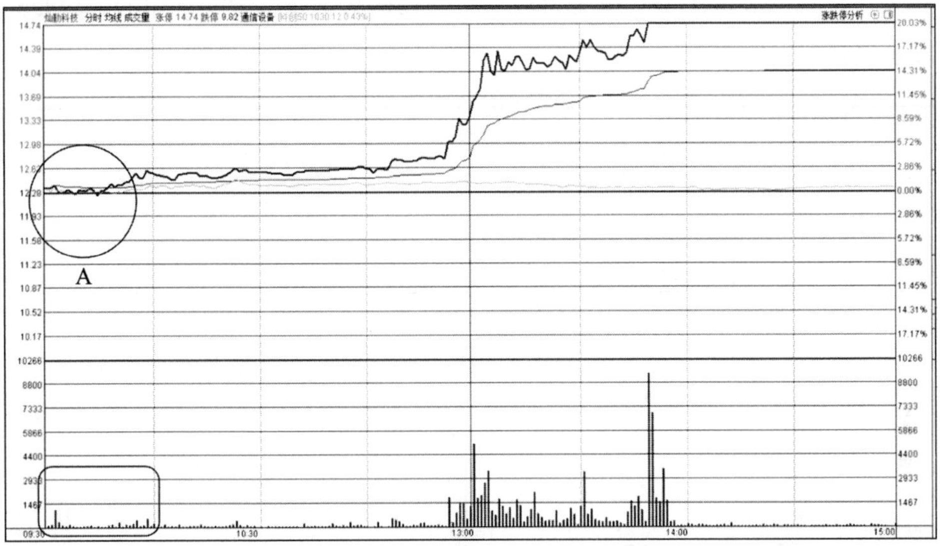

图 3-11

个股在启动上涨之前的强势测试阶段，多会采取图 3-10 中 2 的振荡形式。个股股价回落并不触及收盘线，而是保持较狭小的空间，之后股价突然爆发性上涨。

如图 3-12 所示，A 段现价线运行在收盘线上方，中间的波动低点都没有触及收盘线，显示收盘线已经具有较强烈的支撑，之后股价逐渐展开一波拉升。

收盘线支撑和技术环境分析的关系极为密切，因为它牵扯到股价即时涨跌的显示问题。毕竟对于大多数交易者来说，股价的涨跌是他们最关心和最聚焦的地方，主力资金往往会巧妙借用收盘线进行诱空或诱多，多数情况下效果都会很理想。

上述两种现价线在收盘线上的振荡形式，都是实战中较为常见的，在分时走势上几乎看不到量能催化的现象。这是对下方支撑存在与否进行测试的需要，也是主力资金发起上攻之前有意为之，是保持“静默”的常规行为。

总之，个股如果改变之前大开大阖的走势，忽然出现“静默”，且盘面上顺势继续下跌的可能性远大于反转上涨，股价却并不能跌离收盘线过远，就要注意观测股价测试支撑是否成功，一旦探明支撑，量能催化的出现必然就会迅速激发股价急速上涨。

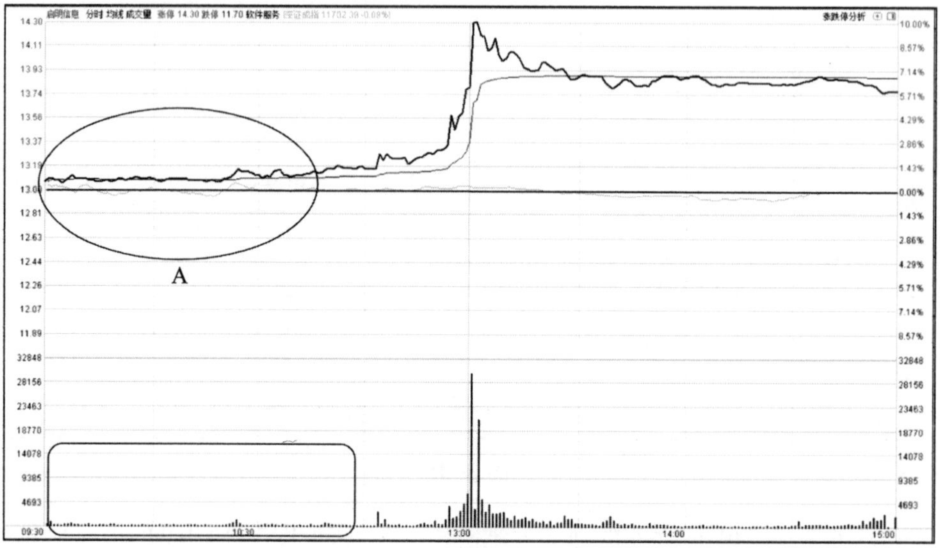

图 3-12

2. 均价线支撑

均价线的支撑远比收盘线的表现形式更多，而且更为复杂。同时，均价线并不像收盘线只是固定价位的一条直线，均价线的形态是随着股价的变化而变化的，所以均价线的支撑是即时的，也是分时走势中最能显示股价最新变化趋向的指标。

均价线对股价的支撑力度从均价线的运行角度上看，可以分为两种，如图 3-13 所示。

图 3-13 中 1 显示的是现价线回落，而均价线仍维持缓慢上行的情形，这是一种支撑力度较强的形态。如果股价由此得到支撑，均价线将会对股价起到助涨作用。

图中 2 显示的则是弱势支撑的表现形式之一。现价线回落，均价线横向运行或缓慢下行，即使股价并未跌破均价线，但这种形态下的支撑往往经不住股价下跌的考验。图中 2 所示的情况，在实战中具有较大的研判难度。

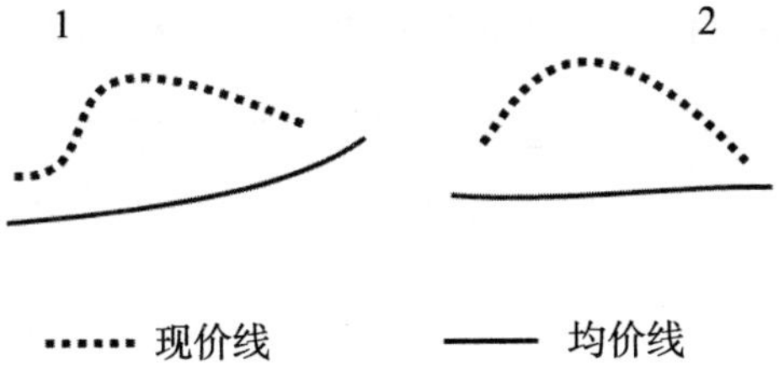

图 3–13

图 3–14 就是图 3–13 中 1 显示的情况。该股低开后迅速上涨，均价线跟随上升，股价出现折返回落时，均价线仍能维持缓慢上行的态势。之后股价在振荡中显示出较强的支撑力度，而成交量多数时候会保持常量，股价急升时有变量或聚量形态。这个案例中，均价线的支撑力度非常强，具有助涨作用。交易者可在股价折返时择机介入。

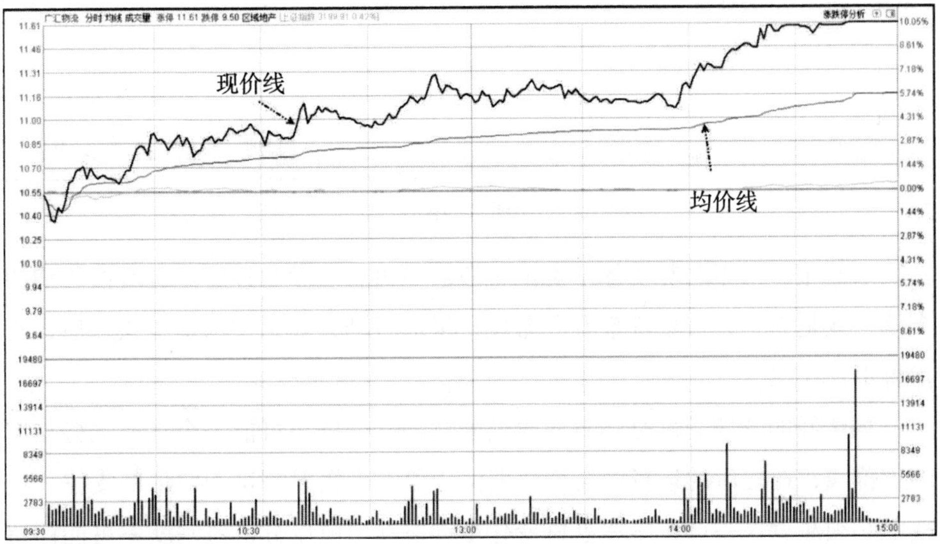

图 3–14

图 3-13 中 1 这个形态，如果出现在收盘线之下，成交量一直处于常量，则可能是主力资金的诱多行为，交易者应根据个股具体技术环境研判。

上面说过，图 3-13 中 2 显示的是一种相对弱势的形态，如果出现在收盘线下方，则弱势支撑的意味更为明确。如图 3-15 所示，A 段就是一种弱势支撑，这种支撑下股价的波动非常频繁，且整体呈向下倾斜。

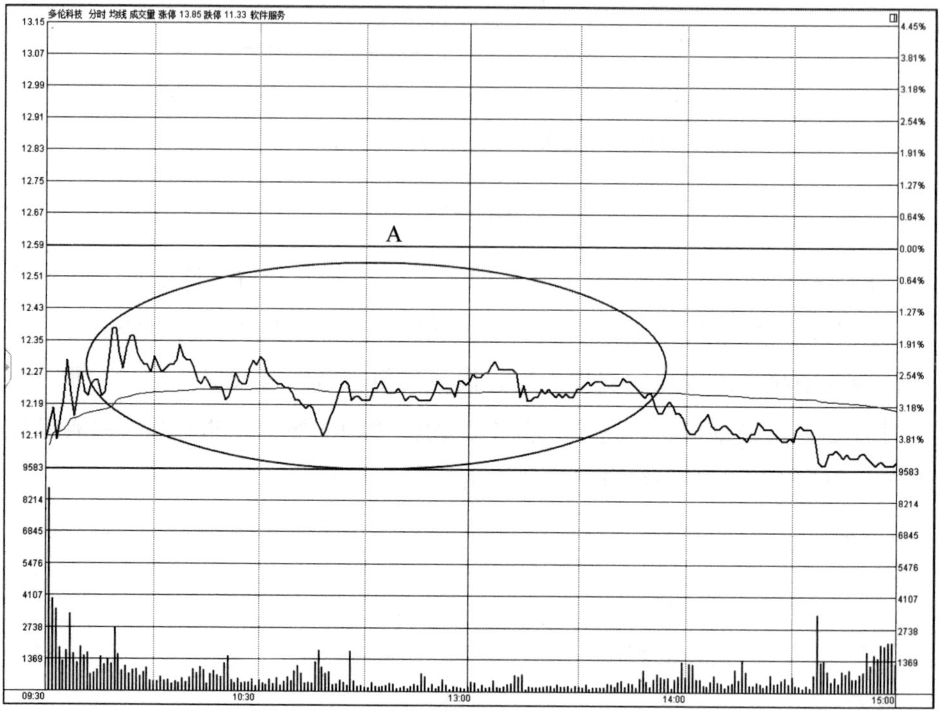

图 3-15

实战中，对于弱势支撑形态的个股，不可轻易参与抄底。有时候所谓的支撑，就是为了让市场资金看到希望，采取行动，等到市场资金买入后，支撑将不复存在。

均价线的支撑力度是随着股价的变化而变化的，可能一个具有强势支撑的均价线，在之后的运行中会变成弱势支撑或者需要测试和验证的支撑。实战中必须注意这一点，毕竟盘口变化是动态的，所以分析研判就不可能停留在某一时刻保持静态不变。

在研判均价线或收盘线的支撑力度时，量能催化也是需要重点考量的部分。如图 3-15 中的 A 段，量能一直处于萎缩的态势，现价线整体趋向向下，显示各方资金按兵不动或处于缓慢流出的状态中。

在缩量横向运行的状态下，除去长期冷门的个股，多数个股股价“不是在沉默中死亡，就是在沉默中爆发”。

如图 3-16 中 A 段所示，现价线处于收盘线下横向运行状态，均价线同样维持弱势支撑，至 B 段时现价线突破收盘线，这时可以看到量能在温和放大，催化现象的出现显示有资金开始稳步进场吸纳筹码。当收盘线从压制转化为支撑，而均价线从之前的弱势支撑转为强势助涨时，股价启动上涨的迹象已经非常明显。

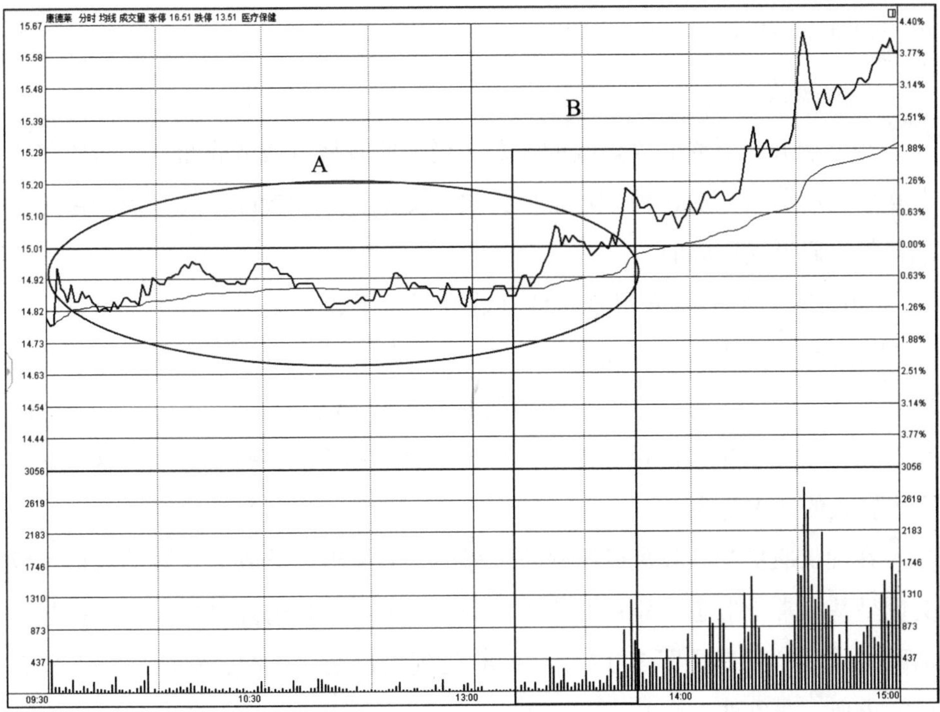

图 3-16

相似的图形可能最终的结果并不相同，弱势与强势总是处于变化之中。量能也是同样的道理，如图 3-16 中 B 段之后的聚量形式，所显示的是资金在不慌不忙地稳步推进。实战中，有的个股会在相同的形态下出现突放巨量拉升的形态。突放巨量拉升并不是不好，但在主力资金的操作下，会给交易者在判断当日总量性质上增加较大的难度。过度激增的量能，大概率会出现反向催化，这一点交易者需要谨慎对待。

三、分时压制下常量的技术含义

支撑与压制之间，并不是全无联系、孤立存在的，二者是相互转化、相辅相成的关系。没有压制，也就体现不出支撑；没有支撑，也就难以定义压制。

实战中，某一条线被向下跌破，并不代表股价失去支撑，只有这条线本来应有的支撑转化成为压制，才是失去支撑的最真实体现。同样，某一条线被向上突破，并不代表股价得到支撑，只有这条线本来应有的压制转化为支撑，才是突破压制最真实的体现。

1. 收盘线压制

当股价开盘后受到收盘线的压制，说明昨日尾盘或者收盘竞价阶段多空存在极大的分歧，而这种分歧延伸到次一交易日，或者昨日收盘价是由尾盘急拉等虚假形式构成的。

如图 3-17 所示，A 段现价线在收盘线上下盘整振荡，这是一个确认支撑是否存在的过程，之后股价下跌；B 段现价线反抽收盘线受到压制，于是展开下跌，至此收盘线的支撑已经转化为压制，或者说已经确认压制的存在。在 B 段反抽过程中出现量能催化现象，但股价却不能突破收盘线，这明显是主力资金的诱多行为。

在确认股价受到收盘线压制的过程中，如果出现类似于 C 段的反抽，成交量呈基本常量形态，并有不密集的变量大单，这种情况多数会对股价起到助跌的作用，尤其是图 3-17 中还同时受到均价线的压制，双层压制下极有可能出现一波急跌。

收盘线的压制并非都如图 3-17 那样出现一个确认性质的反抽，其形式具有多样化。如图 3-18 所示，A 段现价线在收盘线上下振荡，很快就出现回落，说明收盘线的压制已经存在。

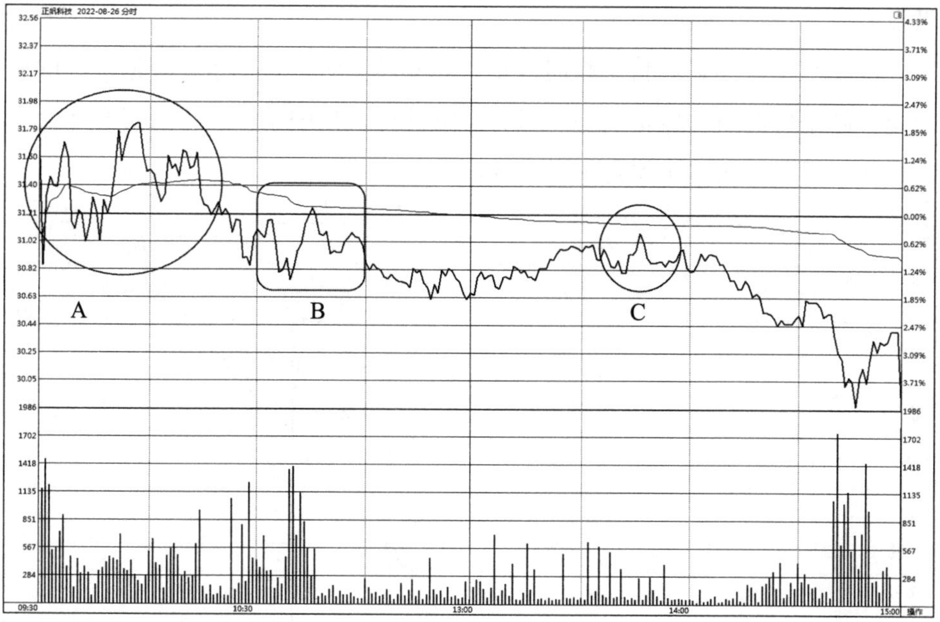

图 3-17

判断出压制的存在，极为有利于交易者分析股价即时走势的强弱度。换句话说，压制就是一块试金石。图 3-18 中 B 段股价放量突破收盘线，突破时的量能与急跌过程中的量能很接近（C 段、D 段），但更具有持续性，之后成交量脱离 E 段常量的形态范畴。这种表现至少能说明盘中主力资金并不愿意看到股价继续下跌。至于股价是否会在之后就立即转入上涨，那是需要另外分析的问题。但交易者应该知道，即使股价再次出现下跌，反弹的低点也离此不会太远了。

图中 B 段现价线突破收盘线的压制，并没放出过大的量能，之后股价便继续上升，显示收盘线的压制并不强大，或者说是一种相对轻松突破压制的形式。B 段的表现说明在收盘线这一价位上，多空分歧并不大，或者说主力资金拉升股价在收盘线上并未遇到强大的压制。

那为什么股价会在开盘不久的 A 段就快速下跌呢？

答案就是洗盘。下跌过程中，C 段放量，是一个反向的量能催化；D 段再次出现同样的情况，只不过量能放得更大一些，就反向催化出股价当日的低点。

在实战中，面对股价下跌时放量，尤其是分时走势中越是急速放大的成交量，越是可能引发股价反弹。只有恐慌性抛盘集中杀出，主力资金才会大力承接，反向量能催化才会作用明显。

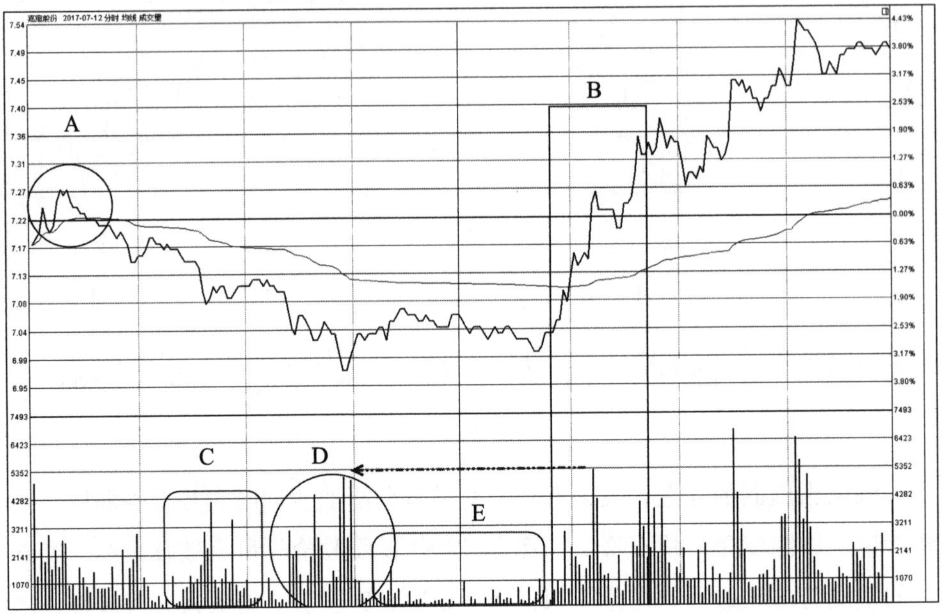

图 3-18

实战中，主力资金经常会利用收盘线压制来做文章。如图 3-19 所示，A 段股价低开高走，来回波动测试收盘线压制，这个过程中量能处于持续缩小的态势，成交量细节显示，股价能够突破收盘线压制的概率较小。

收盘线的压制难以突破，B 段股价转为急跌，随即出现反向量能催化。大多数的急跌放量都是恐慌盘的行为或者制造恐慌的行为，之后大概率会出现幅度不等的反弹。反弹的幅度需要根据技术环境分析来判断。

图 3-19 中 B 段之后，股价出现反弹并一举突破收盘线。该股股价由弱转强几乎就在一瞬间，这种情况说明收盘线压制就是主力资金手中的道具。

股价反弹上穿收盘线后，该股并未进入强势运行阶段，而是在收盘线上方横向波动，C 段甚至还出现一次回抽收盘线确认支撑的过程。

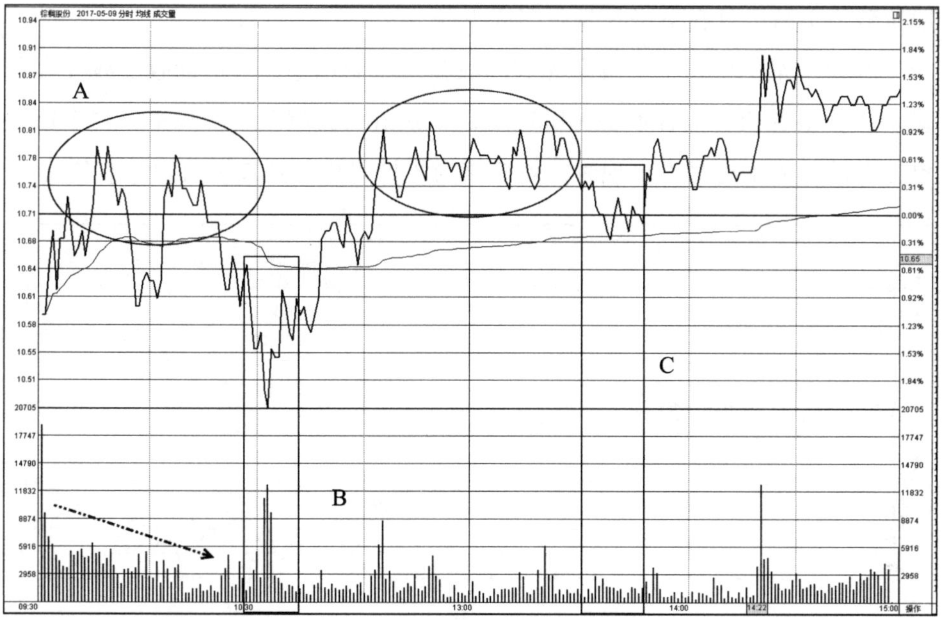

图 3-19

这里我们发现一个细节，C 段回抽收盘线确认支撑的过程中只是一个常量形态，并没有恐慌盘杀出放量的情况。

鉴于 B 段急跌时的量能，C 段回抽收盘线这样重要的价位，理应引出一些抛盘，但 C 段的抛盘很少，至少能说明一个问题，即市场持仓者普遍认为收盘线的压制已经成功转为支撑，C 段的回落只是洗盘性质的，所以并不急于抛出筹码。C 段之后股价的上升似乎也印证了这一点。

我们看到，在 B 段和 C 段之间收盘线上方的股价横盘期间，量能是处于相对活跃态势的，说明有规模不大的零散资金选择在此时入场。这部分入场资金限于 T+1 制度，不可能在 C 段抛出，愿意 T 出的毕竟只是少数。

原持仓者和追高买入者对收盘线具有支撑形成共识，都不愿意卖出，这就是 C 段量能较少的主要原因。

然而，主力资金并不愿意看到市场资金大部分处于稳定的状态中，当某一种市场观念形成一致时，主力资金必然会反向利用。如图 3-20 所示，即为该股下一交易日的分时走势情况。当日上午横向振荡后，接近中午收盘时股价转为下跌，且在下午开盘后继续下跌。

在这个案例中，主力资金先利用收盘线压制诱空，再借助收盘线支撑诱多。让看多者和看空者不是无所适从，就是落入其圈套。实战中，当个股股价该有的强势始终都不出现时，就应该为股价弱势的到来提前做好准备。

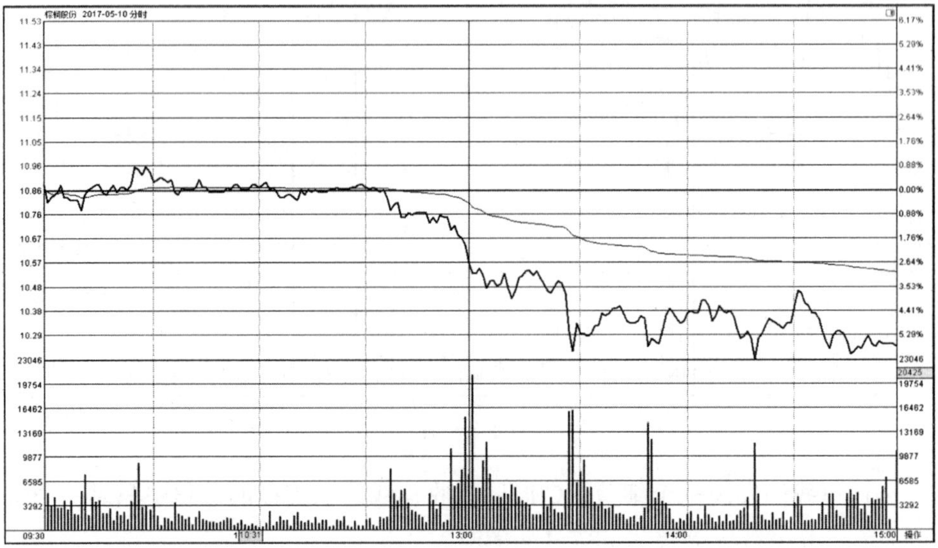

图 3-20

2. 均价线压制

无论是在收盘线之上还是之下，均价线都可能对现价线（股价）形成压制，只不过对于现价线来说，在收盘线之下出现的均价线压制，相对来说会更具有助跌性。

图 3-21 中，在 A 段现价线跌破均价线，在 B 段股价数次试图收复均价线，这个过程也是均价线对股价从支撑转化为压制的过程。无论是在 A 段还是 B 段，这时的成交量都呈现为常量态势，显示没有大资金参与，这也为均价线对股价已经失去支撑、转为压制，提供了量能上的佐证。

图 3-21 中的 B 段，是股价确认失去均价线支撑并转为压制的技术点。在收盘线之上出现这种形态，意味着股价会从强势运行阶段逐渐进入弱势或急速下跌阶段。

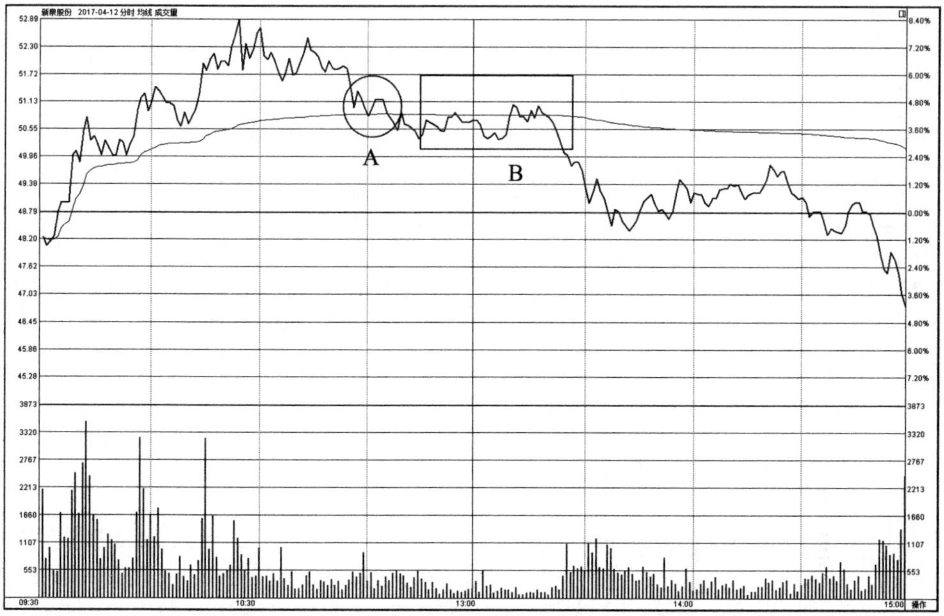

图 3-21

在不同技术环境下，现价线跌破均价线后，并不是所有个股都会出现确认的过程。如图 3-22 所示，在 A 段现价线跌破均价线后快速下跌，仅在收盘线上出现一个盘整确认的过程，然后继续跌势。这种下破支撑的走势较为突然，不可能是市场自发行为，如果没有突发利空消息，那么必然就是主力资金减仓行为所带来的影响。

为证明这一点，交易者可以分析一下早盘股价拉升的过程，在 B 段可见，股价拉升过程中出现两次变量形态的量能催化现象，尤其是第二次具有反向催化的特征，主力资金阶段性减仓的迹象还是比较明显的。

实战中，在分时收盘线之下出现均价线对于股价的压制时，其助跌作用更为明显。

如图 3-23 所示，当日该股开盘低开，在 A 段现价线在下行的均价线上下盘绕，在量能催化下，股价并不能突破均价线，这是一种测试均价线压制股价力度的弱势形态。它意味着盘中本就薄弱的做多力量试图向上发起攻击，却很难聚集起足够强大的动能，每一次攻击都会在均价线上下就被瓦解。

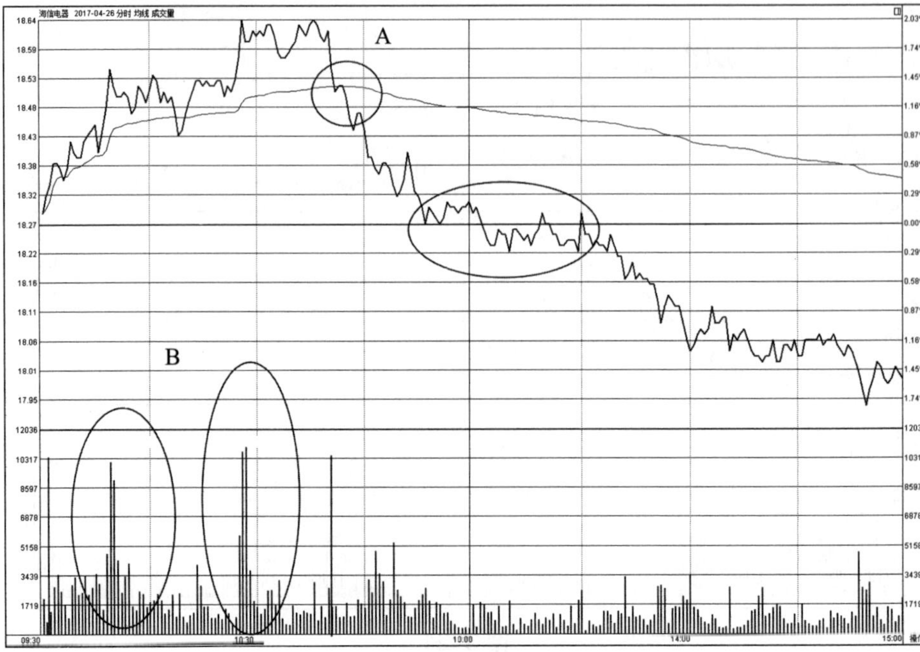
海信电器 2017-04-26 分时 均线 成交量
A
B
09:30
10:30
13:00
14:00
15:00

图 3-22

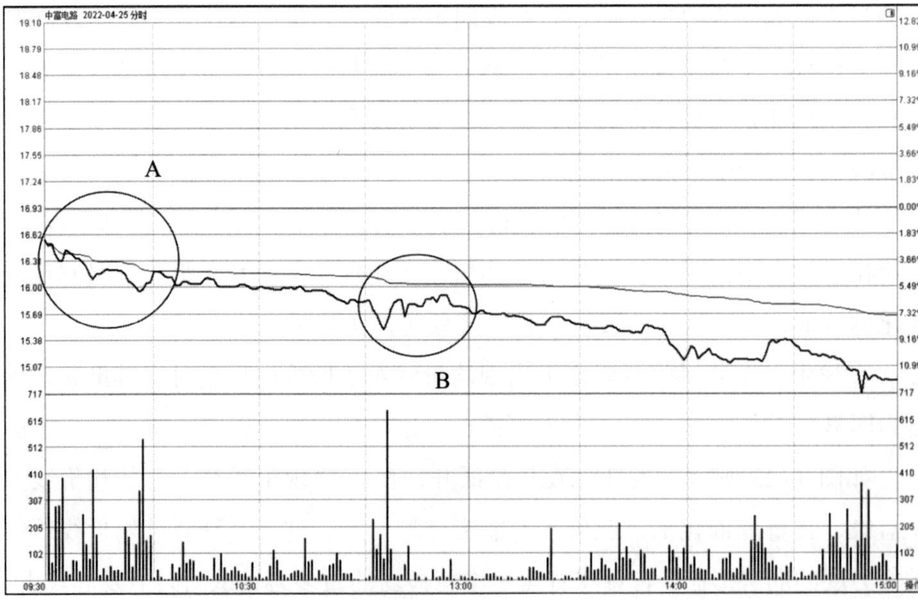
中富电路 2022-04-25 分时
A
B
09:30
10:30
13:00
14:00
15:00

图 3-23

在B段，股价再一次上攻，变量形态的量能催化明显缺乏持续性，股价接近均价线就颓然而退，成交量也重回常量态势。这种量价情况下，压制的助跌作用会逐渐发挥作用。

当做多力量被消耗殆尽时，股价便会向下方跌落，失望情绪会迅速蔓延，使得原本心存侥幸或相对乐观的持仓者转变看多立场，加入抛售的阵营，股价的快速下跌随之而来。

四、分时图中常量盘整

“上涨放量，下跌缩量”是一种最常见，也最被交易者认可的量价关系，很多人将这种量价匹配当成唯一正确的分析原则。但是，传播越广、认可度越高，越有可能被主力资金反向利用，这在市场中早已不是秘密。我们经常可以发现，在实战中，股价上涨一旦放出巨量，往往就到了折返的拐点。有经验的短线交易者都知道，巨量急涨后抛出，当日或次日低价买回是大概率的。

量能缩放和股价涨跌之间，并没有绝对恒定的匹配关系，实战中的变化是无穷的。只有根据量能催化现象分析运行逻辑，才能抓住股价真实的运行轨迹。

在分时走势图中，常量远比K线图中更普遍存在，分析常量、发现量能催化，也许是捕捉盘口机会的有效技术手段。下面分析一下几种常见的与常量有关的股价盘整形式。

1. 先升后盘

分时走势上，现价线运行趋向并不明确，其间掺杂折返走势，称之为横向振荡盘整。换句话说，横向振荡盘整是股价的一种休整形态，股价休整后将重新选择或确认方向。

过急的上升或下跌后，横向振荡盘整的出现，意味着在当前价位上需要对筹码构成进行一定程度的调整（诱使流入或流出），以利于接下来股价的运行更符合主力资金的需求。

如图 3-24 所示，该股早盘高开后放量急升，这时的量能也是全天交易中最密集的地方，但可以发现，这时的量能是随着股价的上涨而逐渐缩小的，呈消散的形态。这种形态的出现，预示着股价大概率很难继续急速涨升，交易者应借机减仓操作。

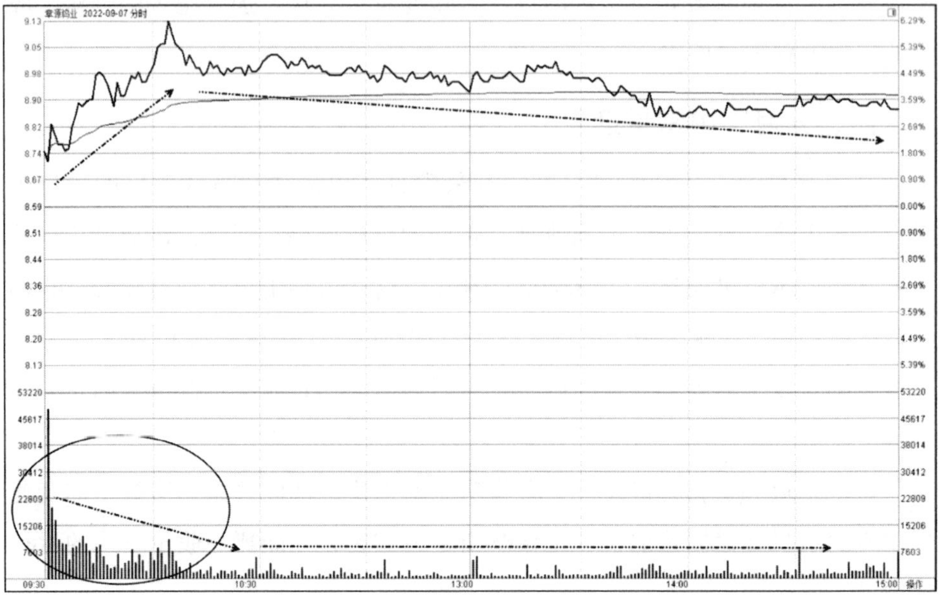

图 3-24

早盘上涨结束后，股价逐步回落，成交量在这时已经脱离量能消散形态，降到常量的态势，并长时间保持，显示股价整体处于横盘振荡的休整状态中。早盘先急升，然后全天大部分时间处于盘整的案例比较常见。多数情况下，在接下来的交易日里，出现这种走势的现价线都会迎来幅度不等的股价下跌。

早盘的 60 度区急升，在没有利好消息影响的情况下，几乎可以肯定是主力资金驱动的结果。之后全天振荡盘整，满足了部分不敢追涨却喜欢回落买入者的进场需求，而主力资金次日不会给这些投机者太多的利润空间，便会利用下跌让其割肉出局。这样也就完成了高点阶段性减仓，低点再顺势抄回的任务。

对于先升后盘整，之后股价振荡、常量维持的个股，交易者不宜进场捡漏，因为大多数这样的个股，主力资金在高点会有减仓行为。如果没有适合的价差空间，主力资金一般不会再买回来，而主力资金买回来时，交易者必能发现量能催化的存在。

2. 先跌后盘整

图 3-25 中，在 A 段该股早盘低开后急速下跌，这里的量能在全天交易中占据较大比例。之后，现价线折返后处于振荡盘整的状态中。

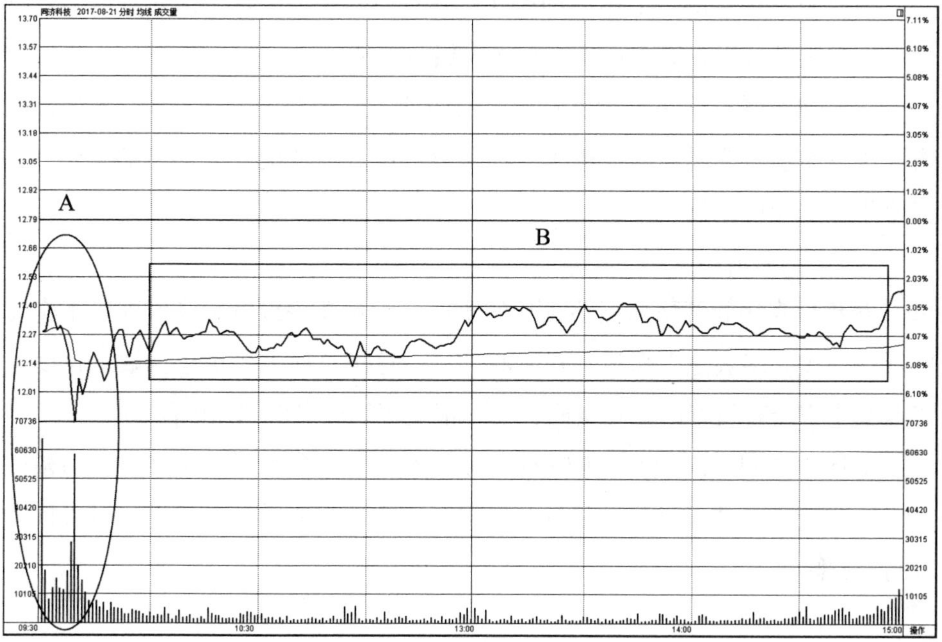

图 3-25

在常规市场状况下（非股灾或大盘极端下跌阶段），个股早盘的密集抛盘并不可怕，因为在这个时间段最容易形成恐慌。恐慌性抛盘的集中出现，对于短线交易者来说，往往是市场“馈赠的红包”。

比较让人头疼的是早盘无量空跌，而后回收也无力。这类股票的反弹不是遥遥无期，就是极为羸弱。对先跌后盘整的休整形态，应重点关注股价是否能够聚集到足够的反弹强度，比如，量能的聚量形态，均价线、收盘线压制转化为支撑等。

而在图 3-24 中 B 段，现价线虽然在均价线之上盘整，看起来得到均价线的支撑，却没有进一步聚量上攻，两条线的整体趋向横移，成交量呈常量的态势，属于既无强度也未经确认的支撑。这就是一种缺乏股价上涨强度，同时下跌强度也并不大的股价休整走势。出现这种走势后，接下来的交易日股价多数会继续盘整或小幅度下跌，为股价的反弹拓展空间。

3. 复杂盘面

盘整形态中，除去上述两种形式，还有一种较为常见，即开盘后并没有急升或急跌的过程，而是直接展开横向振荡盘整。

这种情况既可能是对于筹码构成的调整，或对于支撑与压制的测试，也有可能仅是由于交易清淡，散单交易零碎。区分的关键，一是用量能分析，二是用技术环境分析。

（1）交易清淡。

开盘后直接展开横向振荡盘整的个股，常量几乎维持始终，则属于交易清淡的品类，多会全天保持在这种状态中。这类个股的股价运行缺乏强度，参与其中很难有较好的赢利空间，通常都是短线交易应回避的品类。

如图 3-26 所示，就是典型的交易清淡类型的个股，全天交易波动幅度极小，成交量大部分时候呈常量，偶尔有大单性质的变量，却很难对股价产生持续性影响。

（2）变盘。

所谓变盘，通常是指股价突然改变原运行趋向，发生方向性改变。在分时盘整状态下的变盘，是指股价选择向上或向下突破盘整的情况。

如图 3-27 所示，早盘现价线整体上保持振荡盘整的态势，成交量呈常量的态势；午后开盘现价线以 45 度区稳定上涨，成交量呈聚量形态，量能持续催化股价上涨，迥异于早盘的盘整形态。这就是一个向上变盘的案例。

图 3-27 中的股价向上突破，仅是分时图上当日交易中的变盘，是否能够形成股价趋向意义上的变盘，需要从技术环境上来认定。图 3-28 中的 A 点，即为图 3-27 中分时走势形成的日 K 线。

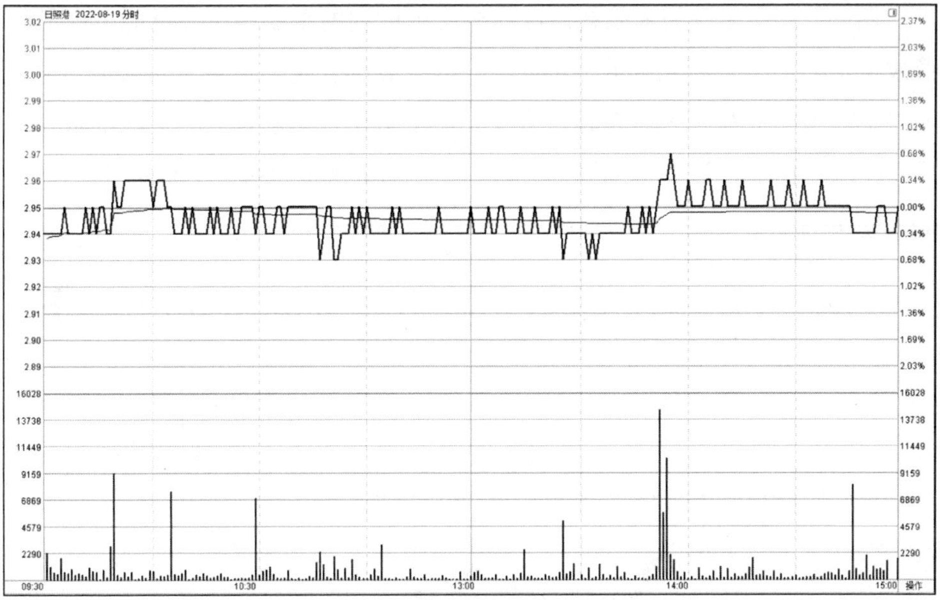
日照港 2022-08-19 分时
3.02
3.01
3.00
2.99
2.98
2.97
2.96
2.95
2.94
2.93
2.92
2.91
2.90
2.89
2.37%
2.03%
1.69%
1.36%
1.02%
0.68%
0.34%
0.00%
0.34%
0.68%
1.02%
1.36%
1.69%
2.03%
16028
13738
11449
9159
6869
4579
2290
09:30
10:30
13:00
14:00
15:00
操作

图 3-26

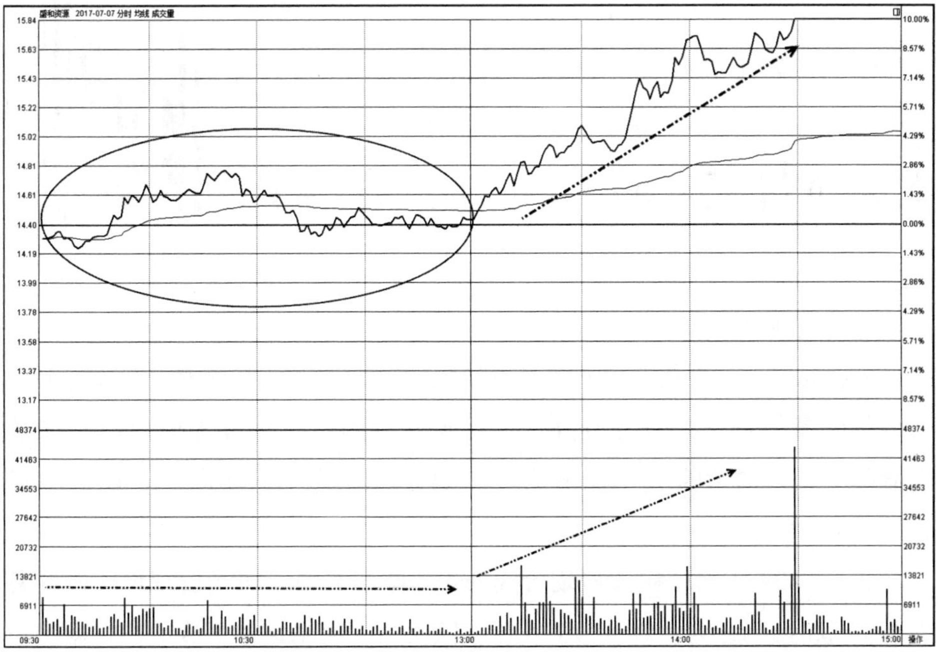
盛和资源 2017-07-07 分时 均线 成交量
15.84
15.63
15.43
15.22
15.02
14.81
14.61
14.40
14.19
13.99
13.78
13.58
13.37
13.17
10.00%
8.57%
7.14%
5.71%
4.29%
2.86%
1.43%
0.00%
1.43%
2.86%
4.29%
5.71%
7.14%
8.57%
48374
41463
34553
27642
20732
13821
6911
09:30
10:30
13:00
14:00
15:00
操作

图 3-27

图 3–28 中 A 点的大阳线已经完全突破前期的重要高点，量能上也早已形成聚量的形态，由此可见，A 点当日的突破具有股价趋向上的意义。区别分时走势中的变盘是否具有趋向含义，对于交易者确定自己的交易策略具有重要作用。比如，盘中是否值得追涨、对于涨势中折返买点的认定等。

图 3–28

（3）假启动。

变盘的出现，会使股价升势具有较强的持续性。而实战中，在分时走势上出现最多的是一些没有持续性的折返式反弹，也被称为假启动。在某些情况下，主力资金会利用假启动来诱惑市场资金入场跟风，以便顺势减仓。

如图 3–29 所示，在 A 段现价线处于休整态势中，在 B 段现价线放量突破收盘线和盘整态势，似乎马上就要一跃而起。但是这个上涨却在收盘线上几经辗转，量能放大了不少，股价却没有涨多少，量能反向催化明显，尾盘现价线转入急速下跌。

在这个案例中，股价受阻于收盘线，量能放大而不能有效催化股价持续上涨，交易者就需要高度警惕，不能仅凭主观愿望“认为股价已经启动上涨”就冲动买入，而要冷静地分析有哪些不利因素依然没有改变，买入依据是否充分。

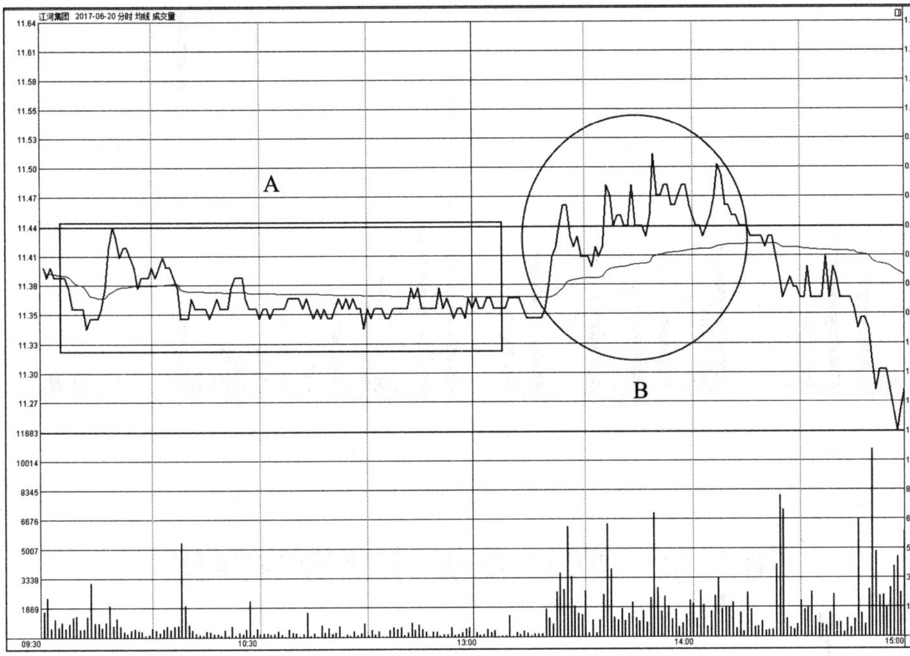

图 3-29

对于喜欢跟风追高的交易者来说，假启动的伤害还是比较大的，应格外注意，不能看到股价有放量冲高就决定自己的交易行为。尤其是对于一些技术环境处于相对高位滞涨的个股，盘中分时一个拉高的假启动，可能就是一个阶段性高点形成的那一刻。

如图 3-30 所示，A 点即为图 3-29 中分时走势形成的 K 线。图 3-30 中 A 点的波动高点，即成为一个重要的阶段性高点。其实，无论是利用均线技术还是利用 K 线技术，都没有可以做多的技术依据，即便当天股价冲高、K 线为阳线时，也不具有参与价值，最多只是一个等待和观察性质的目标。

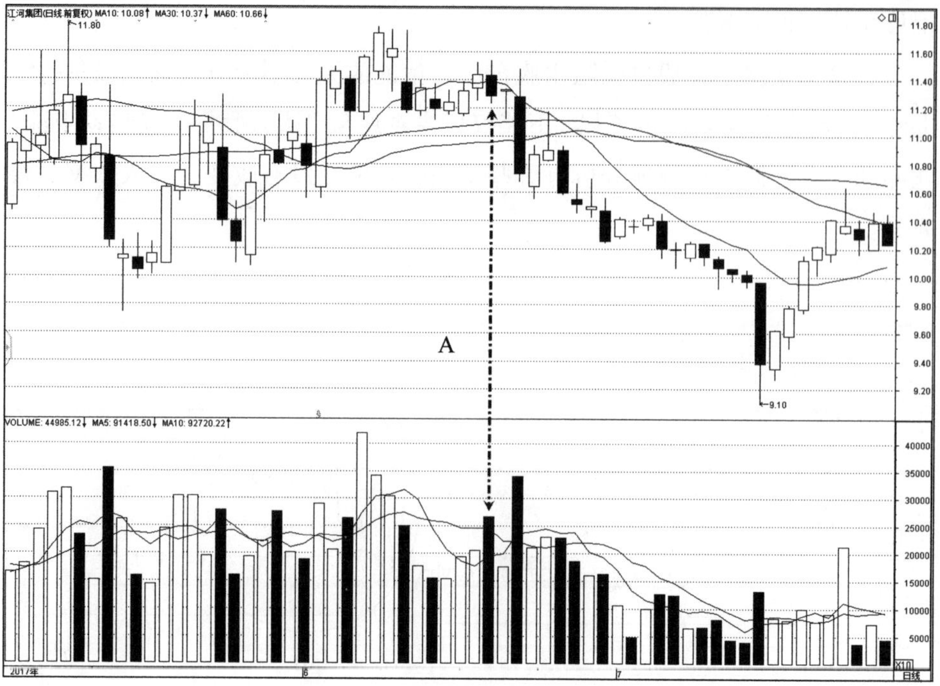

图 3-30

第四节　常量升级对股价的催化

常量升级是指在一个低级别常量形态后，成交量一度放大而后保持在较高水准上，这时相对稳定的成交量就属于升级后的常量形态。

实战中，随着股价开启升势，常量升级现象必然存在，反映的是越来越多的资金热衷于该股的交易。但常量升级并非无止境，达到个股换手率的极限区域后，就会转化为量能消散形态，也就预示着股价已经或将要转入跌势。

一、常量升级的买卖点

基于常量升级技术特性，分析这个技术点有助于交易者把握股价的买点与卖点。如图 3-31 所示，在 A 段成交量处于低迷的常量形态，同时期的股价也基本处于小幅度横向振荡的态势。之后突然出现变量形态的量能催化，股价短期有所上涨。至 B 段股价就开始回落，成交量也再次回到常量形态，但 B 段常量的值相较 A 段已有增加，这就是常量升级现象。

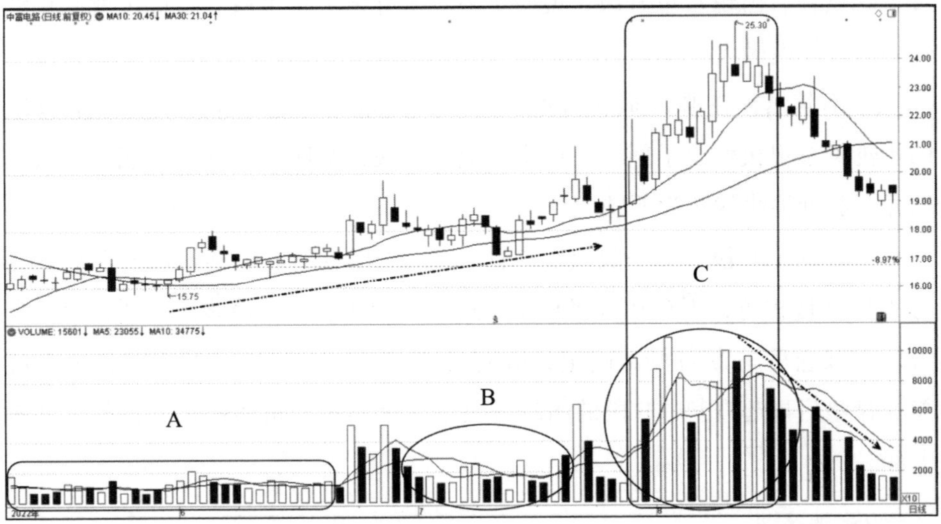

图 3-31

从 A 段到 B 段，股价在振荡中缓慢盘升，成交量也是从常量到常量（常量升级的幅度不大，往往会被人忽视），似乎并无显著的买点信号。但是交易者应该重视一点，只要股价没有跌破盘升趋势，还维持整体向上的状态，如果同期的成交量出现常量升级，那么股价在这时出现的折返低点，就是波段介入的买点。

C 段股价涨升中突破盘升高点，成交量大幅激增，之后再次出现高数值的常量升级。到这时，股价涨升已经很明显，短线交易者可以择机介入。但是，在 C 段升级后的常量一旦出现向量能消散形态转化的迹象时，交易者必须明白卖点已至，不论是波段交易者，还是短线交易者，都应务必抓住股价高位卖出的时机。

二、复杂的常量升级

实战中经常会遇到一些更为复杂的常量升级现象，需要交易者更为细心地进行研判。如图 3-32 所示，在 A 段股价振荡，成交量处于常量态势，之后股价突然出现一字线连续涨停板。在B点出现变量，股价迅速下跌，至C段再次形成常量。这里的常量大于A段的常量，应是一个常量升级现象。经过下跌过程后出现常量升级，说明主力资金并未大幅度减仓，股价就此止跌转势的可能性极大。

果不其然，在D段股价开始上涨，成交量也随之迅速激增。但是D段的量价关系很快就出了问题：成交量放大，股价却踌躇不前，量能反向催化明显，股价很快就转为下跌。

一直到了E段，又一次出现常量形态。可以看到E段的常量小于C段，与A段常量相仿，不存在升级现象。这种常量在实战中最难以判断，因为主力资金减仓后的方向很难确定，既有可能在常量盘整后继续下跌，也有可能在盘整后再起升势。F段的出现解决了这个难题，量能催化下，股价迅速上涨。

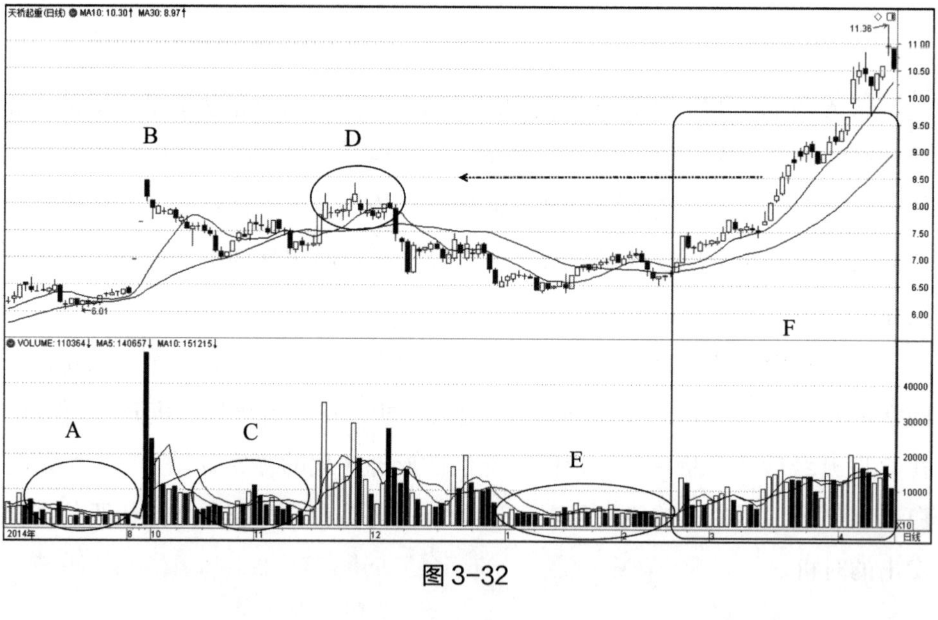

图 3-32

F段突破了B段和D段两个放量的股价高点，但成交量却远小于这两个高点，为什么会这样呢？

图中B段最大单日换手率超过20%，很难想象在没有主力资金参与的情况下，当天高开低走出现巨量换手后，该股最终收盘还能保持上涨超过 5% 的幅度。D 段的情况类似。

不需要猜测主力资金在 B 段和 D 段上是买还是卖，这两个区能够确定地告诉交易者的是，这种巨量成交必然是主力资金行为。

如果在 B 段和 D 段的交易不是主力资金行为，假设其大幅减仓出货，那么到了 F 段过顶时，巨大套牢盘的压力哪里去了？B 段和 D 段躁动的卖盘又去了哪里？总不能异想天开地认为，大部分套牢盘都能坚定地抱着同样的目标——守仓，不卖！

B 段和 D 段的放量，如果形成了巨大的套牢盘，那么 F 段向上突破、放大量是必不可少的，至少不会低于 D 段。原因在于，解套后必然会有匆忙出逃的部分资金，而主力资金要真正寻求突破过顶，必然得费一番功夫来应付套牢盘的压力，这种情况下成交激增不可避免。

F 段成交量虽有增加，但只是一个聚量态势，很难和“激增”挂上钩。这种形态就告诉交易者，B 段和 D 段根本不存在巨大的套牢盘，那只不过是主力资金的对倒游戏而已。

上述案例就是常量升级中一个稍微复杂的变化，交易者在看盘分析时必须从技术环境上入手全盘分析和研判，不能将注意力仅仅局限在某一细节上。

第五节 循环中不可缺失的常量

通过以上对常量各个知识点的讲解，想必大家对常量有了一个相对清晰的认识。常量看上去很寻常，量能催化现象也不显著，甚至需要从分层透视上来研判，但是常量却是成交量分析中不可省略和忽视的重要指标。可以说无论哪一种成交量形态，从出现到结束的整个过程中，必然都会有常量的存在。不分析常量，就很难做出正确决策。

一、涨势中的常量

如图3–33所示，是某股股价从下跌到上涨，再到下跌的循环过程。从图中可见，在A段的下跌阶段，成交量处于量能消散形态。直至B段，成交量不再是不断缩减的量能消散形态，而是相对稳定下来，呈现为常量形态。

图中可以看到，股价见底回升的低点，其实就出现在B段低迷的常量形态中，所以不能认为常量形态并不重要。当然，在常量形态下，短线交易者很难捕捉股价见底低点，远不如放量下跌情况下更容易发现反向量能催化现象，从而买在相对低点的价位上。

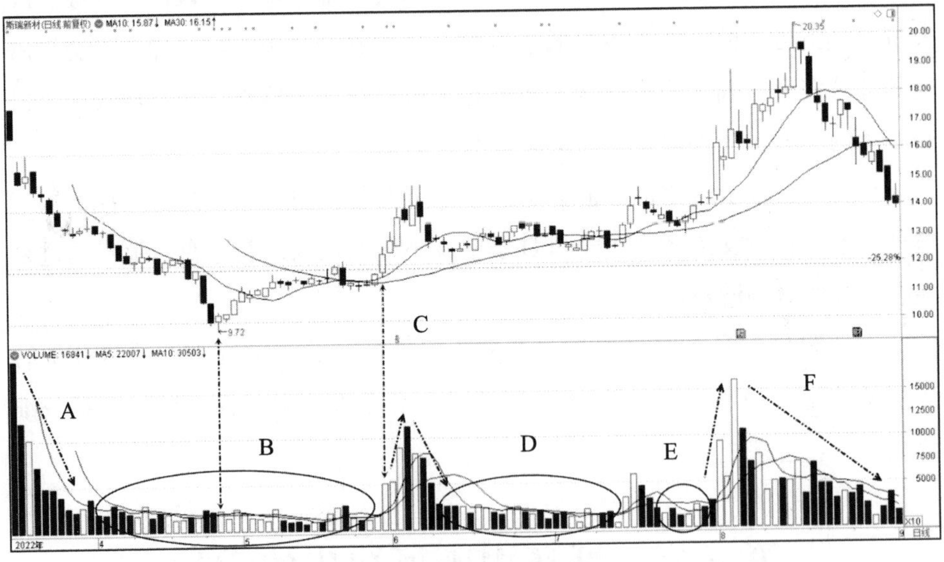

图 3–33

B段的常量盘升非常折磨人，股价走势孱弱，好像随时都会转入跌势。实战中，确实有不少个股在同样的走势下最后还是转入继续下跌探底的过程。案例中，C段第一根变量形态的成交量柱打破了这个僵局。

C段成交量由一根变量转化为聚量形态，催化股价出现了一个短期升势。但很快就转为下跌，至D段又呈现一个常量形态，而且D段的常量相较于B段并不存在常量升级现象。这就给交易者出了一道难题，因为如果有常量升级现象，就可以确认后期涨势大概率存在，而没有常量升级现象，又该如何研判？

第二章我们讲过股价强度的概念，其本质是资金对于股价潜移默化、不露痕迹的影响，这也是尚未显露头角的潜力个股的共同特征。在 D 段，常量下股价折返，但整体保持着向上的运行重心，这就是股价强度，也是主力资金不露痕迹运作的过程。

经过一个变量上冲后，在 E 段股价回落，成交量又现常量形态，还是不存在常量升级现象。但这个常量形态维持时间极短，股价很快就被变量催化上涨并展开一波升势。在 F 段股价的升势中，成交量逐渐转为量能消散形态，这就提醒交易者要随时做好卖出准备。

在这个案例中，共出现三次常量。B 和 D 段的常量形态，主要是盘升折返中主力清理低位持仓者，收集筹码所致。E 段的常量更像是大战爆发前的静寂，主力资金正等待一个合适的拉升契机。

二、跌势中的常量

股价在下跌过程中，常量依然是不可或缺的成交量形态。和涨势中一样，不同阶段常量的技术意义并不相同。

如图 3–34 所示，股价大幅下跌后，在 A 段呈现常量形态，随后成交量转化为聚量形态并催化股价迅速反弹。这里的常量，有股价“跌不动”的含义，即股价经过大幅下跌后，随着恐慌抛售潮的结束，成交量迅速萎缩，很多持仓者已经不再愿意跟风杀跌。

技术上股价“跌不动”，绝不等于股价见底。很多股价“跌不动”的个股经过反弹后，还会继续下跌。案例中就是这样，经过一波反弹后，股价继续下跌，至 B 段再现常量形态。这里的常量形态不但不存在常量升级现象，相较 A 段还有缩减。

在 B 段的常量形态下，股价保持着一路阴跌的态势。对持仓者来说，这是最难熬的阶段。随后股价再度反弹，成交量以变量形态出现，这又是一个下跌趋势中多头陷阱的走势。

在 C 段再次出现常量形态，这里的常量相较 B 段呈现出从缩减到缓慢增加的过程。尤其是股价探出新低后，成交量整体已经明显大于 B 段的量，常量升级悄然出现。但持仓者不敢再相信这个并不明显的技术信号，因为 A 段和 B 段的反弹已经伤透了看涨者的心。

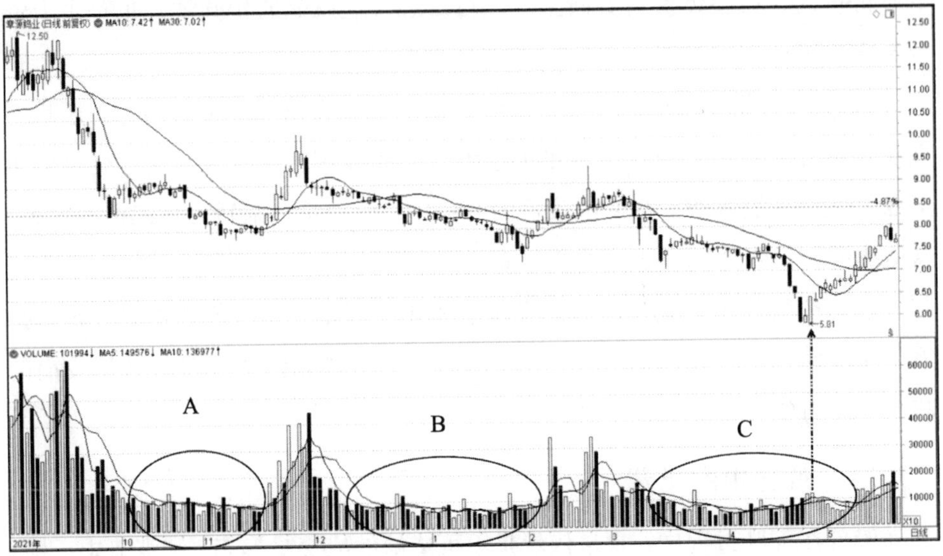

图 3-34

实战中，股价真正的见底低点，大多数都出现在常量形态下，出现在大多数交易者不敢相信股价会见底的时刻，出现在最不像底部的技术形态下。

第四章

变量催化的买卖点

第一节　什么是变量

变量，顾名思义，是指成交量出现重大变化，或是可能引发股价出现重大变化的量能形态。

一、变量的特征

变量是成交量的一种突变形式，多指成交量激增的情况，也包括成交量骤减。但在实战中比较常见的是成交量突然增大的类型。如图 4-1 所示，A 点成交量突然性激增，与之前的成交量形态有着天壤之别。

变量的具体数值越大，引发价格巨变的可能性越高。通常来说，出现变量当天的换手率，应大于之前平均换手率一倍左右。但是，如该股换手率已经处于高值区，大于之前平均换手率的 30% 左右，也基本符合对于变量的判断标准。

变量形态都存在着当日成交量激增，而在之后的交易日又迅速减少的过程，如图 4-1 中 A 点所示，图示上的量柱显示极为突兀。变量预示着多空双方力量的对比关系处于高度不稳定的状态中，股价将可能因此出现较大的变化。

变量必然不会长时间存在，否则变量也就不是变量，而是常量升级或其他形态。究其根本，变量是一种量能对股价激烈的催化形态。

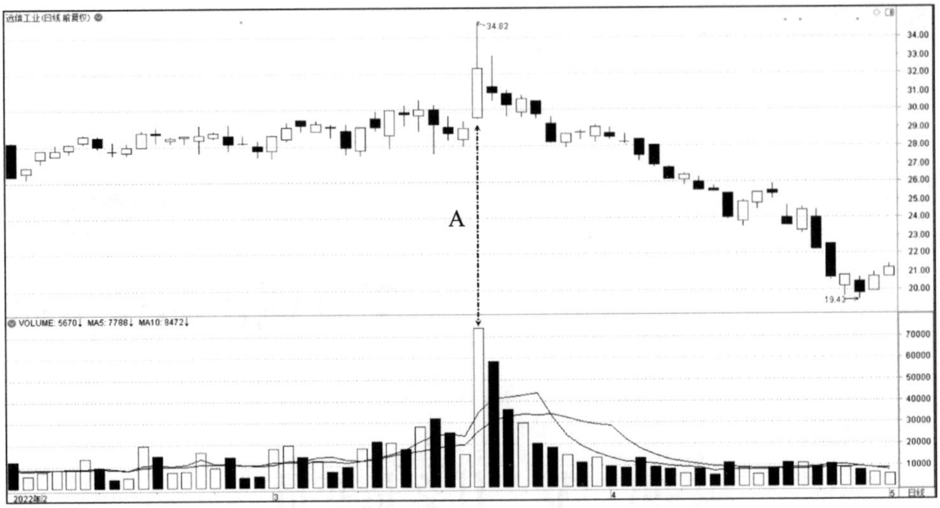

图 4-1

如果变量出现之后，在随后的行情中成交量并未发生明显骤减，或虽有减少但仍旧明显大于变量出现之前的成交量值，那么这个变量将有可能会演化成为常量升级或进一步形成聚量。

如图 4-2 所示，在 A 点股价上涨，当日的成交量明显大于之前的成交量均值，这就是变量形态。B 点再次出现更大数值的变量，但在之后的交

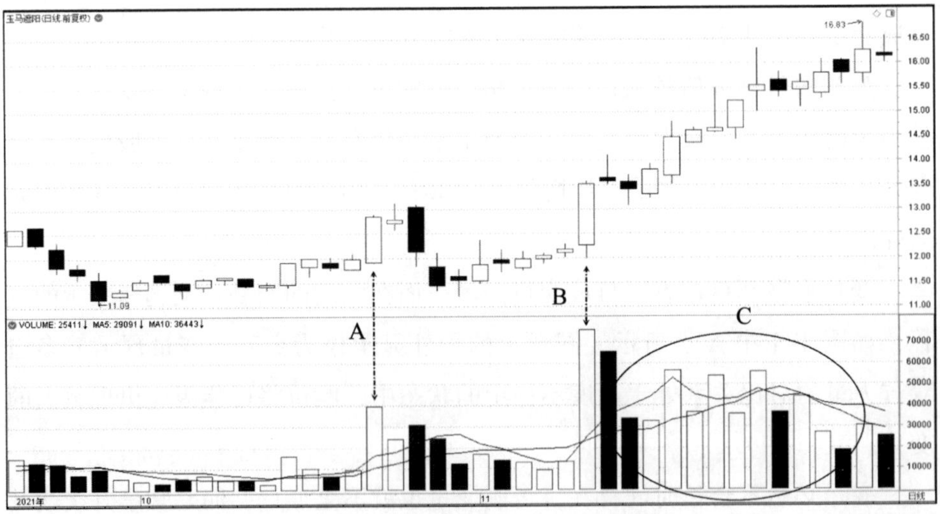

图 4-2

易日，成交量并未迅速缩减到之前的常量形态，而是保持在一个相对较高的数值上。如图中 C 段所示，这个变量演化成为常量升级，预示着股价将会继续升势。图 4-3 中，A 点出现变量，之后的交易日成交量不但没有缩减，还在不断增加，这就演化成为了聚量形态。

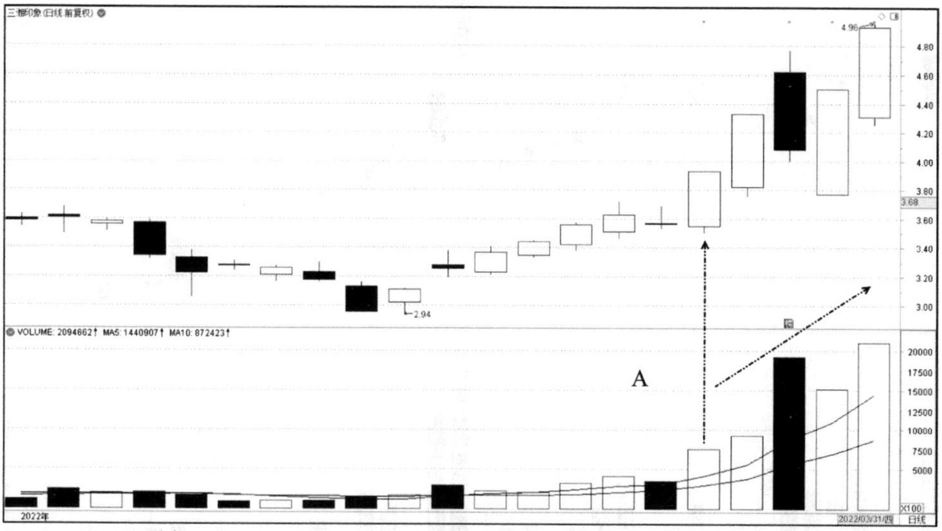

图 4-3

二、变量的交易策略

变量的出现，意味着必然存在资金的激烈攻击，且不论资金攻击的真实性程度（可能存在对倒），仅就变量形态本身而言，是对之前量价运行节奏的巨大改变。

这种改变既有可能是趋向性的，也有可能是趋势性的。换言之，变量发生之后，个股可能就此出现趋势的拐点，但也可能仅仅是原有趋势中的一个次级波动。

鉴别这种改变的性质非常关键，因为其中涉及交易者将如何制定交易策略。比如，某股出现变量后，如果确认变量将会引发价格趋势由跌转升，那么交易者必然会因此制定自己买入或加仓的计划。如果确认变量仅仅是跌势过程中的一次强烈反弹，那么交易者就可以借势减仓或抛空仓位。

通过变量本身是否存在形态转化的特点，再结合技术环境分析，交易者可以确认变量的性质。如图 4–4 所示，案例中 A 点的变量出现在下跌趋势中，成交量激增后骤减，显示这是一个单独变量，并不存在转化。交易者应及早减仓操作。

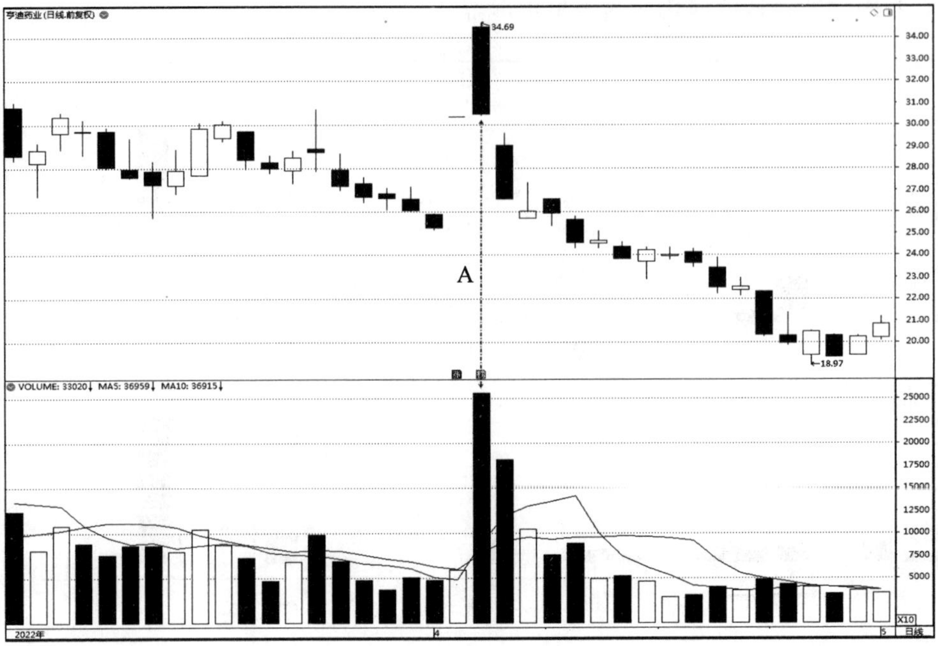

图 4–4

图 4–5 中，该股在下跌过程中，于 A 点连续两日出现变量，之后股价有所回落，而成交量则稳定在较高数值上，并未缩减到变量之前的水准，股价继续升势。变量形态转化为常量升级，说明该股已经从跌势转为一波涨升行情，这时交易者可选择在变量后股价回落时择机介入或加仓。

实战中，大多数的变量短期内不会给趋势带来改变，能够起到的作用也就是迟滞趋势的运行节奏。换句话说，即在跌势中形成一次强力反弹，在涨势中形成一波回调，只是延宕了趋势原本的运行节奏，随后仍旧会回归原有趋势。

但毋庸置疑的是，变量的出现，大概率会导致股价至少出现一个短期的回落，即使后市形态转化，但股价短期回落几乎难以避免，对短线交易者来说，这就是一个难得的交易时机。

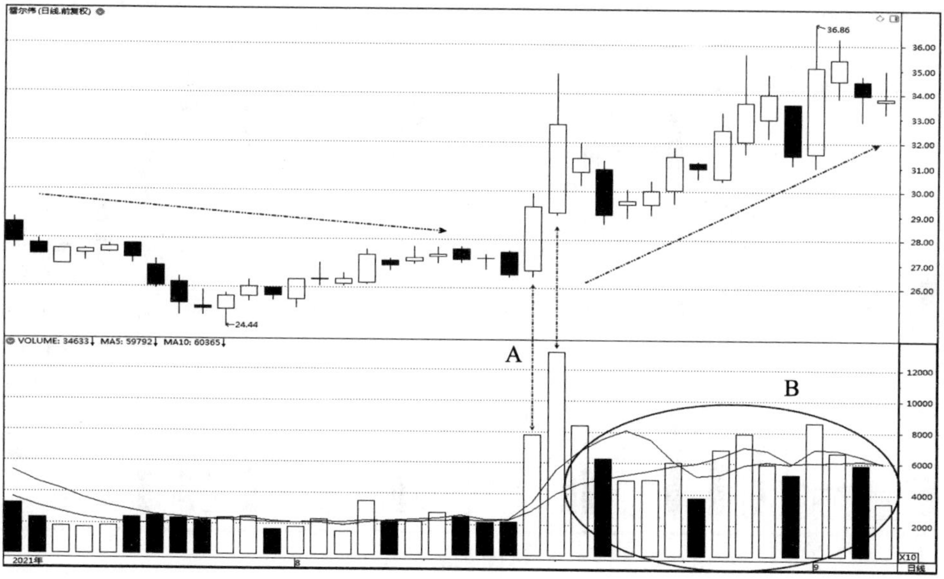

图 4-5

三、变量与换手率规则

在研判变量的影响时，换手率是一个不可或缺的技术指标。用换手率来研判变量，是交易中行之有效的分析方法。关于换手率的实战规则，可以参考第一章第三节的内容。

如图 4-6 所示，该股在 A 点之前的平均换手率在 5% 左右，在 A 点的换手率接近 15%，是一根标准的变量。之后成交量维持高位形成常量，股价也在盘升中。至 B 点，当日换手率超过 31%，这个换手率已经达到该股历史最高值区域。

交易者对于 B 点这种换手率，即使当日股价仍在涨升，也要高度警惕。稳妥的操作方式是，至少要以减仓来应对，切不可盲目乐观不卖反买、高位加仓。案例中可见，B 点之后，股价反复振荡在高位区域，最终还是步入下跌趋势。

如图 4-7 所示，在 A 点该股收涨停板，换手率达到 3.25%。该股之前平均换手率较低，当日换手率值虽然并未达到 10%，但在成交量柱状图中却是明显的变量形态，之后的股价走势也符合变量形态的研判标准。

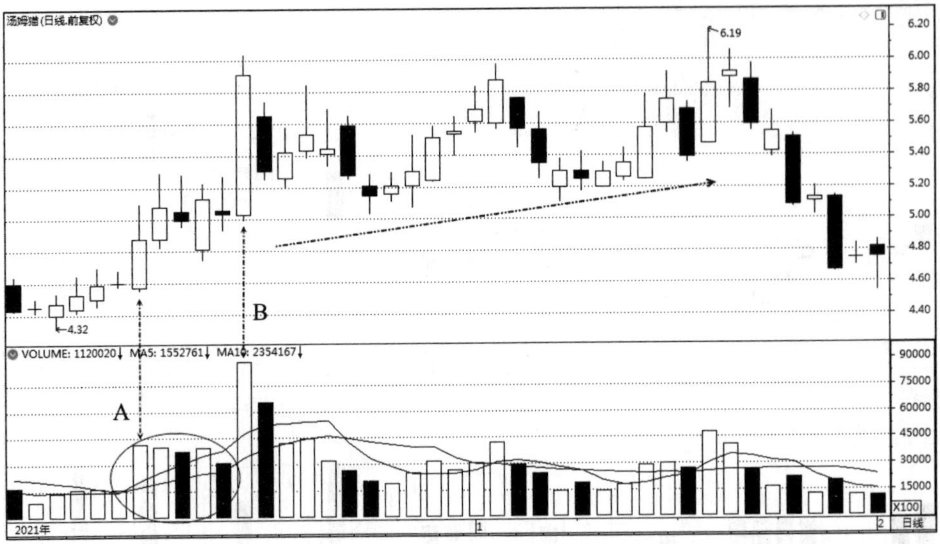

图 4-6

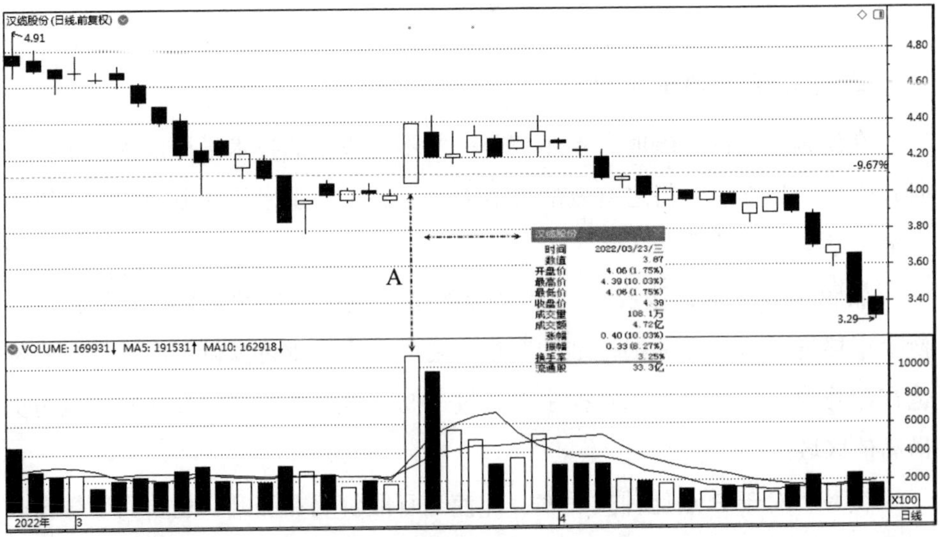

图 4-7

换手率达到 40% 时，进入换手高风险区，多数个股会出现阶段性高点，并在之后会有明显的回落过程。这个换手率也是大部分新股发出的卖点信号。如图 4-8 所示，在 A 点该股股价冲高回落，当日换手率达到 40% 以上，这个变量形态也成为股价见顶回落的高点。

换手率达到 50% ～ 70% 时，几乎就是必然下跌的信号，这时要做的工作就是放弃幻想，及时卖出。当然，实战中也有换手率超过 70% 后依然上涨的个股，但存在的概率极小。实战中，实在没必要为了一个小概率事件，去冒大风险。如图 4-9 所示，在 A 点该股换手率已达到 56% 以上，股价折返振荡后，再一次冲高；在 B 点换手率达到 71% 以上，股价也由此转入跌势。

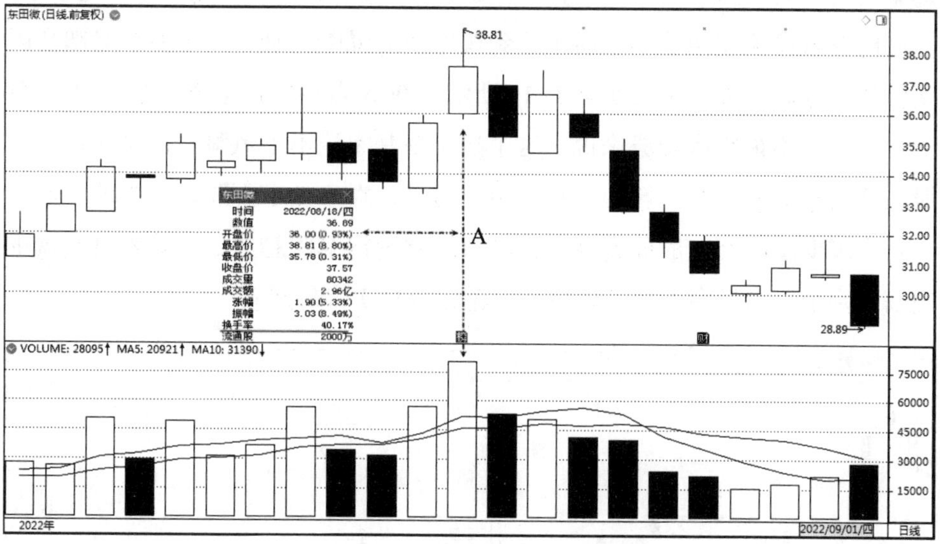

图 4-8

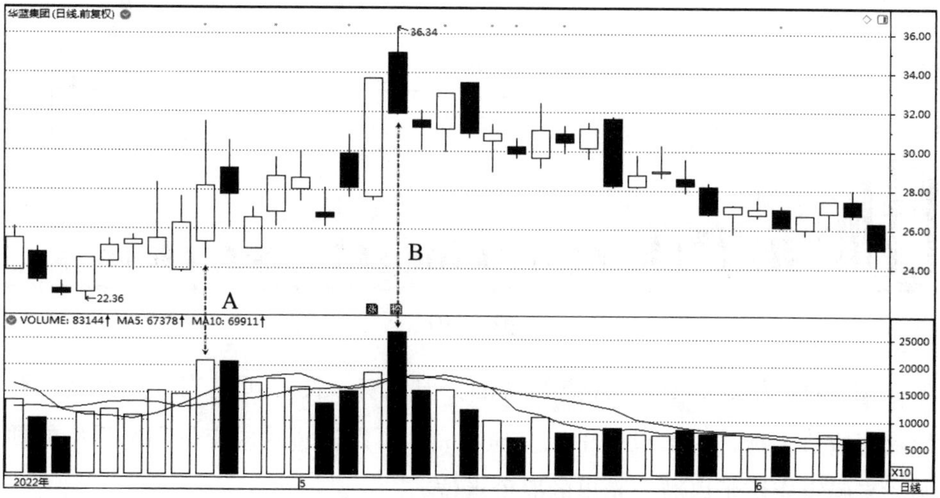

图 4-9

第二节　下跌趋势中变量催化的卖点

股价处于下跌趋势中时，成交量形态以量能消散和常量居多。除此之外，最常见的量能形态就是变量。下跌趋势中的变量，多出现在股价反弹过程中，这时的变量可能在换手率上尚未达到规则中的风险级别，但很多个股却会因变量的出现而终结反弹。如图 4-10 所示，在 A 点该股换手率达 28.68%，对于一个上市不久的次新股来说，这个换手率基本谈不上风险。但是案例中该股还是由此结束反弹，转为下跌。由此可见，对于处于下跌趋势中的个股，一旦出现变量形态，股价大概率会结束反弹重回下跌趋势，交易者可在盘中提前预判个股当日会不会形成变量，做好减仓卖出的准备。

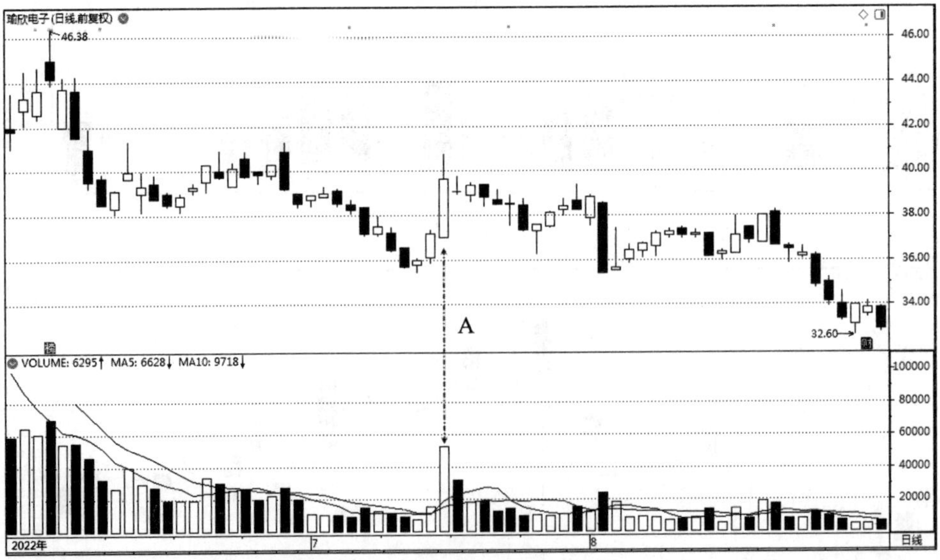

图 4-10

图 4-11 为图 4-10 中 A 点当日的分时走势，图中可见当日成交量主要出现在股价上涨冲高的过程中，交易者完全可以通过对成交量和换手率的预判，来确定应该予以减仓卖出的股价点位。

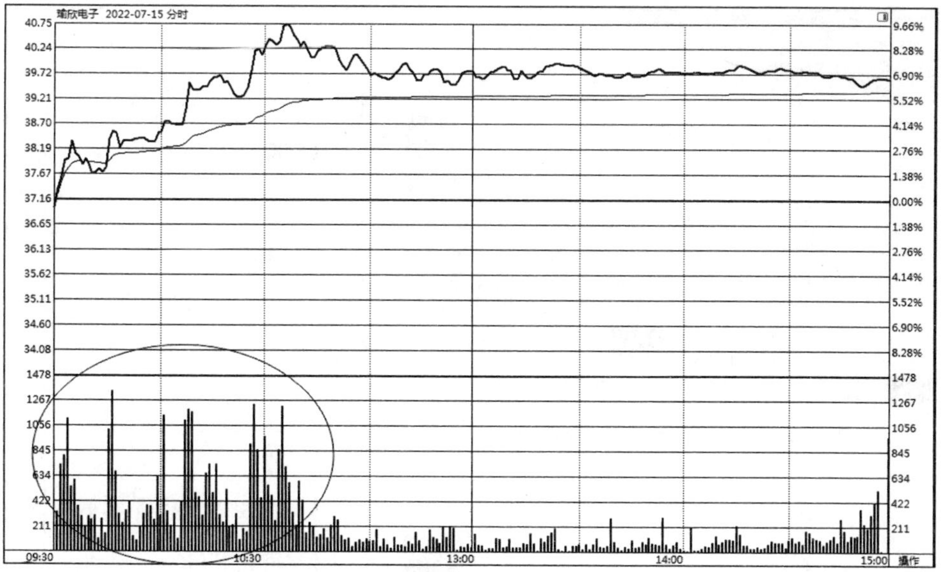

图 4-11

关于提前预判成交量，可以借用下面这个公式：

240 分钟 ÷ 已用时间 × 即时成交总量 = 预估日总成交量

例如，某股前一小时成交 200 万股，240 分钟 ÷60×200=800 万股。

常用的交易软件中，一般都会有一个成交量盘中虚拟的功能（VOL-TDX 指标），可以虚拟当日成交量可能达到的数值。如图 4-12 所示，图中虚线构成的量柱即为盘中虚拟的成交量，而下面实线为即时的成交量。使用盘中虚拟成交量的功能，可以较为直观地对比当日成交量是否有明显的放大。这个盘中虚拟是动态的，实盘中会根据数值不断修正。

从量能分析的角度来说，在下跌趋势中，随着交易额的日渐减少，成交量必然逐渐缩减，所以量能消散和常量才是行情的常态。突然出现的成交量激增，肯定不可能是市场自然交易所能形成的，必然是由部分能够搅动股价的大资金所为。

至于这些大资金或者主力资金出于何种目的制造放量上涨，交易者可根据个股的技术环境予以判断。但不管出于何种目的，变量形态的上涨都很难持久。交易者敢于高点减仓，大多数时候都是极佳的选择。

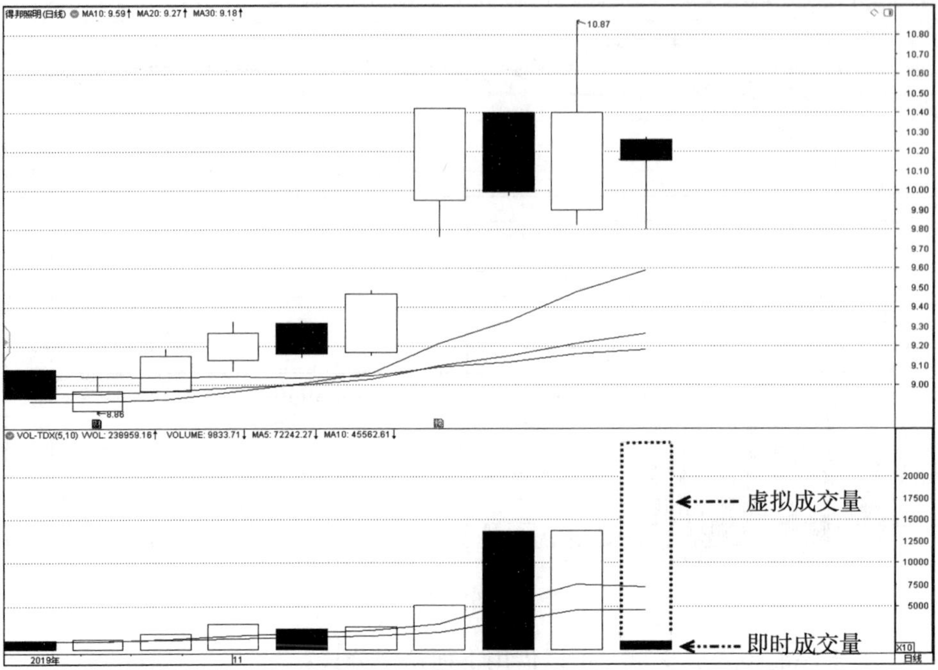

图 4-12

如图 4-13 所示，在 A 点出现变量，股价振荡后继续上涨。可能有人会说，在 A 点卖出的话，岂不是错失了后面的行情。

暂且不说该股后市还有一个再创股价新低的过程，即使交易者选择在 A 点卖出，也不会错失行情。图 4-14 为 A 点次日的分时走势。由图中可见，该股次日低开低走，大部分时间里盘中跌幅超过 10%。只要交易者敢于买入，就能以比 A 点卖出价低很多的价位再买回来。

当然，对于不擅长短线交易的人来说，可能会觉得很难操作。那么在 A 点卖出后，也可以在之后股价又一次回落创出新低，成交量已经显示出常量升级时再买回。

实战中，确实是有一些个股在下跌趋势中会发生强烈次级反弹。如图 4-15 所示，该股在下跌趋势中出现了多次连续涨停板式的变量反弹，在量能催化下，股价短期涨势极为强劲，但如果不能在高位及时减仓，接下来股价就会重回跌势。

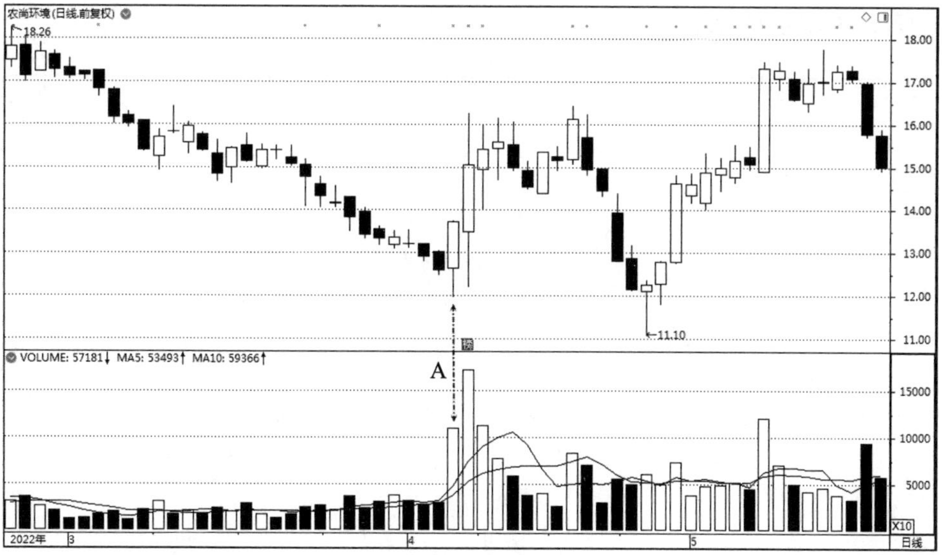

图 4-13

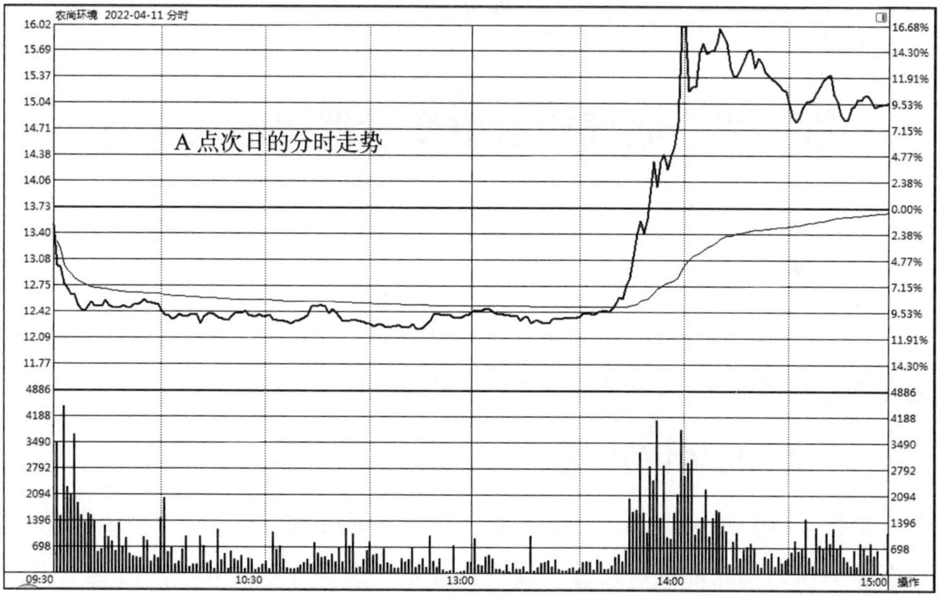

图 4-14

总之，下跌趋势中出现变量反弹，大多数是需要交易者在股价冲高时减仓操作的。不要幻想买入的股票都会展开暴涨模式，这种幻想能够变成现实的可能性实在是太小。

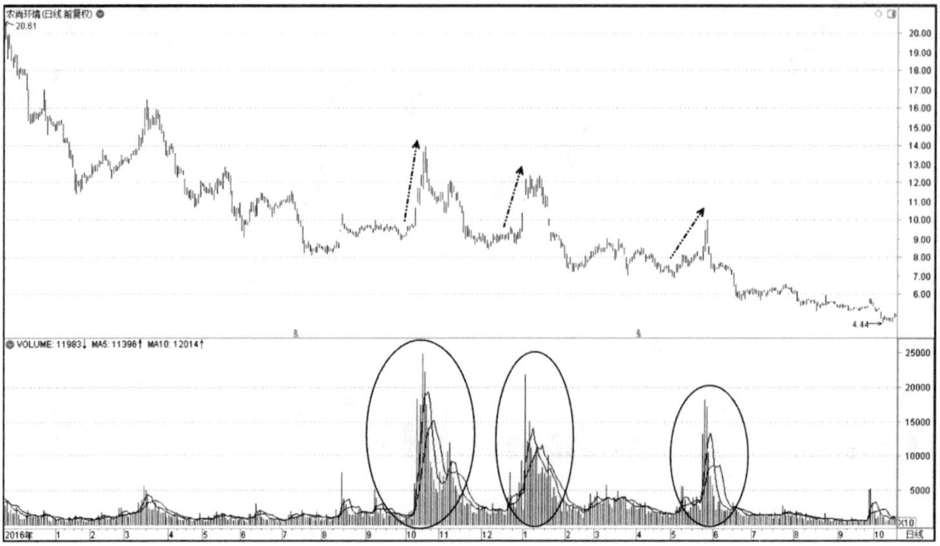

图 4-15

第三节　底部构筑中变量催化的买卖点

经过长时间的下跌后，个股大多会开始振荡盘底，尝试构筑底部结构。在这个过程中，变量也是经常会出现的。如果某只股票在底部构筑过程中，长时间保持低迷的常量形态，那么就暂时放弃去追踪它。因为没有变量形态的底部构筑过程，大多预示着起涨之日遥遥无期。

一、底部构筑中的变量

如图 4-16 所示，在该股经过下跌后的底部构筑过程中，多次出现变量形态。为什么说底部构筑过程中需要有变量形态的存在？变量形态是主力资金吸筹到一定阶段时无法掩饰的行为痕迹。

主力资金也想一直在低位吸筹，但是股价跌到一定程度后，不会有太多的持仓者还愿意卖出筹码。常量形态下，主力资金难以完成建仓，只能采取一定幅度的拉升、打压、再拉升、再打压，通过反复折返，让原本沉寂的盘口逐渐活跃起来，这样才好浑水摸鱼。

图 4-16 中的 A 点，是股价下跌过程结束时创下的低点。大多数个股在创出低点时，都不会有明显的放量，尤其是经过长期或大幅下跌的个股更是如此。原因很简单，下跌的残酷性已经消磨完了多方的信心，几乎很少有人愿再去火中取栗。殊不知，此时才是最佳买点。

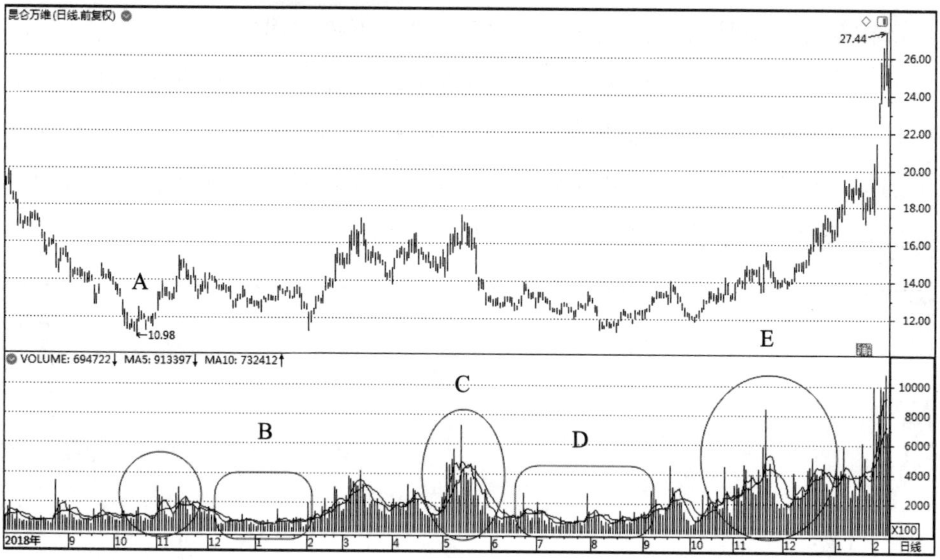

图 4-16

在 A 点创出新低后，股价开始反弹。这个反弹中存在着变量，也是主力资金折返吸筹的行为痕迹。随着反弹的结束，股价再次下跌。在 B 段，成交量呈常量形态，股价跌势也接近尾声。成交量在股价下跌过程中，从量能消散形态转化为常量形态，是股价盘底的标志。

在 B 段之后，股价反弹，成交量呈聚量形态。这个形态后面会讲，这里就不展开了。股价高位振荡至 C 段时，变量形态催化出高点，之后股价迅速回落。至 D 段再次进入常量形态。这里的常量形态相较 B 段的常量，显示出常量升级的情况。交易者可以在这个区域选择低吸。

之后在 E 段，股价上涨，成交量呈聚量形态，其间可以看到有变量出现，交易者此时可以借机高抛低吸，来降低持仓成本。

交易者在选股时，对于判断为构筑底部结构的个股，不必急于介入，可以把关注的重点放在变量形态上，股价回落后出现常量升级或聚量形态时，再考虑买入也不迟。

二、隐藏的底部构筑

还有些个股，主力资金早已在下跌过程中就已经开始建仓，所以看上去底部构筑过程似是而非，趋势上看似乎还处于下跌过程中。

如图 4-17 所示，该股一直处于折返下跌过程中，在 A 段之前刚刚创下股价下跌新低。至 A 段股价急涨，出现变量，趋向上打破了之前反复折返向下的运行节奏。鉴于股价离新低不远，A 段变量的性质究竟是下跌趋势中的一次强反弹，还是趋势扭转的起始点？

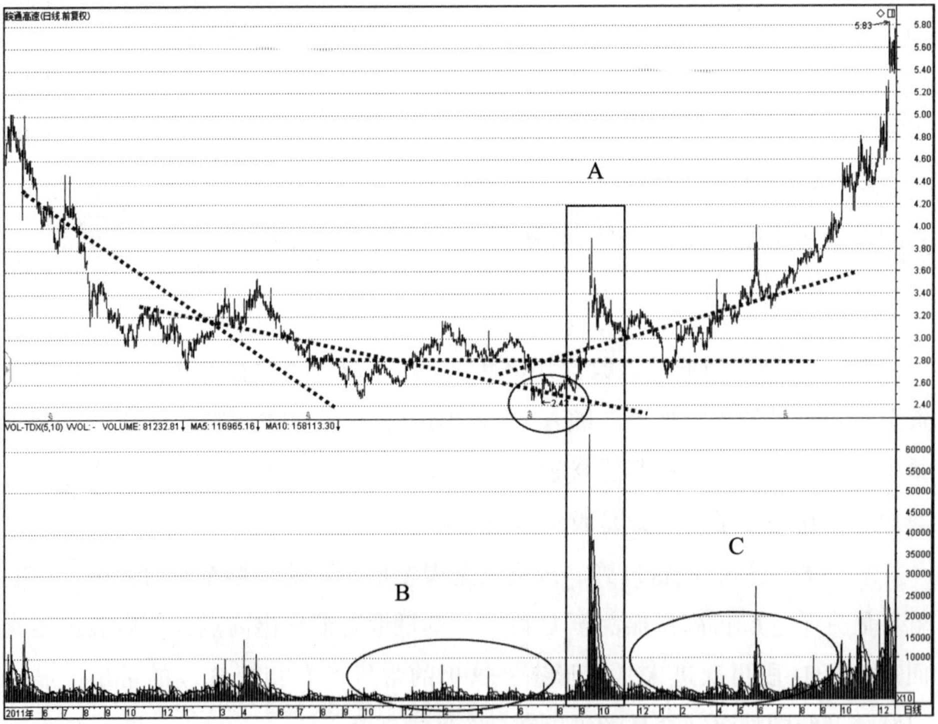

图 4-17

如果仅是一次强反弹，那么持仓的交易者就应该借着变量反弹的高点卖出。如果是趋势扭转的开始点，那么交易者完全可以等待变量反弹结束后，在股价回落过程中择机买入。

案例中，变量出现后虽然成交量大幅缩减，但是在C段形成的常量还是略大于B段的量，具有常量升级的特征。同时，股价也相应地表现出向上的强势。说明变量后进场的资金并未大幅离场，A段的上涨可能并非短炒资金行为。变量形态转化有一个过程，变量结束后的成交量不再继续低迷，而是出现增加和放大，这也是资金开始活跃的信号。

其次，该股下跌阶段的股价运行重心经过多次变轨，至A段和C段，已经由最初的大角度下行逐步转向小角度下行、走平以及向上。股价运行重心的悄然转折，也就预示着趋向或趋势的转变已悄然开始。

三、省略的底部构筑过程

主力资金在运作过程中并非都是顺风顺水的，有时也会翻车和被套。一些被套的主力资金建仓早已完成，只是缺少拉升出货兑现利润的过程。这部分主力资金操作的个股，在走势上截然不同于其他类型的股票。

如图4-18所示，在A段和B段有两个变量催化的股价急速上涨。在上涨过程中，变量转化为聚量和常量。当量能催化消失后，股价便急速大幅下跌。

从图中可以看到，在其他时间里，该股的量能保持着常量形态，同期的股价也呈横向振荡的格局。此后在C段，股价同样是在变量催化下，突然爆发一波升势。

对于这种类型的个股，在其常量形态维持期间，交易者不太容易研判出有技术依据的买点。案例中，B段下跌结束后，成交量呈常量升级形态后，交易者才可以择机介入。经常盯盘的短线交易者，也可以在变量出现的1～2个交易日内，选择时机入场交易。

因为缺乏明确的底部构筑过程，交易者难以研判主力资金建仓成本，同时这类个股起涨较猛，往往不会给交易者留下过多低位介入的时间，所以比较适合短线交易者参与。但在交易过程中，应注意变量以及转化后的变化情况，随时做好减仓离场的准备。

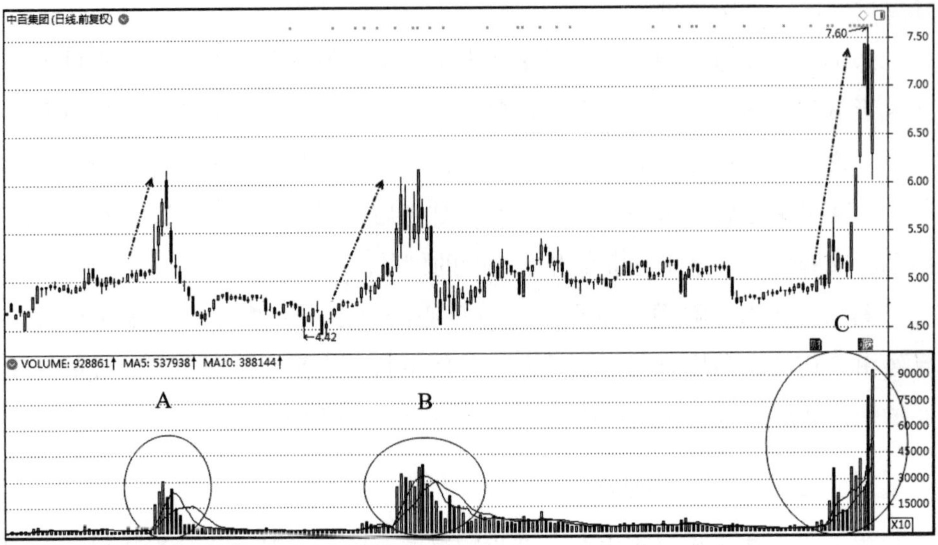

图 4-18

第四节　上涨趋势中变量催化的买卖点

股价运行于上涨趋势中时，比较多见的成交量形态有聚量、新常量、变量等。这个阶段的变量变化比较多，有时会在常量形态中突然出现，有时也会在聚量形态中出现。一旦出现变量，交易者就要高度注意，毕竟变量意味着股价可能生变：或是打开涨升的局面，或是临近升势的终点。

一、变量的买点

在上涨趋势的初期阶段，尤其是在股价涨幅并不太大的情况下出现的变量，有时就提示了交易者趁机买入的时机。短期均线的作用是体现股价强度，变量出现而股价并不大幅回落，说明股价涨升强度并未失去。

如图 4-19 所示，在 A 点出现变量，之后股价在短期均线附近振荡并缓慢盘升，成交量已体现出常量升级的情况。这时就是交易者较佳的买点。

至B点再次出现变量，而且明显大于A点的变量，因为B点有一个重要的技术点——突破250日均线。这条均线也就是年线，具有重要技术关口的含义，所以股价突破年线放量并不奇怪。不放量的突破，才是值得玩味的情况。

突破年线放量不足为奇，但交易者还是要注意变量是不是会带来股价的回落，因为股价的回落会不会有支撑的体现，这一点直接关系到交易者可不可以买入。

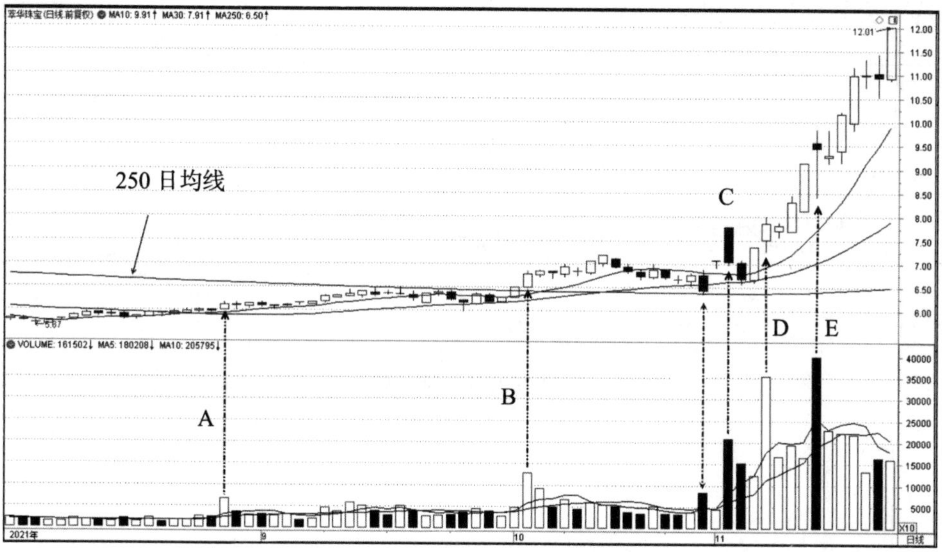

图 4-19

在B点之后，股价横向振荡后回落，回落的低点恰好在250日均线上，这一天阴线的成交量是放大的。这种盘口语言告诉交易者：B点之后的回落是为了测试年线的支撑，让不稳定的持仓盘尽量出局，所以卖出者并不算少。成交量放大说明主力资金达到了目的，而股价在放量下跌的情况下并未击穿年线，也佐证了支撑的确存在。交易者看明白了这个技术含义，就可以借着股价下跌时低价进货。

当C点高开低走的大阴线配合着变量出现时，如果交易者是在实盘交易中，而不是像现在这样知道后面的走势，那么该如何判断？

首先来看一看C点当日发生了什么：图4-20即为图4-19中C点当日分时走势，该股当日涨停板开盘，开盘后封板就被打开。对于短线交易者来说，这就是卖出信号。有经验的交易者有时在开盘前的挂单中，就可以分析出涨停板有没有可能被封住。

看到这里，可能有人会说，在C点卖出的话，岂不是错失了后面的行情？

是的，对于盘口技术了解不多、短线交易不熟悉的交易者来说，很有可能在C点卖出后，不能抓住之后短暂的买入时机，而错失后面的行情。所以，这类交易仅适合短线交易者。

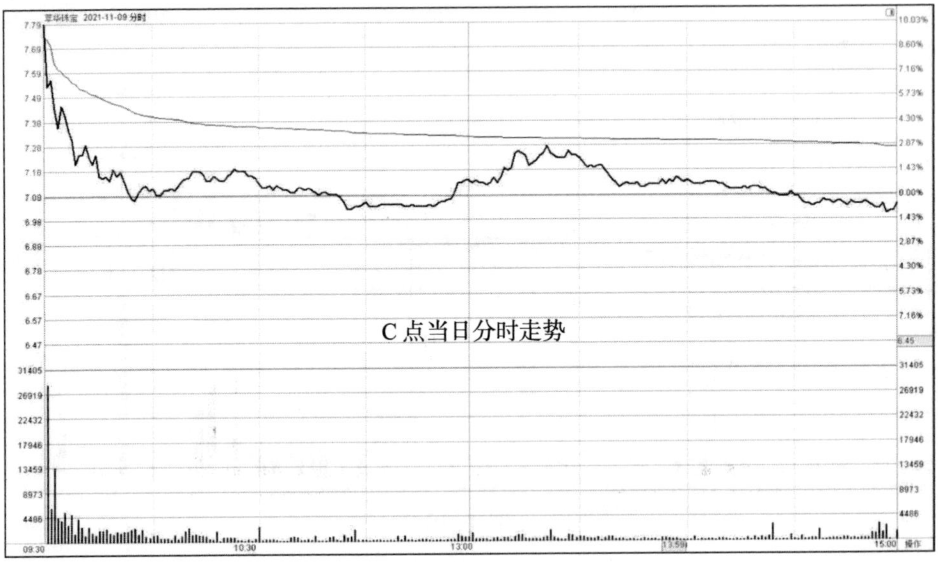

图4-20

对经常进行短线交易的人来说，股价开盘破板，瞬时下跌过深，买单小而且不集中导致回升无力，这些迹象出现时，就没什么好犹豫的。至于会不会卖错，根本不在考虑范围内，因为满足技术条件的话，几分钟后就可以再买回来。

不是因为知道了后面的走势才这么说，而是短线交易就是这样的操作方式。比如在这个案例中，即使不能卖在涨停板上，也至少会卖在高于5%的价位上。当股价继续回落至收盘线附近，可能就会买回来。即使当天后市继续回落，持仓成本至少已经降低了 5%。

当然，这种短线交易是建立在对目标个股有充分分析了解的基础上的，而不是盲目出击，随意交易。

回到案例中来，C 点的变量形态至少在当日前半个小时就可以判断出来，而不必等到收盘。有了变量的存在，可以确认卖出是正确的，后市可以观测相关技术支撑，再寻机买入加仓。

图 4–19 中 D 点和 E 点又出现了变量，这两点的变量相距较近，而且出现在成交量放大后的新常量形态中，洗盘的迹象较为明显。D 点的放量是为了突破 C 点，容易为交易者理解，所以不易形成恐慌，杀伤力不大。

E 点的长下影相对具有杀伤力，容易使交易者跟风杀跌。图 4–21 即为图 4–19 中 E 点当日分时走势，当日股价高开，开盘后直线急跌，整体振幅超过 10%。这种盘口下，若被恐慌情绪控制的话，技术上就是无解的。

不论是这个案例中还是实战中，交易者需要记住一点：大部分恐怖的盘口，对于主力资金出货是不利的，即使拥有 VIP 交易通道特权，主力也很难卖出多少，因为买的人太少。所以，正常市场状况下，恐怖的盘口都是主力请你离场的戏码。

在图 4–19 中的 E 点，交易者也可以开盘卖、跌落买。不过因为开盘下跌过急，多数人难以卖在开盘高点上。实战中，错过一瞬间的高点，切不可受情绪影响跟风杀跌，否则大概率是错上加错。交易者可以等一等，想一想：开盘急速大幅下跌，对主力资金有什么好处？

想明白了，也就不恐慌了，急杀的股价低点超过 –3% 以上时，反而不妨买一些。大多数时候，这样的操作对有仓位的交易者来说，至少可以盘中做 T，有效降低持仓成本。

变量的存在，让短线交易机会增多的同时，也可能会使交易者卖错踏空，所以要学会控制交易频率，不能一直埋头在短线交易中，还需要时常注意分析个股技术环境的变化。

图 4-21

如图 4-22 所示，在 A 点该股从低点起涨后出现变量阴线，图上看起来很不起眼，但若实盘时遇到这种盘口，必然会让交易者非常焦虑，多会怀疑涨势是否已经结束。那么，在 A 点的变量该不该卖出？

其实在这个案例中的 A 点，不但和上面案例有相似之处，也会在实盘中经常遇到。涨势初期的变量阴线，只要具有恐怖景象，多数都是主力资金的空头陷阱。交易者该卖还得卖，该买时要敢买，但前提是对个股前期的技术环境有过深入分析和了解，而不是盘中临时起意。

即使有的交易者在 A 点卖出未能及时买回，也不必过于担心踏空。真正有趋势性上涨的个股，不会缺乏买入机会。如果仅仅是短期上涨，那么稍早卖出并不算错，不能总是期望自己每一次交易都完美。

B 段股价横向振荡，成交量呈量能消散形态，这种量能形态下，交易者应尽量避免买入，技术上的分析后面有章节专门讲解。在 C 段，成交量从量能消散形态转化为常量形态，这里的常量明显大于 A 点起涨之前的常量，交易者可以择机低位介入。

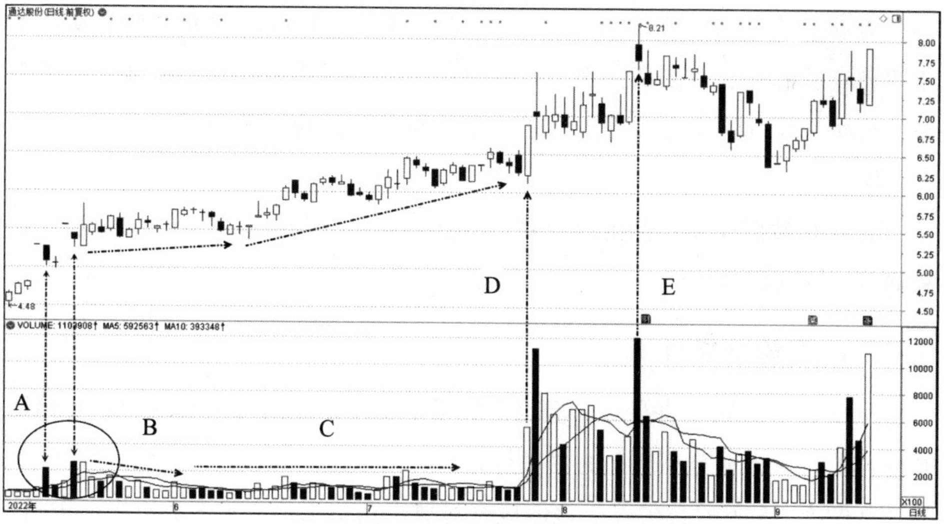

图 4-22

之后股价缓慢盘升，至 D 点在变量催化下股价突然涨停。一般来说，涨停之日出现变量不要轻易卖出，除非有以下几种情况。

（1）封不住涨停板，同时变量换手率达到历史天量级别。

（2）下跌趋势中突然出现的涨停板，变量换手率达到一年内最大值附近。

（3）出现在涨势高位的变量涨停板。

在 D 点的次日再现变量。这个点位上的变量，换手率高达 24%，已经达到该股历史最大值附近，这是短线交易者必须卖出的时候。短线交易中，前一日有涨停板，次日的股价表现就非常重要。

（1）强势延续的个股，依然会封涨停板，而且换手率会相对减少，这是最佳的量价配合态势。

（2）股价虽然未封板，但涨势不减，换手率与前一日相差不多。

（3）股价涨幅明显减少，但换手率却再次达到变量形态，这是股价可能转弱的信号。D 点次日的表现，就属于这一条。

案例中可以看到，在 D 点之后股价并未大幅下跌，而是横向振荡，成交量呈量能消散形态，这种成交量形态并不适合交易。在 E 点，股价又一次大涨后出现变量，这里也是仍旧持仓的交易者卖出的机会。

可能有人会说，在 D 点卖出后不是错过了在 E 点的大涨吗？交易者不能期望自己每一次交易都完美，有些时候为遵守操作纪律放弃一些利润是常态。每次交易都追求完美的人，必然不受纪律的约束，没有了约束，也就失去了保护。

无论是波段交易还是短线交易，都必须有自己的操作纪律，不然当风险来临时，你往哪里躲？

二、变量的卖点

虽然上节主要是讲买点，但也讲到了不少卖点，所以本节就不重复相似的内容了，专讲涨势高点上的变量形态。

如图 4–23 所示，在 A 点该股成交量放出历史天量，为涨势以来最大值。当变量出现在股价连续涨升后的高点上，这时的量能催化已经达到极致，却不能使股价涨势继续，反向催化出现。这种盘口说明了什么？只能有一个答案，就是有大资金在疯狂卖出！实战中，当某只个股连续大幅上涨后出现变量，交易者应保持清醒，不妨自问一句“谁有这么多的筹码，又是什么人有能力集中卖出？”

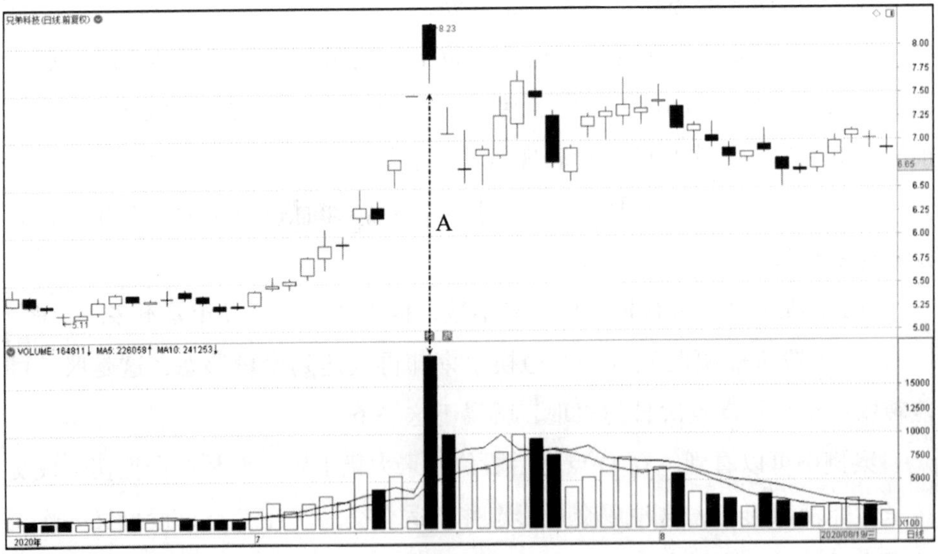

图 4–23

当变量换手率接近或达到历史天量级别时，无论是短线交易者，还是波段交易者，变量的出现都意味着一个卖出时机的到来。

图 4-23 中的变量高点非常容易识别，因为变量和之前的量能相差较为明显。当变量出现在成交量均值都比较高的阶段上时，变量会更为隐蔽，更不为人所重视，这时候也最危险。

如图 4-24 所示，在 A 点变量出现后股价横向振荡，之后股价再次急升，至 B 点再次出现变量。但是有了在 A 点的变量作为铺垫，在 B 点变量就不显得过于突兀，而且当日股价收涨停板，在股价强势上涨的表象下，这里的变量往往会被市场追涨的热潮所掩盖，而被忽视。

但是，在 B 点的次日，成交量再次达到高值区，股价冲高回落，量能反向催化明显，交易者理应及时抛弃幻想，卖出持仓。在这个案例中，变量形态就被掩盖在股价表面的强势中，容易被误读为交易火热的正常量能现象。

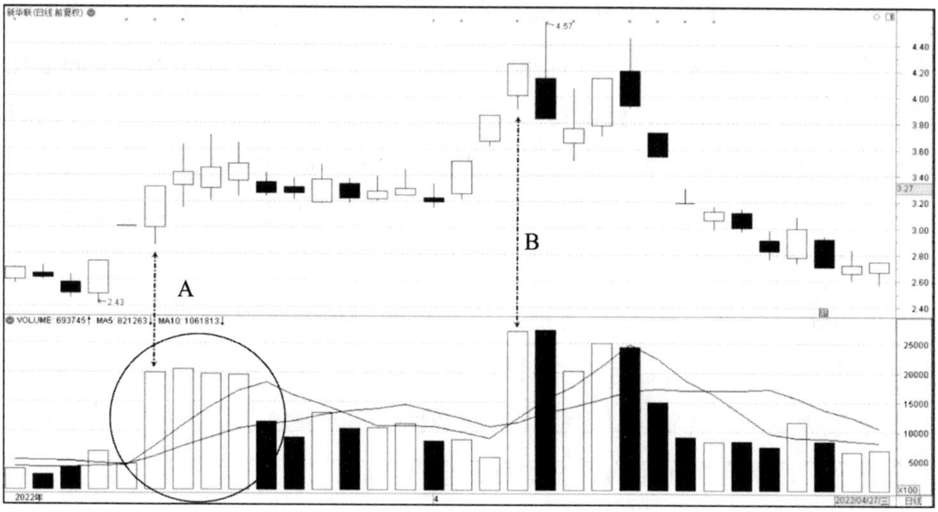

图 4-24

实战中还有些案例中的变量更加难以辨别研判。如图 4-25 所示，A 点的变量很明确，股价处于涨势初期，具有开启涨势的技术意义。在 B 点，股价强势上涨中遇到阻力或需要强力洗盘，所以这里出现变量也没有过大的问题。

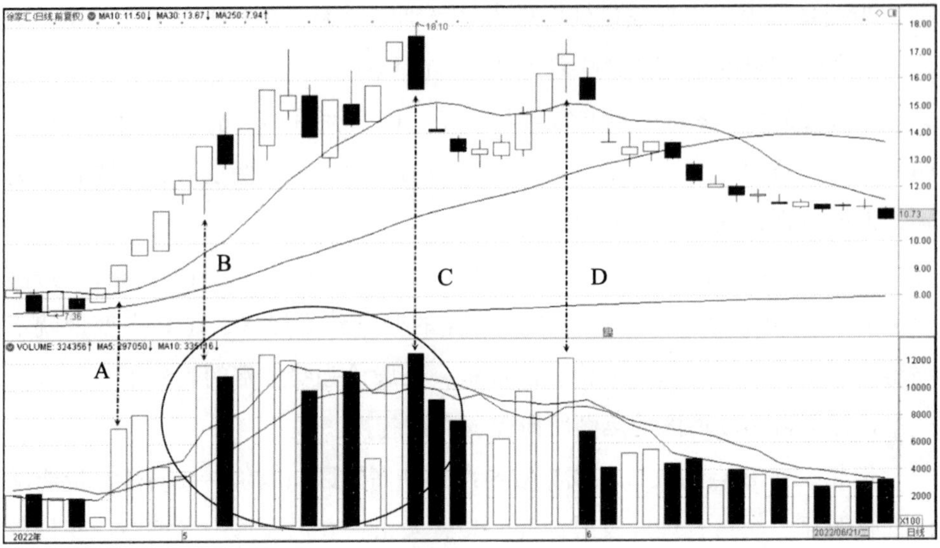

图 4-25

但是，在 B 点变量出现后至 C 点之间，变量转化为了新常量，而股价开始从 B 点的上涨逐渐转为横向振荡，在 C 点更是出现冲高回落的反向催化现象。这时，整个盘口已经变得危机重重。审视该股从 7 元多起步，至 C 点最高点已经达到 18 元多，涨幅不可谓不大。主力资金完全具备兑现赢利的空间，对 B 点至 C 点之间这个高数值的常量，交易者应当高度戒备或者借机减仓操作。

股价自 C 点回落后至 D 点时，反向量能催化再次出现。此时，主力资金减仓出货的盘口信号已经极其明确，D 点就是交易者最后高位卖出的机会。在这个案例中，B 点变量具有极大的隐蔽性，不易被交易者发觉，也就不易引起恐慌，非常有利于主力资金借机减仓出货。

第五节　变量——量能循环中的极端形态

可以这么说，掌握了变量催化的重要特点，至少在大部分交易中能将股票卖在相对高点上，而分析底部低点上变量对应的不同价位，可以估算出主力资金所处的阶段。

变量是量能循环中的极端形式。随意打开一张K线图，几乎都可以发现变量的存在。但不同股价运行阶段中出现的变量，技术意义各不相同。如图4–26所示，该股在下跌过程中出现了三次变量催化下的股价上涨。每次量能对股价的催化，最终都转化为反向催化，促使股价进一步下跌。

前面讲过，下跌趋势运行中的变量反弹，多数无法持久，只能是交易者借机减仓的时机，绝不可跟风追涨。在变量催化下的股价反弹，尽管看上去量价齐涨，非常符合追涨的条件，但若不分析技术环境，追涨的结果多数都是套牢。

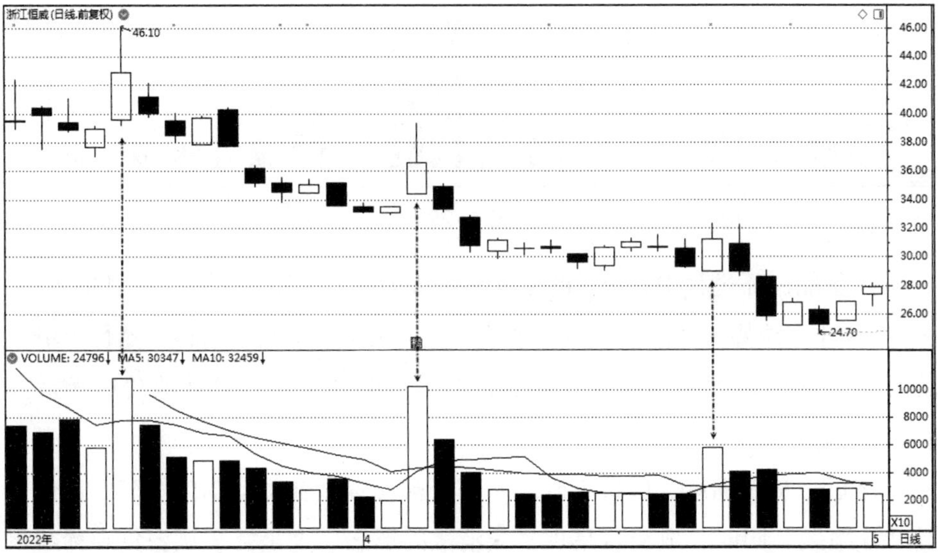

图4–26

多数情况下，个股在上涨过程中出现的变量，会让股价在之后出现回落调整。但这个变量的性质与下跌趋势中的性质截然不同。涨势初期出现的变量，为交易者提示出主力资金的操纵痕迹，为交易者指明趁股价回落低吸的交易之道。

如果涨势中接连出现变量，量能的过度催化可能导致反向转折的来临，交易者就需要小心股价高点可能就在眼前。如图4–27所示，在A点出现变量，次日在B点再现变量，而且B点的变量换手率已经达到风险值，这时候交易者应该高度戒备，把握住高位卖出的机会。

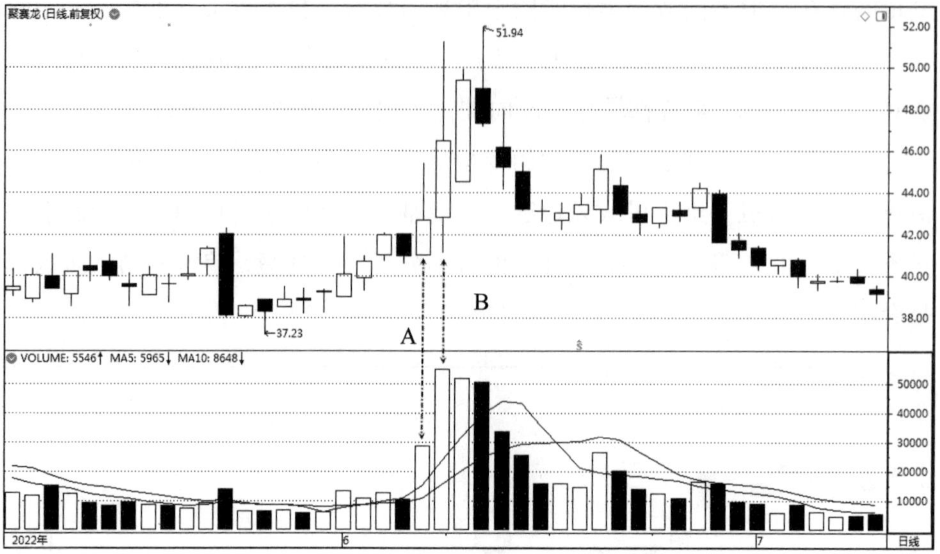

图 4-27

在量能循环过程中，变量的出现总是最为突兀，如上述两个案例中所示。图 4-26 中，跌势中突然出现激增的成交量并使股价大涨，这种突然性上涨，无疑会让一些躁动的资金盘中追涨，但追涨的结果是被套在股价的相对高位上。

之后，量能缩减，股价下跌，一部分被套资金会主动割肉解套，促使股价快速下跌。同时，成交量呈现量能消散的形态，这是资金从密集到稀疏不断杀跌出局的量能表现。通常来说，变量后，多数转化形式是量能消散，再往后会转化为常量，意味着主动杀跌暂告一段落。不但是图 4-26 的案例如此，图 4-27 也是如此。

在量能循环过程中，如果变量之后并没有明显的量能消散形态，而是很快转化为常量形态，就意味着盘中愿意杀跌的持仓盘并不多，股价很有可能在盘整后继续上涨。

如图 4-28 所示，A 段和 B 段都是变量出现后几乎没有量能消散形态，变量后很快就转化为常量形态，说明杀跌盘并不重，目前价位也没有太多浮动的筹码，盘口相对稳定。

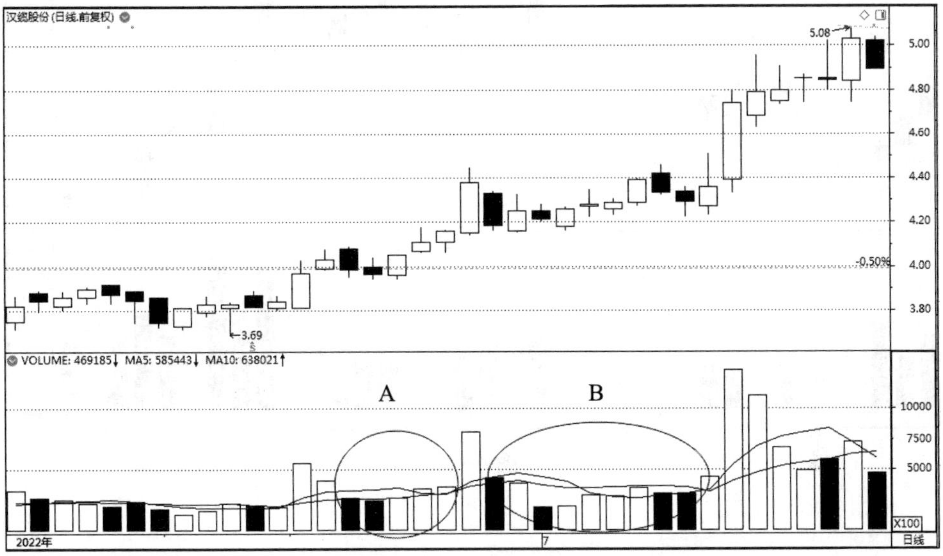

图 4-28

分析变量之后的转化形式，还需要分析个股技术环境，才是一个相对完整的分析过程。比如上述案例中，个股所处涨势的初期阶段，变量转化常量，说明后期仍有涨势。但是，如果个股技术环境处于大幅涨升的高位区域，那结果就不尽相同了。

如图 4-29 所示，该股前期经过大幅上涨，图中变量冲高之后，股价振荡下跌，在 A 段成交量呈常量形态，而不是量能消散形态。常量出现在这个价位上，具有较大的迷惑性，在股价并未急速下跌之前，会让持仓者感觉这是股价正常的回落调整，所以不会恐慌性跟风杀跌，这就非常有利于主力资金完成减仓任务。

相近的技术形态，结果却截然不同。在技术分析中，必须重视个股的技术环境因素，否则研判结论可能和实际走势南辕北辙。

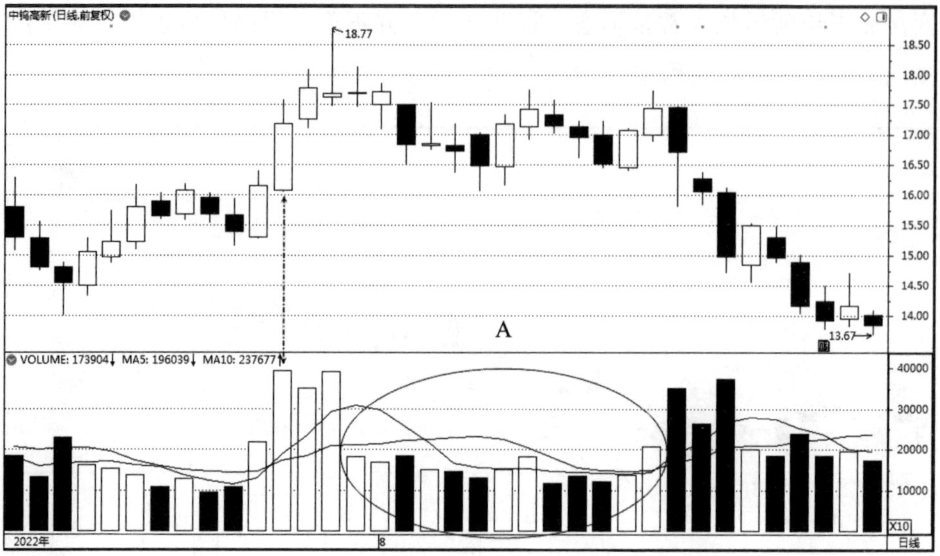
中钨高新(日线,前复权)
18.77
18.50
18.00
17.50
17.00
16.50
16.00
15.50
15.00
14.50
14.00
A
13.67
VOLUME: 173904 MA5: 196039 MA10: 237677
40000
30000
20000
10000
X10
2022年
8
日线

图 4-29

第五章

聚量催化的买卖点

第一节　什么是聚量

聚量是指成交量由小到大逐渐增加和聚集的形态。聚量是动态概念，随着行情的发展会转化为常量、变量或量能消散，也会随着资金的疯狂聚集，出现更大数值的聚量。总之，聚量是一种能够体现出资金逐渐聚集，股价炒作热度逐步升高的成交量形态。

如图 5-1 中的 A 段所示，就是成交量由低到高不断增加和聚集的过程，这个过程中形成的成交量形态被称为聚量形态。聚量是股价发起上涨攻击的一种量能形态，所以技术上也将这种量能形态和股价上涨统称为聚量攻击。

上述案例中的聚量是一种标准形态，能够完美体现成交量逐步聚集的过程，而在实战中还有一些聚量形态，则存在很多变形，形态上不是那么的标准，成交量聚集过程中掺杂着常量、变量等形态，并不是始终保持“增加和集聚”的态势不变。

如图 5-2 的 A 段所示，成交量不断增加集聚的过程中，就夹杂着出现了量能消散、变量、常量，但是在股价短期回落、量能缩减后，股价再次转升时，成交量仍然能够延续整体增加的聚集之势。

这就说明聚量攻击的过程并未结束，而是处在资金振荡中逐渐聚集、股价炒作热度逐步升高的势头中。当在 B 点出现变量后，成交不再增加和聚集，

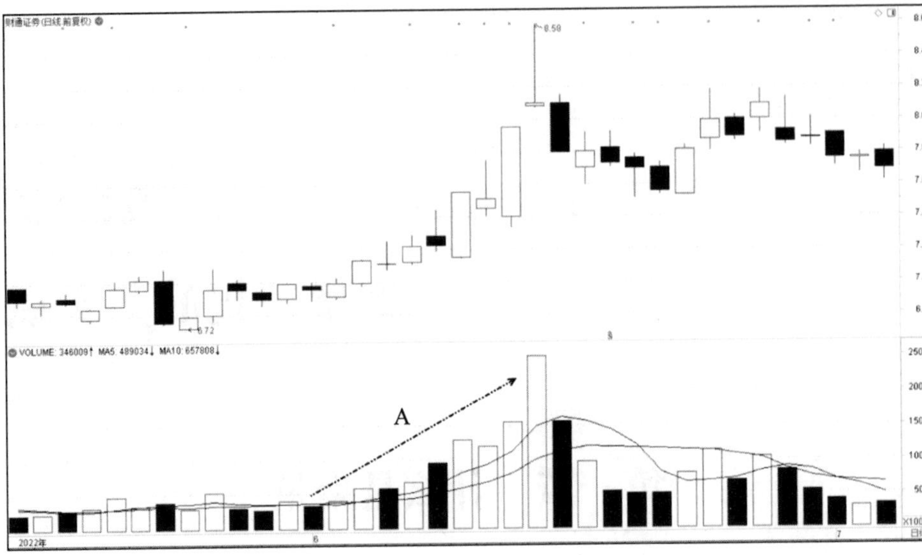

图 5-1

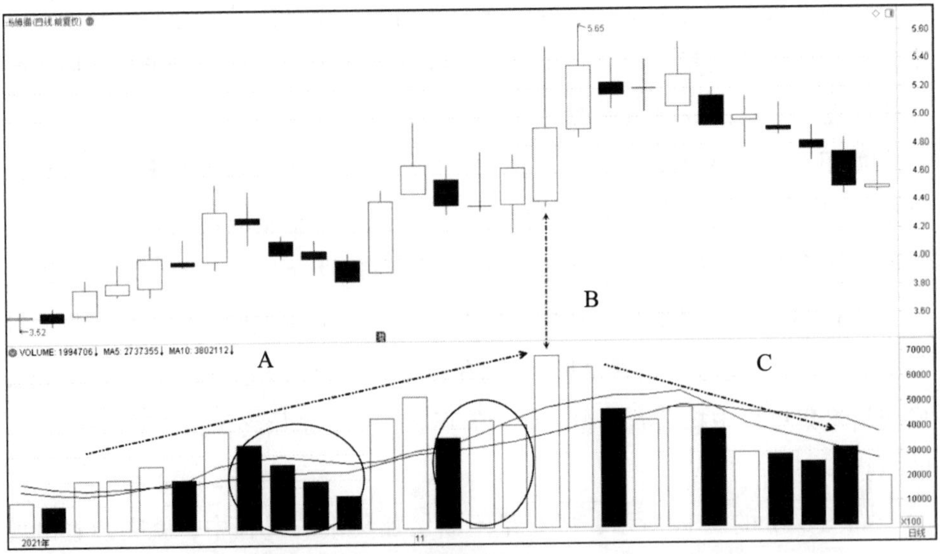

图 5-2

而是在之后的 C 段呈消减的态势，则意味着聚量攻击的结束，行情已经开始转势下跌。

理解一段时间内聚量的这种形态变化，有利于交易者研判股价运行的阶段，能够在第一时间发现股价涨势拐点的出现，及时抓住高位卖出的机会。

第二节　聚量攻击实战应用

一、聚量攻击与形态升级

聚量形态是催化股价发起持续性攻击的基本形态，符合成交量对不断上涨的股价进行确认的原则，也就是股价的上涨得到资金源源不断的认可和参与。

在股价趋势性上涨的过程中，一个标准的聚量形态是不可能从始至终存在的，总会夹杂着一些休整性质的其他量能形态，这种变形的聚量形态，才是能够不断催化股价持续性上涨的真正动力。

从常量阶段初步形成的聚量形态，能引发的聚量攻击必然是有限的。在接下来出现变量或新常量之后，能否继续形成更大级别的聚量形态，也就是聚量形态能够出现明显升级，将预示着该股是否具有广阔的上涨空间。

如图 5-3 所示，在 A 段成交量从前期的常量形态初步形成聚量形态，这也是个股逐步脱离底部构筑的标志。之后成交量形成新常量，显示关注该股的资金逐渐开始活跃，并通过股价的折返振荡吸纳筹码。

B 段再次形成聚量形态，这时的聚量形态远比 A 段的更加明确和具有力度，股价的升速也明显加快。当 B 段出现聚量形态升级时，在其运行中或之后的调整中，都会出现不错的介入点。C 段的聚量形态又一次升级，股价涨升角度和升速也都在提高，会出现理想的追涨机会。

实战中，聚量形态升级之后，交易者需要注意以下几点，这些现象的出现，意味着股价可能临近阶段性高点甚至是顶部高点。

其一就是聚量形态升级，股价涨势继续，但成交量却不能继续保持聚集增加的态势，出现量价背离现象。

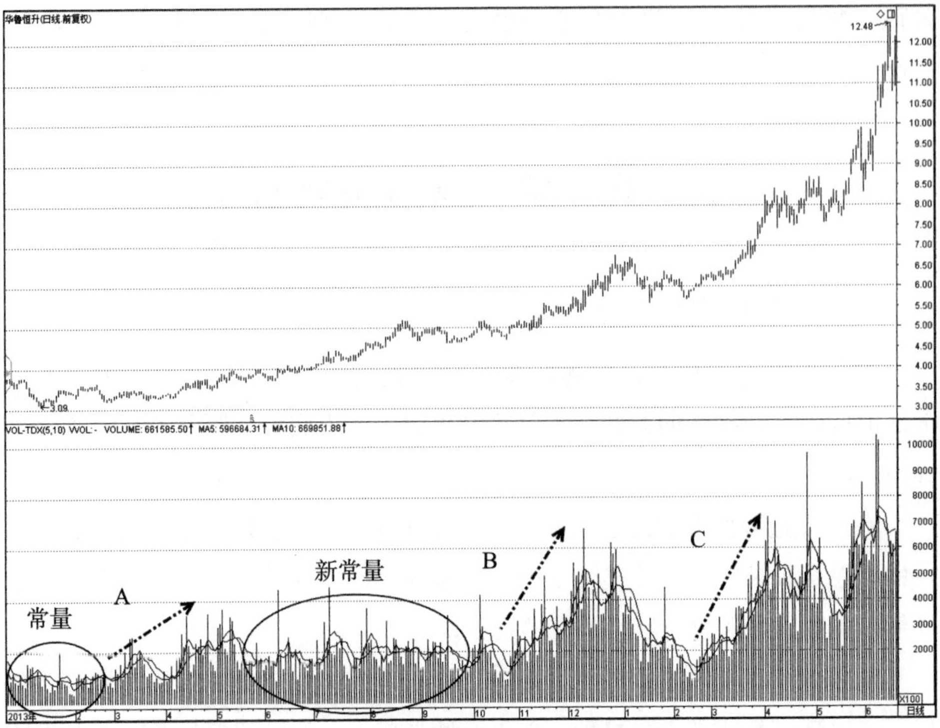

图 5-3

如图 5-4 所示，在 A 段成交量不再继续增加，但股价仍继续上涨。从图中可见，前一次聚量形态催化股价上涨的过程中，也出现过相似的背离。交易者应注意择机在股价上涨过程中减仓。

实战中，有一些主力资金控盘程度较高的个股，出现背离后，仍会维持一段时间，并不必然出现背离后就开始下跌转势。如图 5-5 所示，在 A 段聚量形态催化出股价高点后，在 B 段成交量整体处于量能消散形态中，但股价仍在折返中维持整体上涨的格局。

图 5-4 的案例简明易辨，交易者很容易把握，而图 5-5 案例的操作难度就远远大于前者。总而言之，实战中的变化难以一一言尽，只能由交易者于实战中慢慢体会。

其二，变量催化升势并转为聚量形态，而后依然是变量转化为聚量形态的升级，要注意股价可能出现的高点。

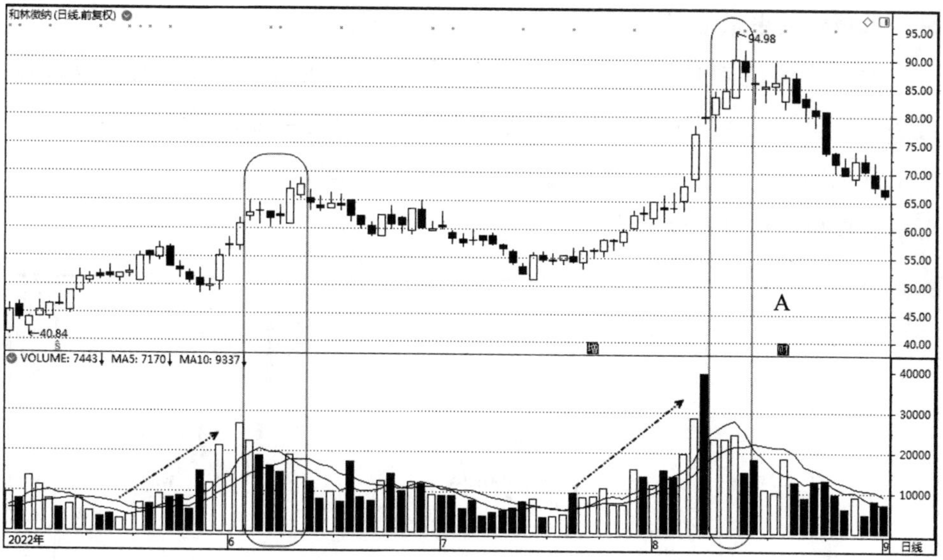

图 5-4

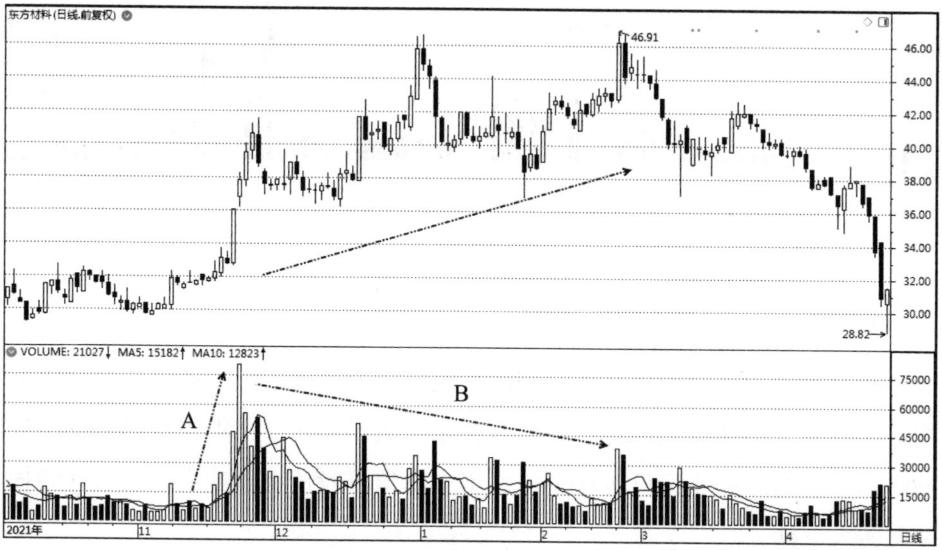

图 5-5

如图 5-6 所示，A 段先出现变量催化股价上涨，并形成短暂的聚量形态，很快股价回落，至 B 段依然是先出现变量，而后形成聚量，聚量形态维持的时间还是很短暂，不久就转化为量能消散形态。在 C 段再一次出现变量，还是一个短暂的聚量形态，之后股价下跌，量能缩减。

案例中无论是B段还是C段，当变量率先出现时，交易者都需要高度警惕股价短期高点可能来临，如果盘中发现反向催化明显，不妨先短线减仓。如果并无明显反向催化迹象，就可以做好相应的减仓准备，一旦发现变量后形不成聚量，应当及时卖出。

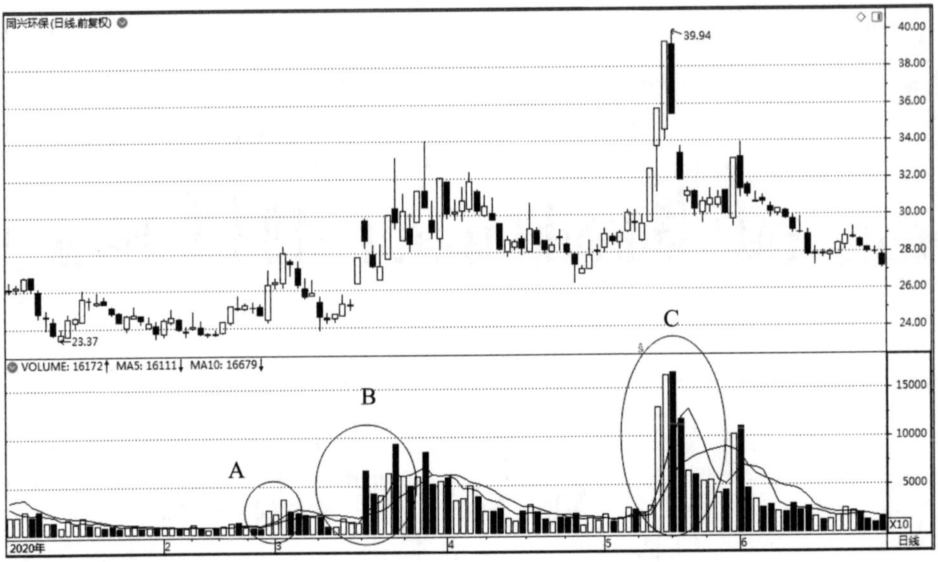

图 5-6

其三，聚量形态升级后，成交量迅速下降，可能形成量能消散形态。见案例图 5-6 中 C 段。

最后就是出现超出换手率规则的变量，或个股历史最大值的成交量。如图 5-7 所示，该股在上涨过程中，成交量呈聚量形态。A 点当日换手率达到 48% 以上，这个换手率已经接近该股历史高值，股价也在冲高回落后开始振荡并转入下跌。

二、聚量攻击的分层透视

在常量一章中，我们讲过分层透视分析法，这个分析方法同样也可以运用在分析聚量形态上。

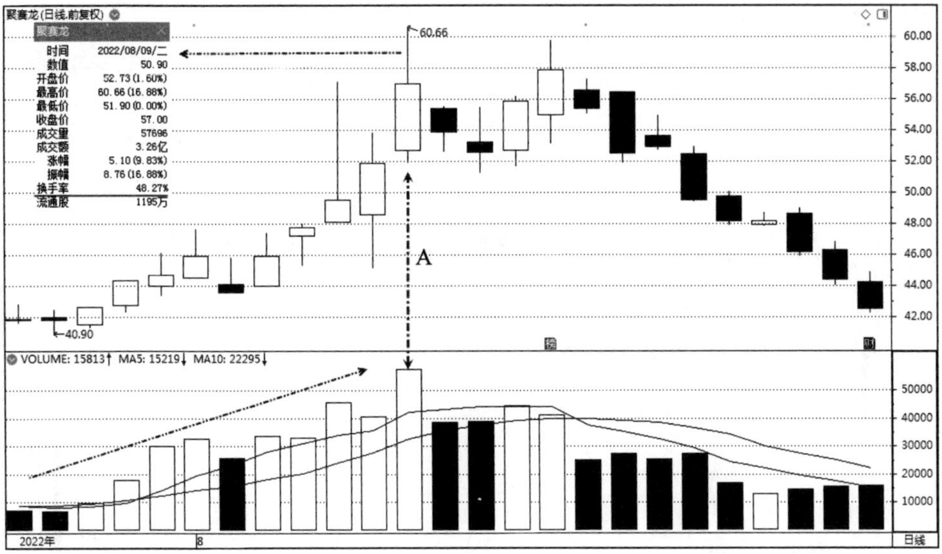

图 5-7

交易者在对目标个股进行细节分析时，就会发现不同时间周期系统上的聚量攻击，因攻击层次的不同，攻击级别也会有较大的变化。相应地，价格能够达到的高度也会有极大的差异。比如，一分钟系统上所显示出的聚量攻击，有时候在其他分钟系统，尤其是日线系统上，可能只是常量的级别。这种情况说明，虽然存在资金攻击，但攻击层次和级别较低，可以关注，但并未达到交易的标准。这种分析方法可以让交易者避免受到主力资金盘中虚假拉升的影响。

图 5-8 为 1 分钟系统，图中 A 段出现变量，股价上冲，之后随着量能骤减，股价回落。在 B 段，成交量逐渐形成聚量形态，并连续出现聚量升级，而股价也在盘整后出现上涨。这是当日最后一小时的交易情况。

图 5-8 中这种技术形态的出现，是否意味着该股股价发起向上攻击的开始？

首先，交易者要明白，1 分钟系统是技术分析中的细节分析系统，它所发出的技术信号既有灵敏、快速的优点，也有易受干扰、频繁波动、缺乏稳定的缺点。

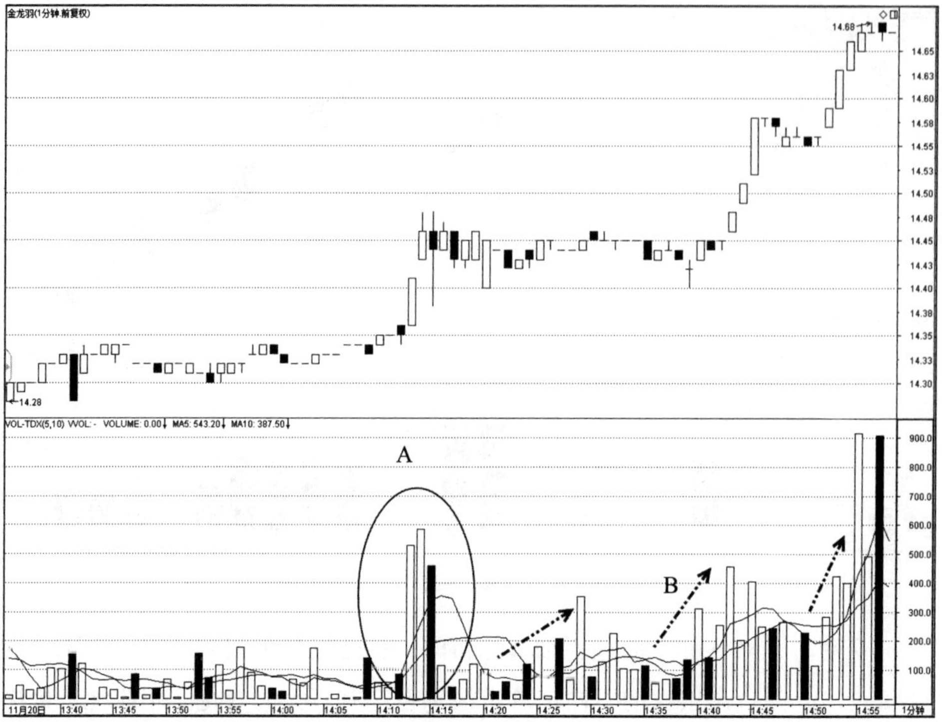

图 5-8

其次，1 分钟系统所能显示的攻击力度和强度，毕竟受系统本身的限制，难以全面展示出攻击的级别。实战中，当交易者从 1 分钟系统上发现某股存在资金攻击的情况时，可以逐级分析这种攻击的力度和强度，至少要在日线系统的级别上得到确认。

图 5-9 为图 5-8 的日线系统，A 点即为当日收盘后的 K 线和量能情况。在 A 点的阳 K 线实体并不算太小，但成交量在整个下跌过程中却很小，甚至和前期 B 点的最小量能相仿。

缩量止跌的基本技术含义，是盘中交易的卖出者少，而不是主动性买入者多。这种类型的止跌或上涨缺乏稳固的量能基础，往往难以持久。

在图 5-9 中，从股价下跌过程来看，A 点的量能仍在缩减中，还不能定义为具有一定稳定性的常量，其仍旧处于量能消散的过程中。量能消散阶段的强反弹，多出现变量形态，而缩量反弹在这个阶段几乎等同于趋向继续。

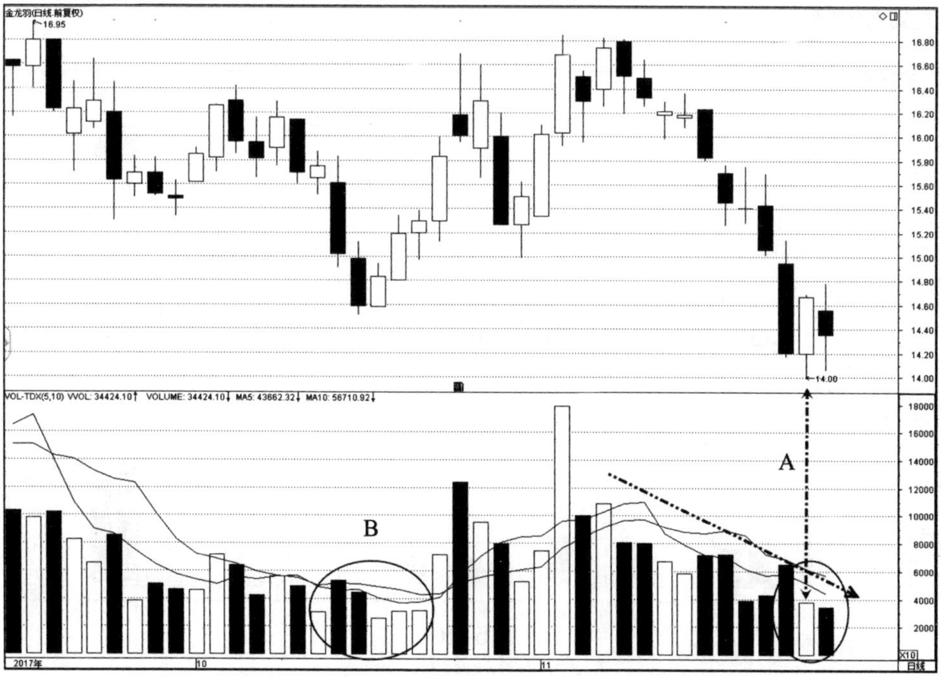

图 5-9

综合来看，图 5-8 中 1 分钟系统的聚量形态，资金攻击力度和强度都很弱，极有可能只是下跌途中的弱性反弹。当然，从动态的角度来说，一切皆有可能改变。但在改变出现之前，如果技术环境并不具备重要的做多条件，那么任何贸然做多的行为，都是一种赌博。

同样的道理，交易者在分析目标个股的日 K 线图时，如果进行趋势性分析，就必须从更长时间周期的系统上来进行确认。

如图 5-10 所示，该股日 K 线上出现一波聚量攻击的走势，但是至 A 点时股价下跌，成交量缩减。虽然之后的 B 点股价再现涨势，但成交量却没能延续聚量增加的态势。如何认定这个盘口的技术形态，关乎交易者将采取何种交易策略。

交易者可以分析一下周 K 线，看一看在更长时间周期系统上，该股的技术形态处于何种阶段。如图 5-11 所示，这里每一根 K 线代表着一周 5 天的交易情况。图中 A 点的量能明显是变量形态，B 点成交量继续增加，已有形成聚量的态势。

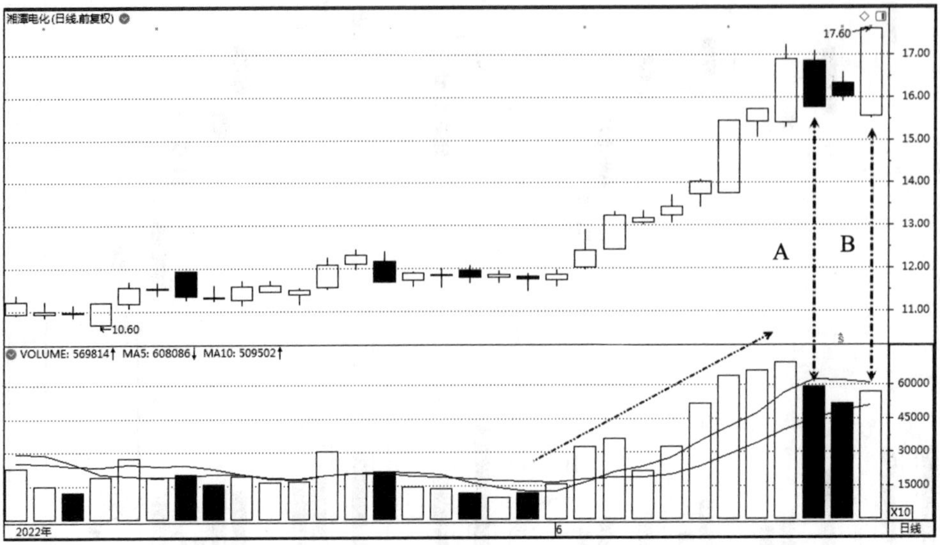

图 5-10

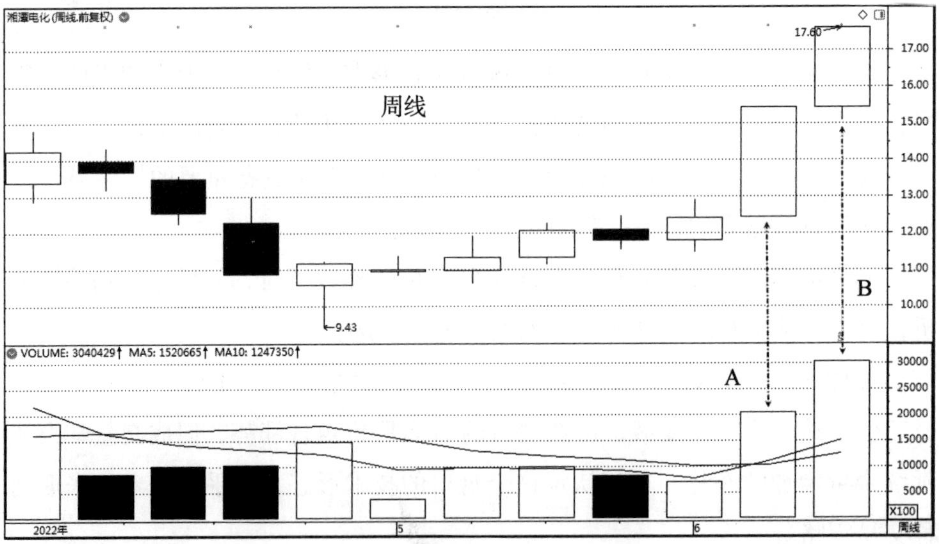

图 5-11

对于图 5-11 中的这种技术形态，可做如下研判。

（1）在 A 点出现的变量，说明必然会有部分获利资金，在之后股价继续上涨过程中兑现盈利。如果股价一直上升，可能这部分资金还会保持稳定，一旦出现盘整，必有部分资金集中抛盘出现。

（2）B 点如果仍然是一个变量，那么几乎可以肯定股价后市存在大幅下跌的过程。但 B 点形成了聚量的雏形，意味着入场资金具有相对的稳定性，能够化解短期抛盘的影响，后市股价应该不会止步于目前的价位。

（3）综合 A 点和 B 点的情况，后市的预判主要是：周线系统上，如果 B 点之后成交量维持新常量或者聚量，那么股价必然会出现一轮升势。如果出现变量，则要注意在股价短期急速上涨中减仓。如果出现量能消散形态，则应及时减仓离场，不要再抱有上涨的幻想。

图 5-12 为该股后期的走势。图中 A 点股价展开了为时三周的振荡调整，而同期的成交量呈常量升级态势，说明并没有资金大幅集中外流的情况，交易者可根据日线的具体情况择机介入。在图中 A 点之后，该股股价展开了一波升势。

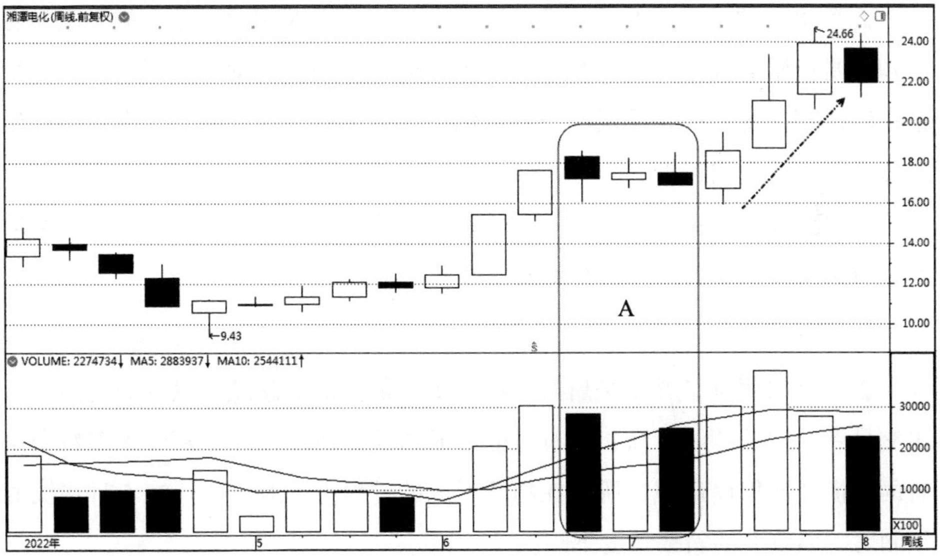

图 5-12

第三节　股价超跌与阴聚量催化

一、什么是股价超跌

股价超跌是指短时间内股价出现超出预期的持续下跌。这种下跌往往是由恐慌情绪或其他意外事件所引发的，短期内股价跌幅与跌速都极为惊人。

与股价超跌有关的还有一个名词，叫超卖。超卖是指对某种股票长时间过度卖出。这时大多数交易者认为，股价的下跌趋势仍旧还会继续保持，并且短时间内不会有起色。

通常交易者都将超跌和超卖混同于一个概念，其实二者之间具有等级区别。

超跌更多的是代表股价短期极限点位的临近，而超卖所蕴含的是交易者心理承受极限的到来。超跌是市场产生短期反弹的主要动力，而超卖才是行情反转的催化剂。换句话说，只有市场失望情绪达到顶点时，才有可能产生重要行情的低点或转折点。

无论超跌还是超卖，研究其中的量能变化，尤其是一些特殊的成交量形态，对于交易者寻找买点具有重要的参考作用。

1. 超跌

首先必须明确，并不是所有的股价下跌都会形成超跌，只有短时间内超出交易者预期的持续下跌，才有可能形成超跌。超跌往往紧随着大多数交易者的恐慌性抛售而出现，所以在超跌形成的过程中，股价往往在 5 日均线的压制之下以较大的斜率角度下跌。

如图 5-13 所示，该股股价从 A 点开始下跌并一直被 5 日均线所压制。直至 B 点当日股价远离 5 日均线，次日股价反弹。在 C 点，股价再一次远离 5 日均线，之后见底回升展开反弹行情。

图 5-13 的案例就是个股股价出现超跌后的情形。通常来说，股价出现超跌都会有反弹，但是反弹的强弱度会有很大差别，有些个股的反弹可能并不适合进行短线交易。

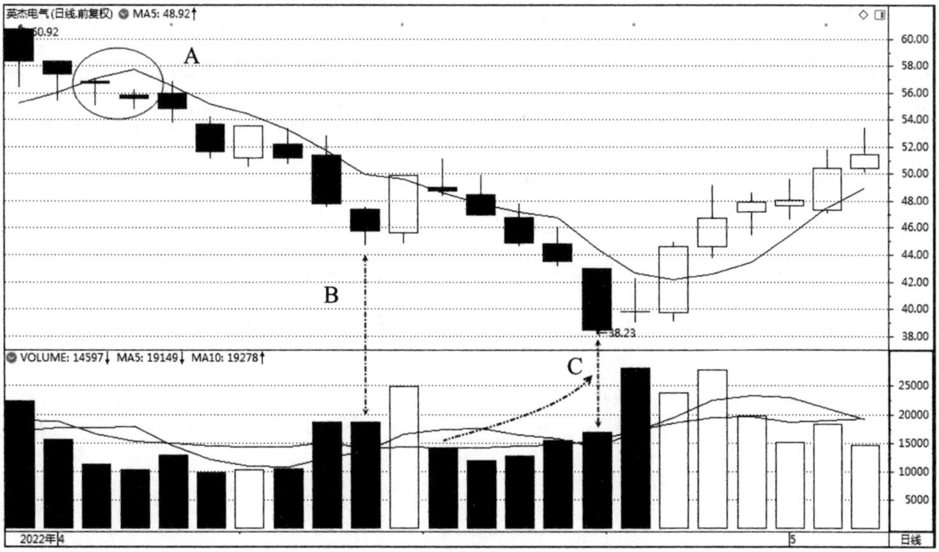

图 5-13

对于超跌个股，有几个短线交易要件需要注意。

（1）大盘相对平稳，这是技术环境要件，排除个股受大盘剧烈振荡或下跌的影响。

（2）股价在 5 日均线的压制下有连续下跌的过程，这是超跌形成的基础要件。类似情况发生时，交易者可追踪该股。

（3）某日股价最低点距离 5 日均线的幅度超过 10% 左右，成交量大于下跌过程中的均值，这是超跌的确认要件，如图 5-13 中的 B 点和 C 点。出现这个要件后，交易者可低吸建底仓。

（4）在前一日股价距离 5 日均线超过 10% 的基础上，次日若再次发生暴跌，交易者可在跌幅超过 -3% 时补仓。这种盘口情形下，多数个股会在当日出现回升收出下影线。这种补仓手法也称为袭击下影线。

通常来说，股价超跌之后有两种方向性选择：在上涨趋势中出现超跌后，止跌回升之后恢复上涨趋势；在下跌趋势中出现超跌后，止跌反弹后继续下跌；超跌和超卖同一阶段发生时，则引起趋势反转。

2. 超卖

在技术形态上，超卖多以超跌为外在表现形式，也有部分个股是以超跌后加阴跌的形式实现超卖。超卖更多地表现为一种市场大众的心理倾向，即大多数交易者心理承受能力已达极限，对价格的下跌已由前期的恐惧转化为极端失望，不再对价格回升抱有希望。

如图 5-14 所示，该股经过长期大幅下跌过程，市场参与者大多数已经对股市不再抱有希望，或选择清仓离场，或选择不再关注。在图中 A 段，成交量已经出现了常量升级，但股价却仍没有止跌，还在不断探底过程中。这就是一个明显的超卖形态。

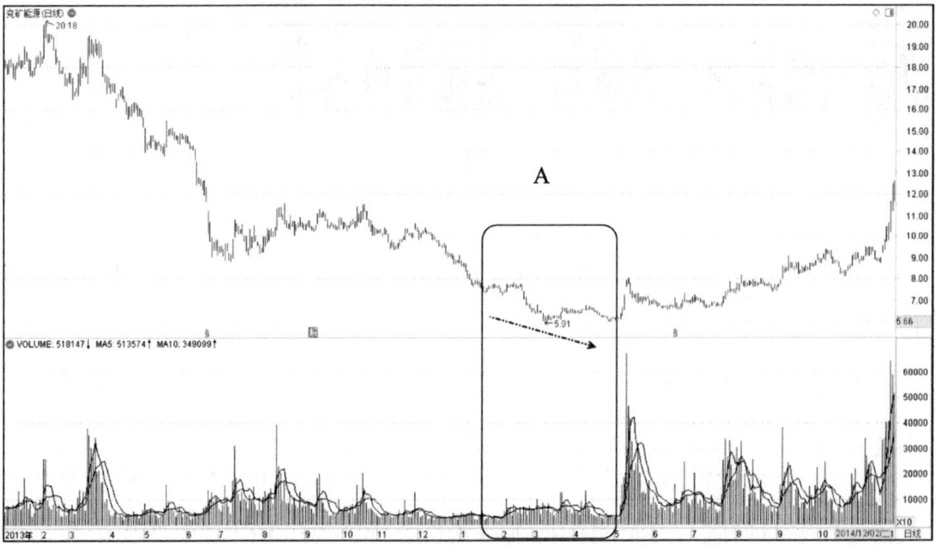

图 5-14

行情总在失望中发生，在最后的下跌转为上涨的过程中，常量升级的出现说明已有资金默默进场，潜在的反击力量正在孕育，就像是有一只无形的手在支撑着指数缓慢抬升。

在对案例进行分析时，我们只能引用部分静态的画面和数据，实战中必然还会有更多、更鲜活的盘面信息可供参考。而对超跌和超卖理论的讲述，更难以入木三分。其实，交易者只要记住一点就足够了：只有超卖才会产生大级别的行情，而超卖更多的是基于市场心理层面上的判断，有时很难用语言和文字来准确表达。

二、阴聚量催化

聚量还有一种比较特殊的形态，就是在股价下跌过程中形成的“阴聚量”。即随着股价的连续下跌，成交量呈逐渐聚集并增大的形态，这种由阴量柱组成的聚量形态，就称为阴聚量。

阴聚量的出现，说明在股价下跌过程中，恐慌情绪正不断蔓延，抛单逐渐密集。当某日K线实体明显缩小，而阴聚量仍在聚集增加，则股价反弹可能已经近在咫尺了，图5-13中的C点就是阴聚量催化的低点。

实战中阴聚量比较常见，如图5-15所示，在A段股价连续下跌，阴量柱不断聚集并增大。最后一根放量K线创下股价新低后，并未形成下跌以来的最大跌幅，而是收复当日大部分下跌幅度，形成长下影阴线，但当日成

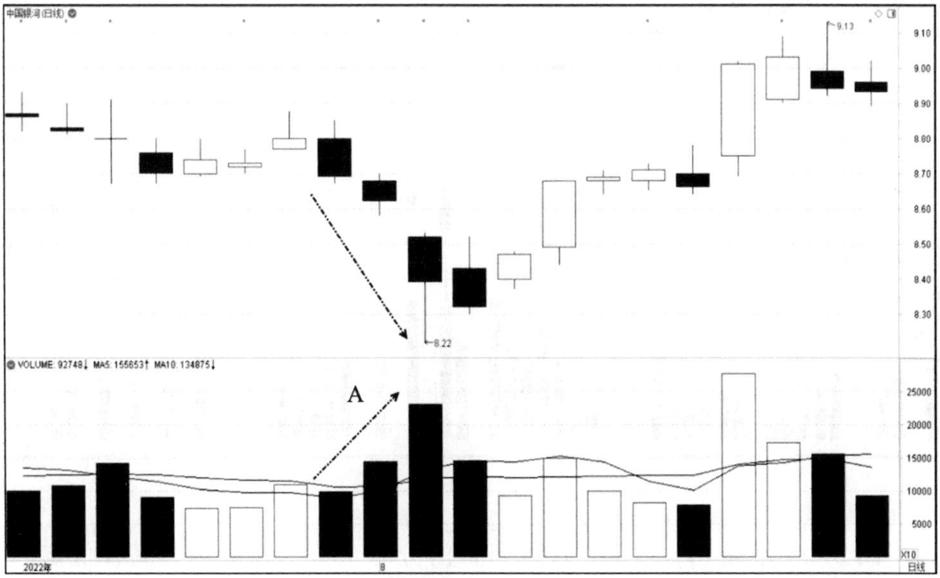

图5-15

交量却是下跌以来最大的。案例中这个阴聚量形成的过程，也是杀跌逐步集中的过程，量能反向催化也在这个过程中孕育并最终发生作用。

从阴聚量形成的过程可以看出，这是反映股价超跌或超卖的一种外在表现形式。交易者必须明确一点：阴聚量形态的出现，意味着股价处在超跌的过程中，但未必处在量能反向催化的最后时刻。

这中间的区别就在于，股价超跌会有反弹出现，但这个反弹的幅度不好确定，可能仅仅只是一个弱势反弹，有时交易者连手续费都赚不到。只有在量能反向催化情况下，才会出现强反弹甚至是趋势反转。

如图 5-16 所示，A 点成交量形成阴聚量形态，但是从股价表现上没有发现量能反向催化的现象，说明这里并不是合适的买点。B 点再次形成阴聚量形态，虽然这里的 K 线实体较小、成交放大，而且股价并未创出新低，似乎具有反向催化的现象。这时候很有必要分析当日分时走势的情况，看看 B 点 K 线形成的过程。

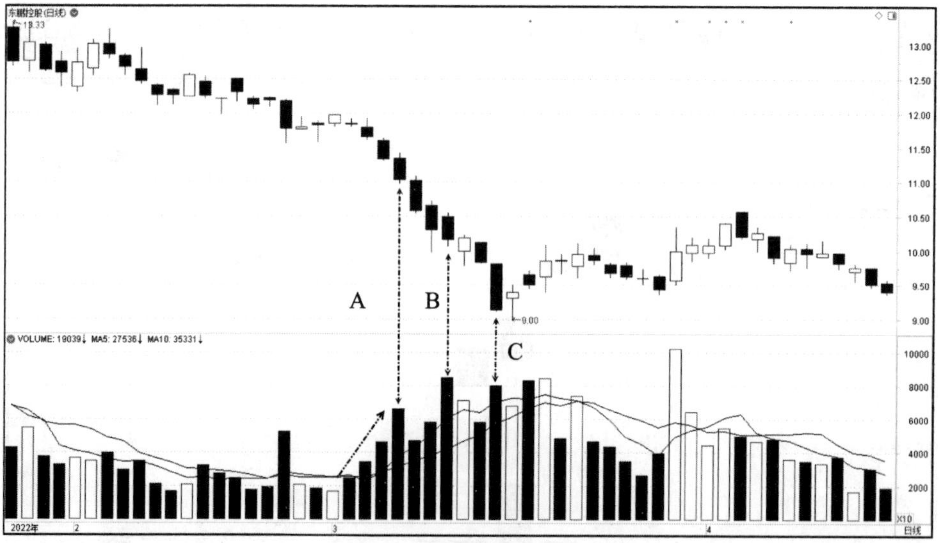

图 5-16

图 5-17 就是图 5-16 中 B 点当日的分时走势，该股当天高开低走，全天走势呈下跌抵抗的态势。成交量主要集中出现在早盘和尾盘股价下

跌的过程中，随着杀跌结束，股价反弹，成交量就会大幅缩减，这种盘口显示不出多方准备反攻的迹象。由此可见，B 点也不适合买入。C 点之后股价才开始反弹，但是这里已经脱离了阴聚量形态，转化为了新常量形态。

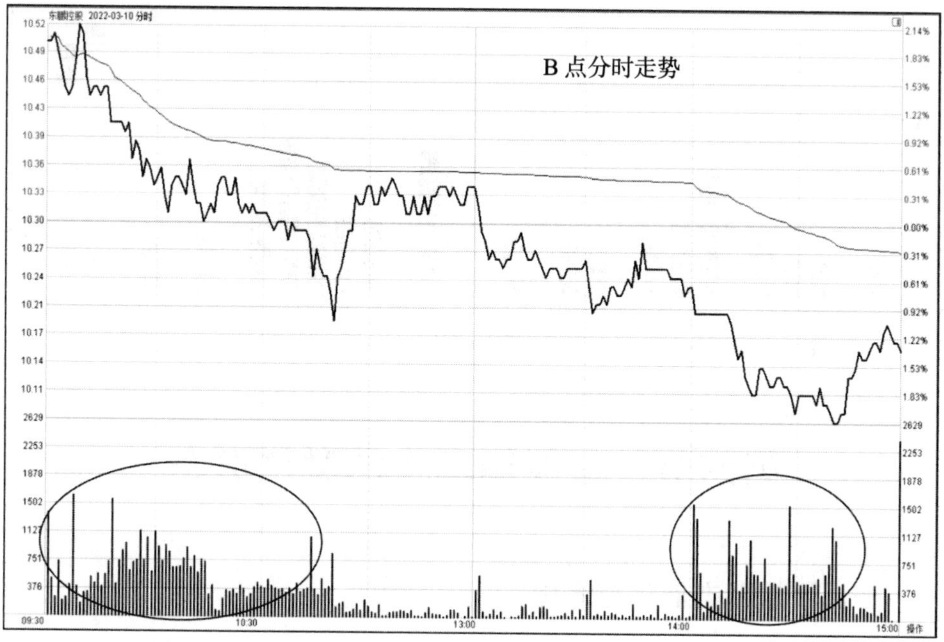

图 5–17

通过图 5–16 可以看出，阴聚量形态出现后，并不一定都是合适的买点，交易者研判个股买点时，还是需要注意量能催化现象是否有效存在。

实战中交易者还应对个股技术环境中的跌幅和跌速进行重点分析，一些个股即使出现量能催化现象，但如果股价跌幅小，则有可能会是主力资金营造的多头陷阱。如图 5–18 所示，在 A 点及后一交易日形成阴聚量，量能反向催化明显。但是该股股价刚从高点回落，多头陷阱的迹象较为明显。即使短线交易者在 A 点买入，也需要及时卖出，否则必然被套牢。

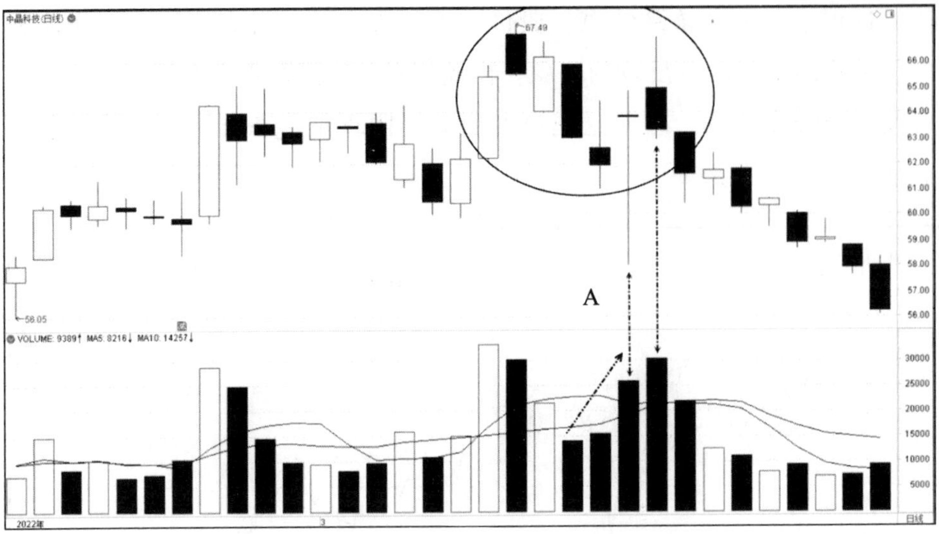

图 5-18

第四节　量能循环中的激化形态

一、聚量形态催化与激化

在量能循环过程中，聚量形态代表着资金在某一方向上不断聚集，催化股价逐步走向激化的态势。如图 5-19 所示，股价在成交变量的催化下急速上涨，这个过程中变量转化为聚量形态，直至 A 点量能反向催化出现，股价也应声而落。

这个案例就完美体现出了聚量催化股价不断上涨，并逐步将股价推向危险高点的过程。在这个过程中，大多数时候的最优选择就是持仓，等待违反换手率规则的现象出现，然后遵守操作纪律，卖出持仓筹码。但是，并不是所有发生股价转折的高点都符合换手率规则，比如 A 点的换手率不足 4%，股价仍然见顶回落。

图 5-20 就是图 5-19 中 A 点当日的分时走势，在当日大部分时间内，股价走势很正常，直至尾盘阶段股价突然出现跳水的走势。换手率规则不能

确认卖点，但量能分析催化可以确认。当量能的增加不能使股价继续维持上涨时，催化必然发生。在图 5-19 中的 A 点上，也许交易者不能卖在最高点，但至少可以卖在图 5-20 中收盘线附近。

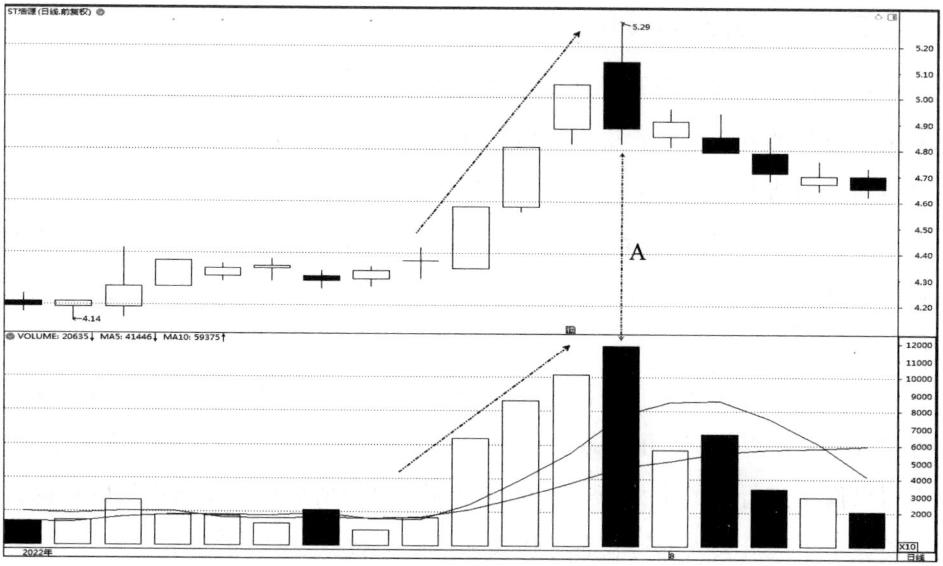

图 5-19

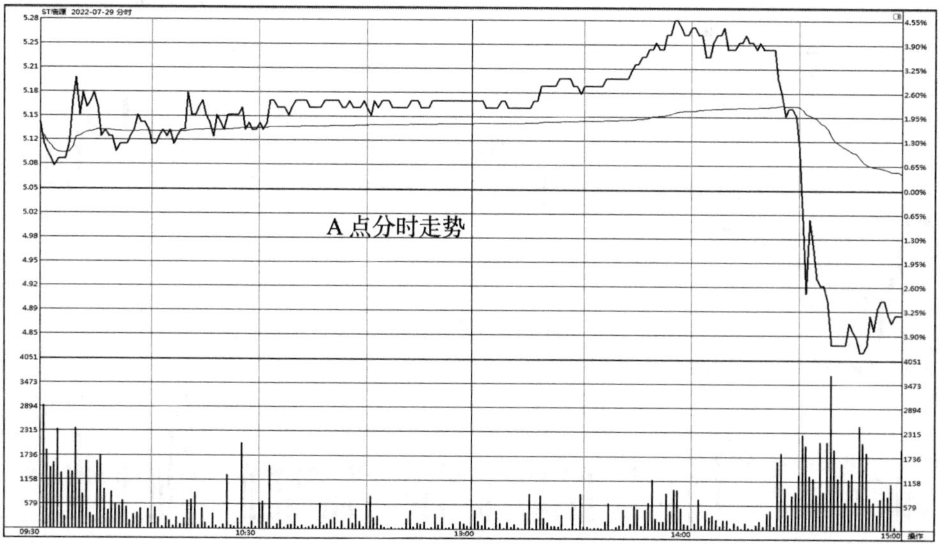

图 5-20

实战中，每一次聚量形态催化出来的股价高点，也许是最终的顶部高点，也许只是一个阶段性的高点，甚至只是一个短期调整的高点。分辨其中的区别，靠的是技术环境分析，以及量能循环中的形态升级理论。

二、形态升级与转化

量能循环中的形态升级理论已经讲过一些，比如常量升级成为新常量。聚量形态升级后，意味着更多的资金比之前更加看好该股的后期走势，逐渐聚集的资金越来越多，市场必然就会越来越疯狂。

聚量形态在股价起涨的初期阶段，意味着有资金逐步进入，这时候的形态构筑并不稳定，而且维持时间一般较短，成交量柱上是允许有“阴量柱”存在的。

初期阶段全部为阳量柱的聚量形态，必然有主力资金的存在。这种操作方式极容易暴露行踪，虽然现在的主力资金已经较少采用了，但仍不能排除。不得已而暴露行踪的主力资金，会在后续走势中增加更多复杂难辨的折返，以便让早早低价买入的持仓者尽快失去信心，缴械投降。

如图 5-21 所示，在 A 段股价从低点起涨以来，成交量全部为阳量柱，之后逐步显示出聚量形态。这种量价表现方式，必然会让主力资金无所遁形。

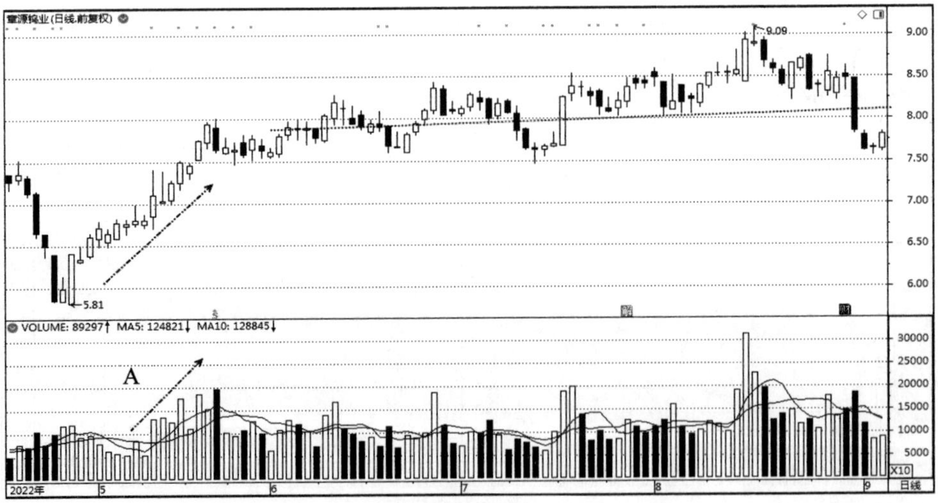

图 5-21

在结束了 A 段的单边上涨之后，股价便开始了横向振荡折返的过程，这个过程对于持仓者来说必然极其难熬。脱离这种困境的标志，应该就是形态升级现象的出现。

进入到股价上涨的中后期，聚量形态大多已经出现过一次或者几次升级。如果始终都没有出现升级现象，那么该股的股价就很难有较理想的趋势性上涨。如图 5-22 所示，在 A 段出现聚量形态后，股价继续上涨。但在之后的上涨过程中，无论是在 B 段还是在 C 段，都没有出现聚量升级的现象。最终，股价经过振荡后，还是回归到下跌趋势。

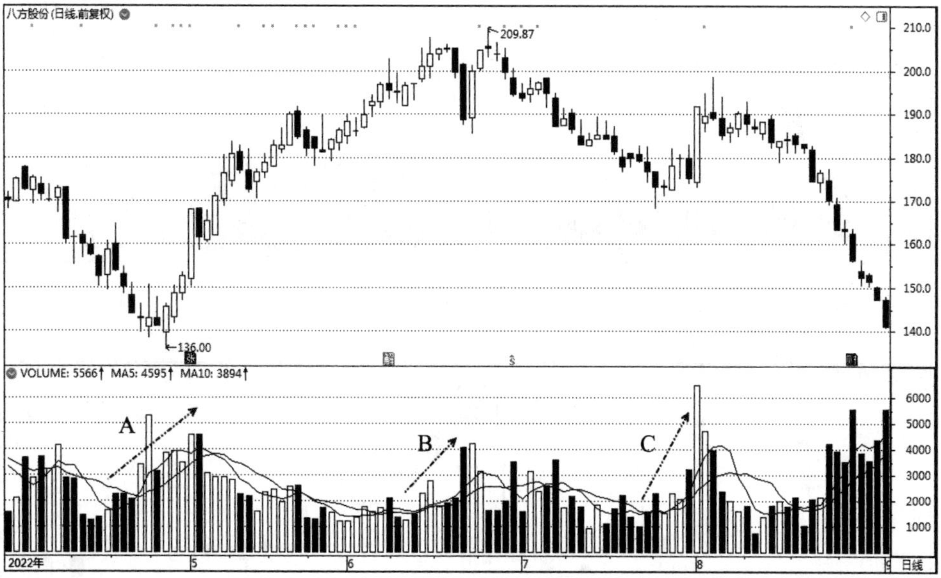

图 5-22

图 5-23 中，该股在上涨趋势运行过程中，出现多次聚量形态的升级。每一次升级后的聚量形态，都给股价带来极大的催化作用。

在聚量形态中，成为形态最后激化形式的，在不少案例中是变量。实战中，交易者经常会发现，结束一段聚量形态的最后一根成交量，往往是变量形态。与其说这是形态间的转化，不如说这是聚量形态发展到一定阶段后必然的激化形式之一。

如图 5-24 所示，在 A 段和 B 段的聚量形态，都在股价冲击高点过程中形成变量，这种形态也向交易者发出了清晰的卖出信号。

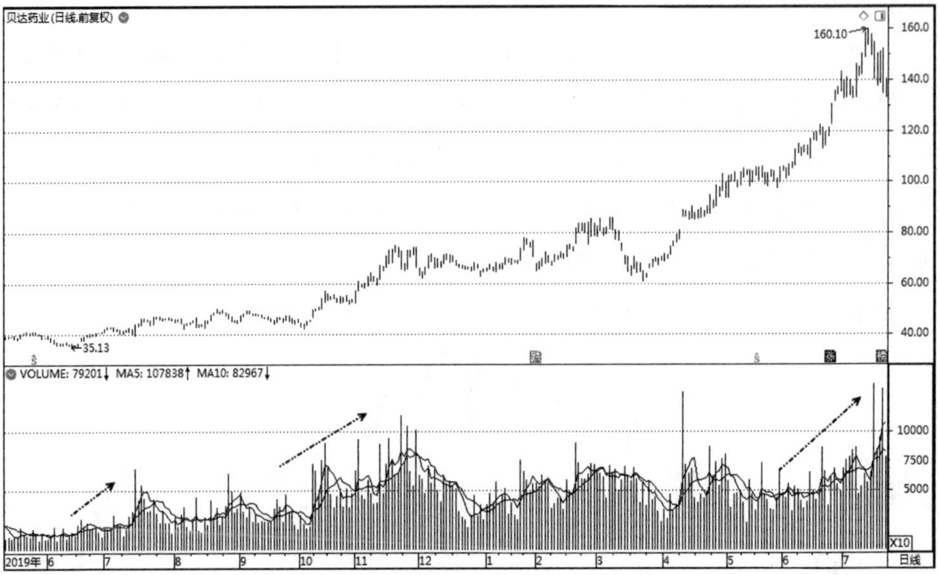

图 5-23

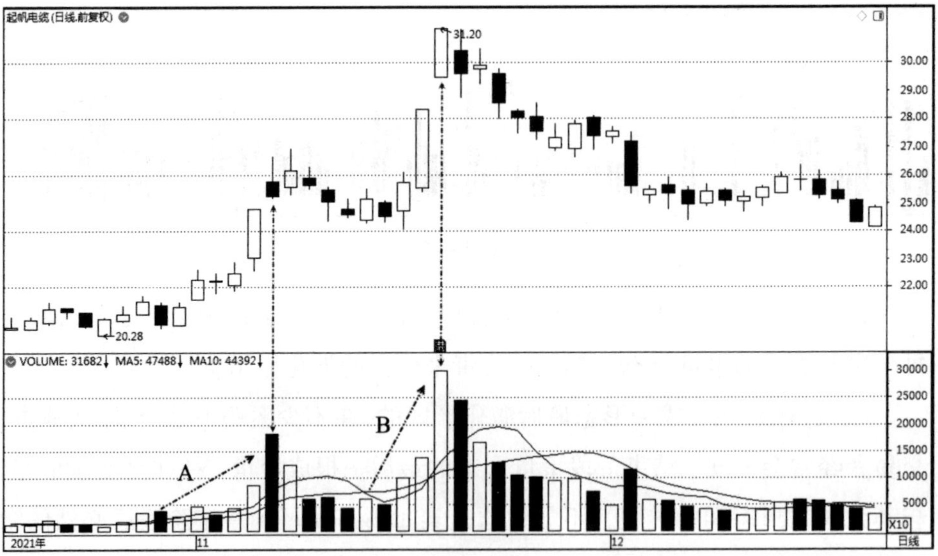

图 5-24

以聚量形态一直持续到激化阶段，是另一种常见形式。这种形式下的股价高点，多以量能反向催化现象为卖出信号。

如图 5–25 所示，该股三次股价冲高的过程中，一直维持着聚量形态。但每一个高点上，不论是当日还是次日，都能够发现量能出现催化的情况，这也为交易者及时发出了卖出信号。

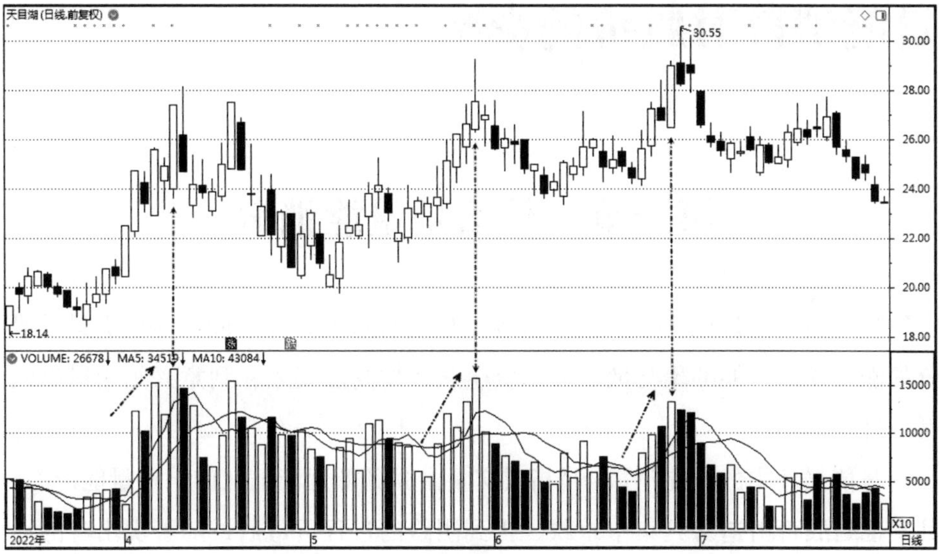

图 5–25

第六章

量能消散对股价的影响

第一节　什么是量能消散

世上没有不散的宴席，股票市场上也没有永远高涨的股价与成交量。股价的涨与跌，量能的聚与散，显示资金从热情高涨买入，到意兴阑珊退出的循环过程。

量能循环中的量能消散，是指成交量由高到低逐渐缩减的一种量能形态。其实也是股价由追涨到集中杀跌、再到阴跌的过程。最后，随着卖出者的逐步减少，成交量会慢慢转化为常量，改变逐步缩减的态势。

如图 6-1 所示，A 段股价下跌，成交量逐步缩减，形成了量能消散形态的过程，这就是一个相对简约明了的量能消散形态。

大多数量能消散形态出现在聚量攻击或变量之后，也就是股价高涨之后的回落调整过程中。作为一种调整性质的量能形态，量能消散的出现说明涨势已经暂时停歇，杀跌正在持续进行中。

在不同的技术环境中，量能消散形态存在的时间并不一致，后续的转化形态也不同。

一、上涨趋势中的量能消散

在上涨趋势较为明确的行情中，一波聚量攻击或变量出现之后，随之而来的量能消散不会很长，很快就会迎来第二波聚量攻击或变量急拉。也就

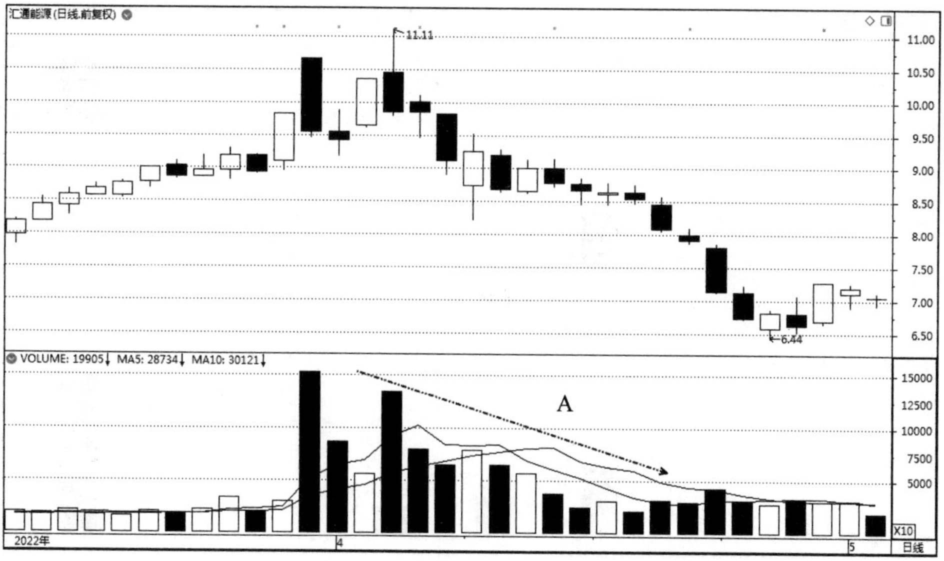

图 6-1

是说，量能消散形态结束后，直接转化为聚量或者变量形态，股价出现快速上涨。

如图 6-2 所示，A 段股价回落，成交量出现逐渐缩减的量能消散形态，但这个形态维持的时间较为短暂，在 B 段股价很快就再次起涨，而成交量也转化为聚量形态。交易者在判别量能消散形态结束或者形态转化时，应主要关注新出现的成交量是否具有形态上的升级现象。具有升级现象，那么股价的升势可能较为可观；没有升级现象，那么有可能只是一个短暂的反弹过程。

上述案例中，量能消散形态维持时间较短，对于持仓者来说相对容易忍受。如果量能消散形态为时较长，且出现在上涨趋势的初期，研判难度就会大大增加。

如图 6-3 所示，股价在涨势初期 A 段出现量能消散形态，经过一段时间回落后，股价再次起涨。但是在 B 段，股价上涨过程中所形成的聚量形态，其均值相对较低，接近于常量的态势，聚量攻击应有的催化作用并不显著。

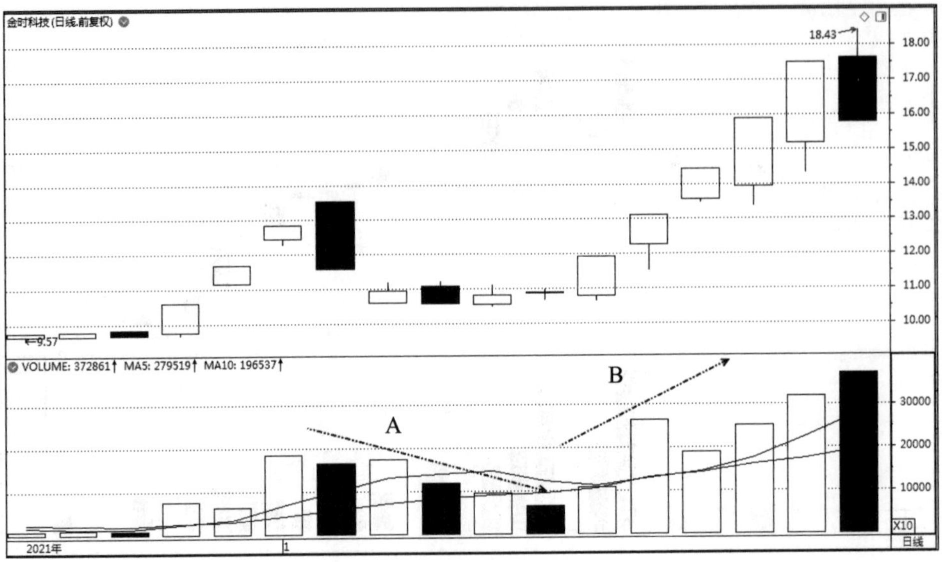

图6-2

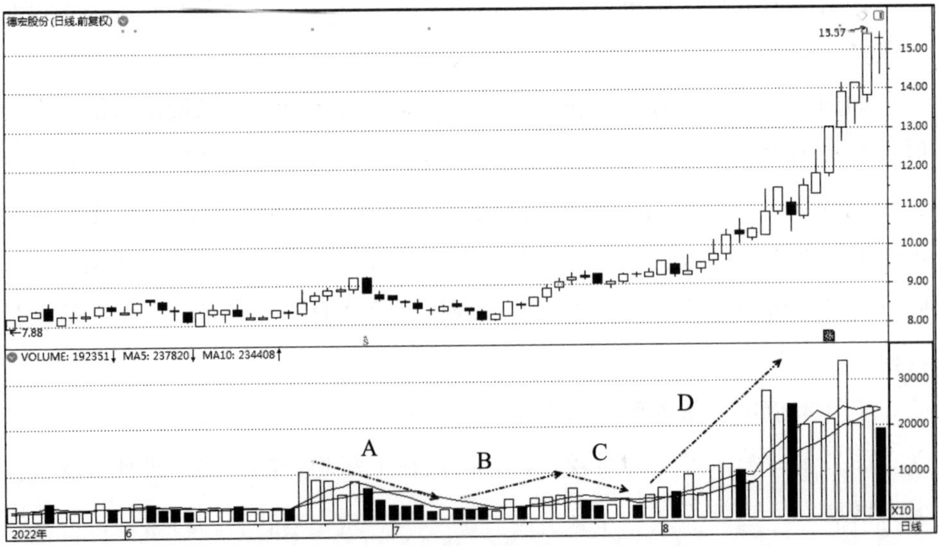

图6-3

随后在C段再次出现量能消散形态。所幸这个形态维持时间较短，不然对于个股形态上的影响将会截然不同。在D段股价脱离振荡平台，成交量形成聚量攻击，并在之后出现变量，股价也进入快速涨升过程中。

在这个案例中，B段和C段的成交量与A段之前的成交量在均值上相差不大，这种情况给形态判断带来较大的难度，难在不能从量能变化上确认股价真实的运行趋向。交易者只能从股价表现出来的强度上，反推主力资金的逃逸与回归。

比如，在C段的量能消散形态下，股价并未明显下跌，而是小幅横向振荡，这就是一种隐藏的股价强度。如果在C段的量能消散形态继续下去，实战中的大多数结局都会是引发股价从振荡转入下跌，而不会是案例中的上涨。

通过上述案例，交易者可以发现一个重要的技术细节，即在上涨趋势中出现的量能消散形态，持续的时间越短，越有可能迎来股价在之后的强势上涨。实战中短期量能消散形态，持续时间大多为3～5个交易日。

二、下跌趋势中的量能消散

在股价涨跌相互转化的初中期，以及量能消散形态持续的过程中，如果仅仅出现变量形态的上涨，而聚量攻击形态难以多次（升级）出现，那么可以确认股价趋势性上涨已经结束，成交量也将长时间维持量能消散形态，或逐步过渡到较低水平的常量形态。

当整体趋势已经处于下跌过程中，一波聚量攻击或变量反弹行情出现之后，接下来的量能消散会较为漫长，即使中途出现价格的强反弹，也多伴以变量形态出现，之后量能仍会继续处于消散状态中，或转化为常量形态。

如图6-4所示，A段股价振荡下跌，成交量整体呈量能消散形态，这种量能形态下即使股价出现短线反弹，也是借机卖出的时机，绝不是可以买入的形态。

在B段，量能消散形态转化为常量，似乎股价已经跌无可跌。这一点在这个案例中最能迷惑人，也最容易让交易者出现判断错误。A段的量能消散形态明显不是短期形态，而且还是出现在跌势之中，所以B段即使转化为常量形态，也并不能成为交易者判断股价已经止跌的依据。

但是，随后在C段出现变量催化下的股价大涨，必然会让上述判断看上去很像是个错误，一些交易者在纠错心理的影响下，会忙不迭地追高买入，生怕错过一波行情。如果交易者结合前面讲到的变量知识点，就可以研判出C段只能成为一个卖点。

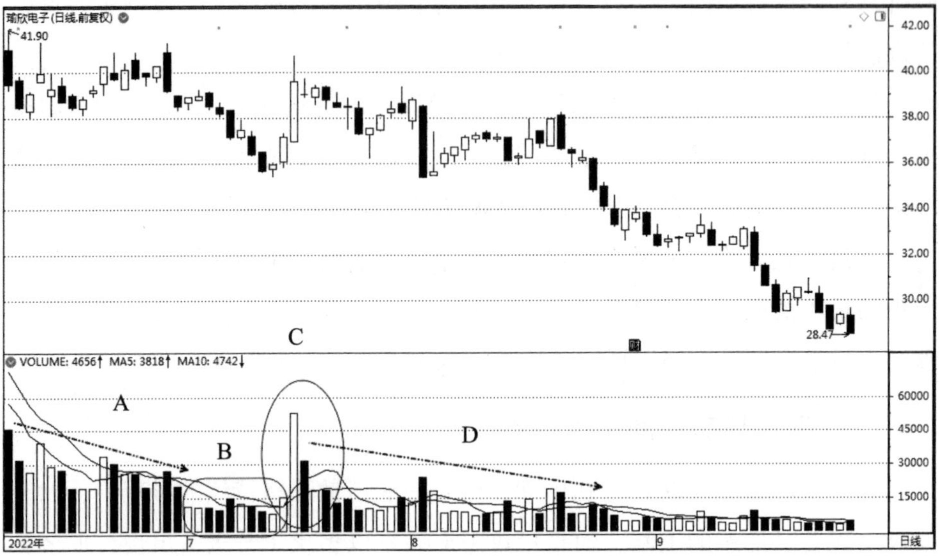

图 6-4

在D段，成交量很快又恢复到量能消散形态，股价也随之展开一波下跌。至此，一切都明了了。回顾B段的常量形态，以及C段强劲的单日反弹，这里就是请君入瓮的多头陷阱。

当行情整体处于下跌趋势中时，量能消散形态的存在就是一种警示，警告交易者尽量不要参与做多。即使是在量能消散形态中出现变量或常量等转化形态时，也应保持一份冷静，在进行技术环境分析之前，不可盲目追高买入。

第二节　量能消散对短线交易的警示

一、量能消散的形成与短线卖点

无论是涨势中还是跌势中，当量能消散形态开始形成时，即使股价在这个时候还没有露出疲态，甚至还处于上涨过程中，交易者也必须高度警惕，并时刻注意把握短线卖出时机。

如图 6–5 所示，A 点的变量是成交量最大值，B 点的成交量略小于 A 点的量，A 点和 B 点形成新常量形态，这个时候并无形态上的瑕疵。但是，当股价运行到 C 点时，这时的成交量已经表现出问题：在 C 点之前的三个交易日，股价出现快速上涨，而成交量连续缩减，形成量能消散形态，量背离随之出现。

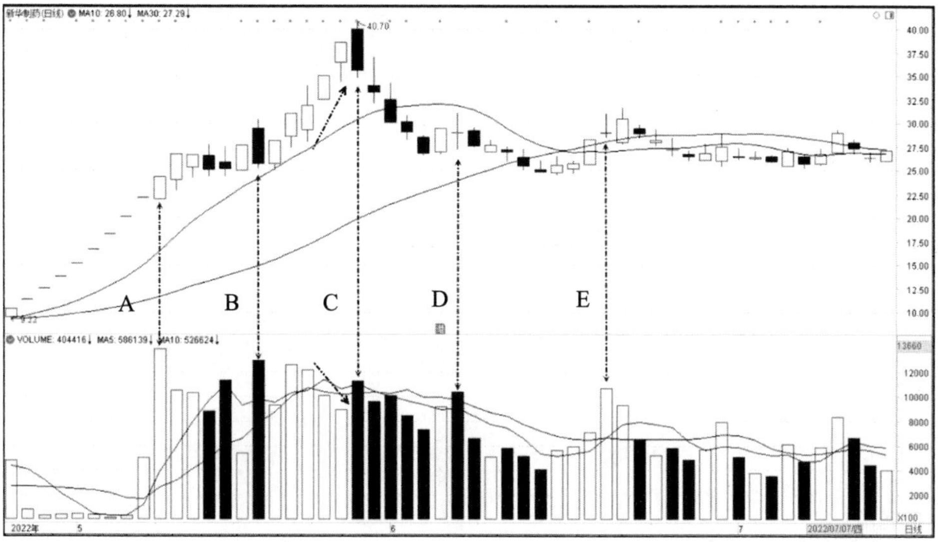

图 6–5

股价与成交量出现背离，这种情况说明随着股价的涨升，买方逐渐产生畏高倾向，不愿在目前价位大幅入场。在这种量能缩减消散的局面下，股价可能暂时维持继续上涨，但是很难长时间一直持续，终会打破这种背离局面。

案例中的量背离，是因为主力资金逐步减仓，虽然并未导致股价立即大幅回落，但渐渐失去主力资金的维护，股价继续上涨的动力必然衰竭。

在 C 点之前的三个交易日形成的量能消散形态，只是一个形态的雏形，如果在之后的行情中成交量继续放大，完全可以瓦解这种形态上的危机，实战中这种案例不是没有。但是，C 点的出现，让化解这种危机成为泡影。

C 点股价高开低走，形成空头覆盖线，量能上的放大是催化下跌的技术含义。由 C 点反推至 A 点，大的量能消散形态已经形成。交易者应将 C 点视为卖出点。其实，在 C 点之前的交易日里，交易者也可以发现卖点。

图 6-6 就是 C 点前一交易日的分时走势，当日股价涨停板被多次打开。虽然最后没有形成烂板，但可以看出高位筹码已经不稳定。交易者即使不在这一天卖出，随后在 C 点高开回落，也应看出短线卖点的存在。

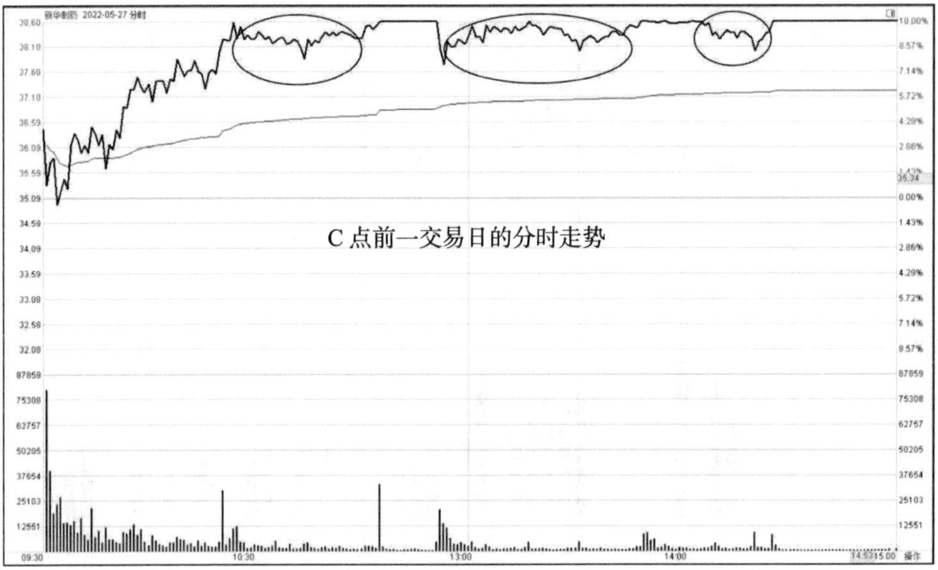

图 6-6

图 6-5 中，在 C 点之后的 D 点和 E 点，量能消散形态已经非常明显，这两个点也是持仓者选择卖出的相对高点。

这个案例是量能消散形态由雏形到最后完整显现的整个过程，也是交易者能够将股票卖在高位的选择过程。其实，股价高点并不难发现，难在看盘过程中缜密的分析和及时的决断上。

二、量能消散与股价止跌

如图 6-7 中的 A 段所示，大多数个股出现类似的形态，意味着股价的下跌即将来临。实战中也会有个股在这种形态下仍会继续上涨，但概率较小。

在量能消散形态持续进行的过程中，即使股价出现颇有强度的反弹，交易者也应尽量忍住手痒，不可贸然进场交易。如图中 B 段所示，股价出现反弹，但成交量仍处于量能消散形态中，这就是一个风险较大的反弹。除非对该股有极为深入的研判，否则还是应该回避参与 B 段的短线交易。

成交量形态从量能消散转化为常量形态，并不意味着股价很快就会止跌。如图中的 C 段，股价在常量形态阶段的下跌幅度仍然巨大。

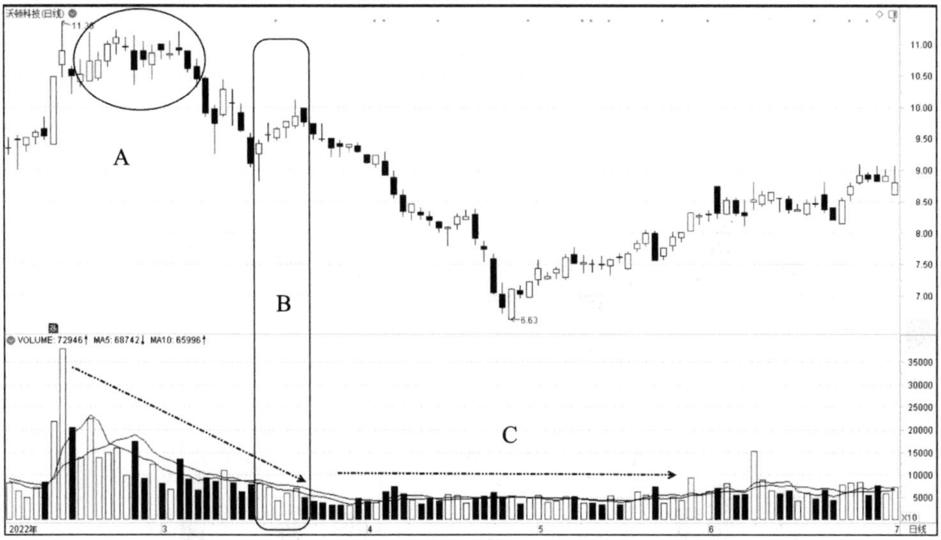

图 6-7

总而言之，下跌趋势中，个股成交量处于量能消散形态下，股价止跌的可能性非常小。这个观点之前已经提及过，但因其很重要，仍然有必要多次讲解。

很多喜欢短线交易的人，不太注意成交量形态分析，即使在量能消散形态下，依然频繁进行短线交易，交易结果必然不会太理想。因为量能消散形态的存在就是杀跌进行中的技术含义，能够捕捉到股价止跌已经很幸运，更不要说遇到股价就此展开大涨了。不放过小概率盈利的机会，是多数人亏损的主要原因之一。

在量能消散形态下，难道股价就不可能止跌上涨吗？也不尽然。但有技术环境上的限制，比如处于上涨趋势中，形态转化后出现升级现象，股价表现出相应的强度等。

如图 6-8 所示，该股处于上涨趋势中，在 A 段股价回落调整，成交量呈量能消散形态，经过 B 段短暂的常量转化后，股价在 C 段止跌，随即展开了一波凌厉的升势。从 B 段常量到 C 段变量转化为常量升级，成交量在形态上有明显增加。同时，股价在这个阶段也保持着运行重心缓慢上行的态势。

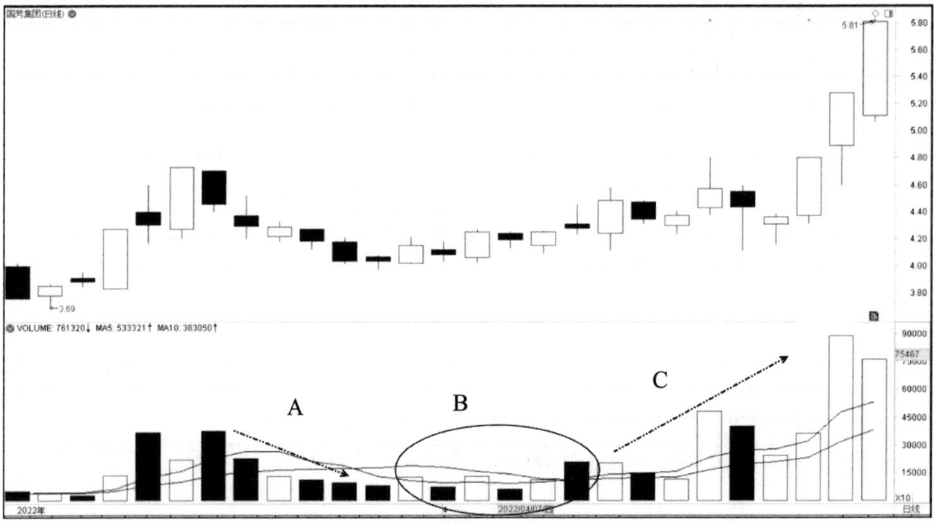

图 6-8

每一种成交量形态都不是孤立和静止的，也不是仅仅出现在单一趋势中的，即使形态一样，出现在不同的技术环境中，其后期运行方向必然有所不同。

三、量能消散形态中的变量与股价涨跌的对应关系

量能消散形态中经常会夹杂着变量形态，这些变量形态多与股价单日强反弹结伴出现，其性质多数是下跌过程中的诱多。

如图 6-9 所示，在 A 段股价下跌，成交量呈量能消散形态。B 点和 C 点相继出现变量形态，从图中可以看到，C 点变量并未能超过 A 段最大值的

量柱，明显还处于量能消散形态持续的过程中。这种变量的出现，只能是持仓者卖出的时机，而不能成为交易者买入的时机。

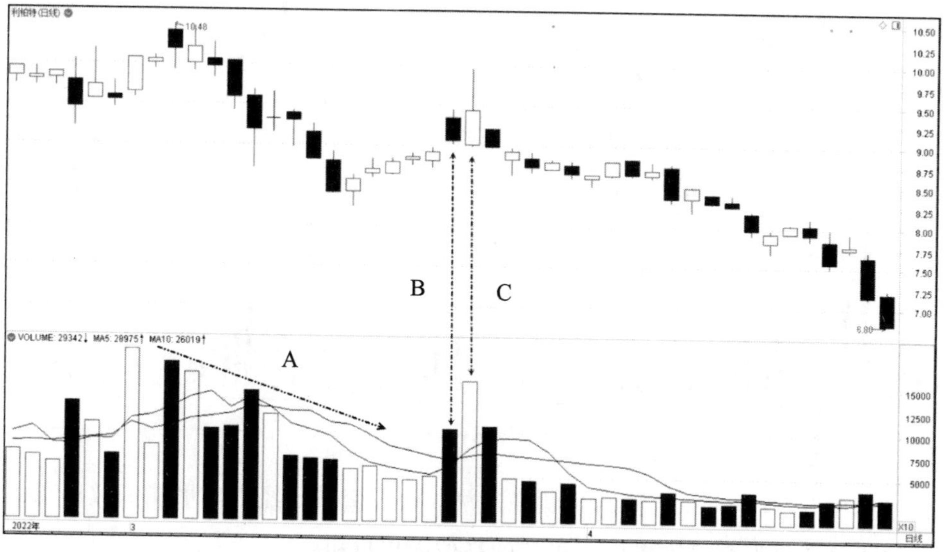

图 6-9

实战中，即使在 C 点的变量超过 A 点的最大值，也不能认为量能消散形态已经被打破，除非后续的成交量稳定在高值区形成形态升级。但是，形态升级多出现在上涨趋势中个股的回落调整阶段，在个股下跌趋势中很少出现，即使出现，大多也只会带来一个阶段性股价上涨，很难扭转趋势。

如图 6-10 所示，在 A 段股价下跌，成交量呈量能消散形态。B 点出现变量，而后的成交量明显大于 B 点之前，C 段就是一个常量升级现象。即使有 C 段的升级，股价也只出现一个强势的阶段性上涨，未能扭转下跌趋势。

实战中，交易者要注意这一点，不要因为股价一段时间的强势，就忽略了大趋势的方向。股价的短期波动结束后，最终还是会回到原趋势中来。

还有一些在量能消散形态中出现的变量，并不属于诱多性质，而是主力资金减仓或出货造成的筹码集中抛售现象。这种情况下的变量，容易让交易者误以为是量能的反向催化。

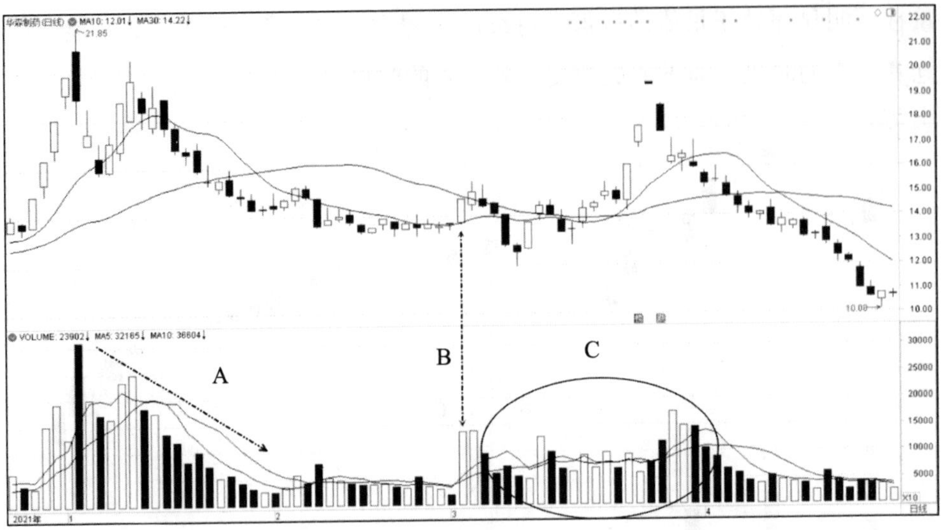

图 6-10

如图 6-11 所示，A 段股价仍在上涨，而成交量已经出现量能消散形态，这种背离现象为交易者提供了极佳的高位卖出良机。

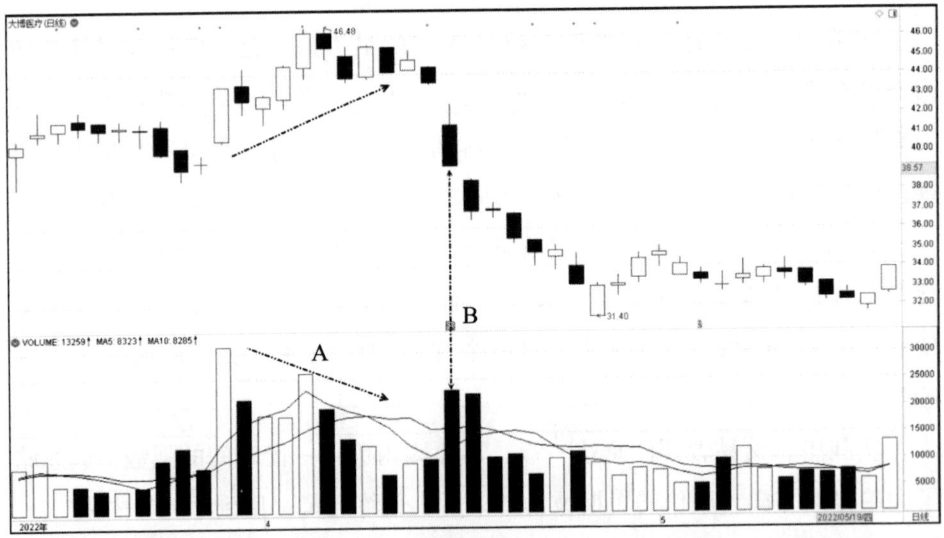

图 6-11

B 点股价大幅下跌，变量出现。这种技术环境下，在量能消散形态中出现的变量，从技术分析的角度上来说，就属于拐点转向性质的。距离股价升势高点不远处出现的变量大跌，是量能催化的结果，不可能出现反向催化。而且这种下跌往往都具有一定的持续性，下跌幅度一般都较大。

第三节　量能消散的终结模式

无论哪一种量能形态，总有终结的时刻。量能消散形态的终结，一般都会通过常量转化或者变量转化的模式，聚量转化的情况较为少见。

一、常量转化

可以说大多数的量能消散形态，最终是以常量转化的方式终结，尤其是处于下跌趋势中的个股。量能消散形态转化为常量形态，技术上显示的是杀跌或者抛售行为，已经从高度集中转换到逐步减少，再到多空双方相对平衡、相对稳定的态势中。

如图 6–12 所示，在 A 段股价下跌，成交量呈量能消散形态，至 B 段成交量逐步稳定在相对平均的数值上，也就形成了常量形态。

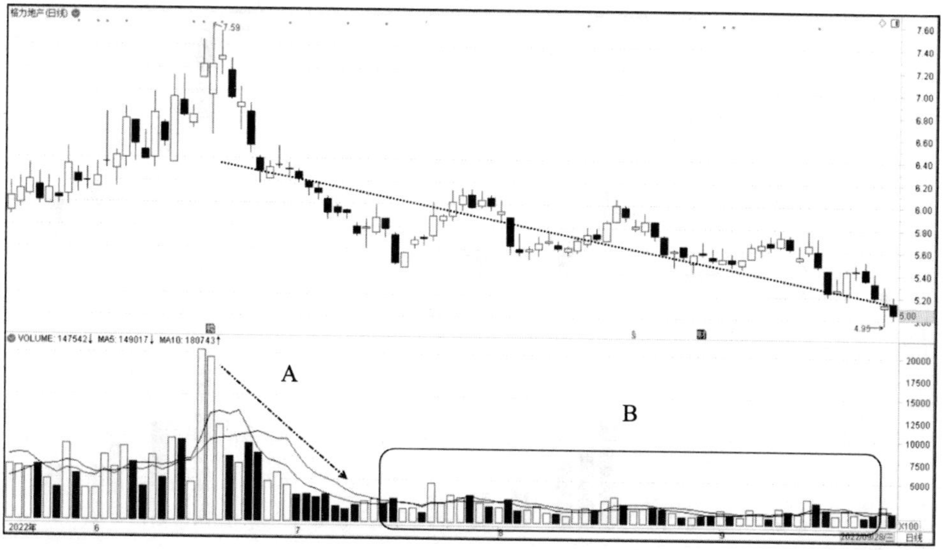

图 6–12

量能消散转化为常量形态，并不必然意味着股价开始构筑底部，或者止跌转涨。如图中 B 段所示，常量维持期间，股价整体表现为振荡下跌的态势，股价运行重心处于下行的态势中。对于短线交易者来说，量能消散形态的这种转化模式，基本意味着短线机会的减少，说明短期内个股在后市很难出现趋势性上涨的机会。

实战中，量能消散转化成常量形态，能够带来短线机会的个股，多具有一个时间上的特征，即无论是量能消散形态持续的时间，还是转化后常量的持续时间，都不会过长，通常来说会持续 3 ～ 5 个交易日。如图 6–13 所示，A 段量能消散形态持续的时间为 5 个交易日，在 B 段转化为常量形态，时间上略长于 A 段，随后在变量催化下股价开始一波升势。

如果量能消散或者转化常量形态后的持续时间过长，交易者不可强求短线买入机会，否则不但难以获得收益，还有可能被套而发生亏损。如图 6–14 所示，该股量能消散形态转化为常量形态的整个过程都比较长，而且股价运行重心处于下行的态势中。图中在 A 点出现变量上涨，前面的内容中已经讲过，这种变量上涨大概率不会具有持续性，只能成为卖点而不是买点。

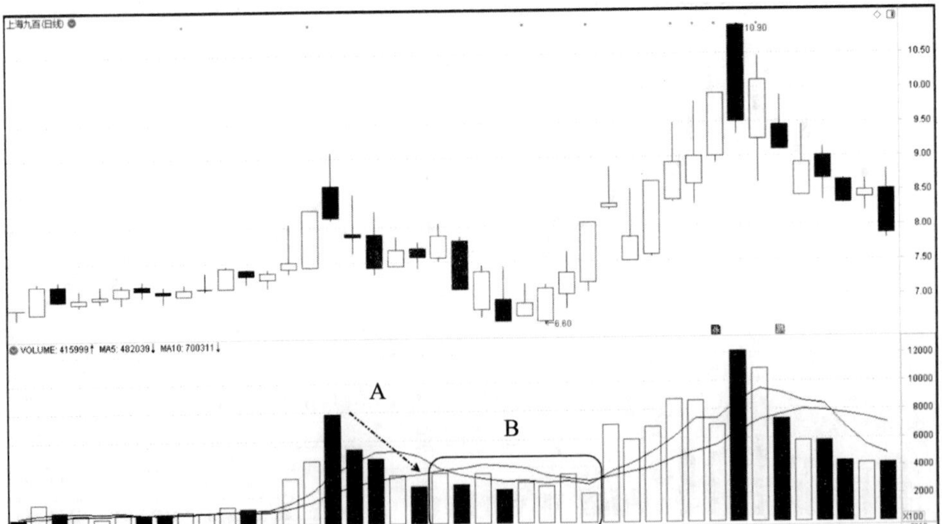

图 6–13

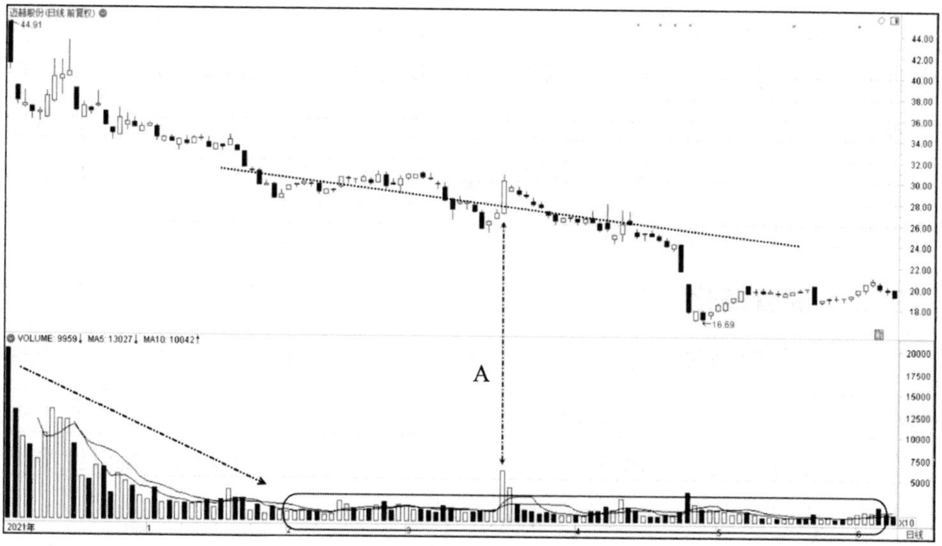

图 6–14

在量能消散形态转化为常量之后，如果股价运行重心不像图 6–12 和图 6–14 中那样处于下行态势，而是处于上行的态势，那么个股可能存在短线或者波段上涨的机会。如图 6–15 所示，A 段量能消散形态转化为常量形态后，股价整体处于盘升的状态中，最后迎来了一波升势。

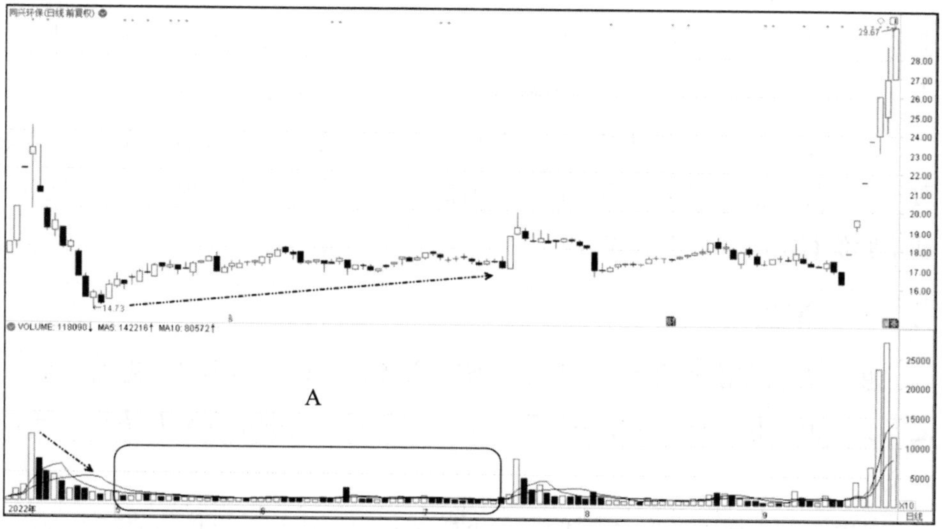

图 6–15

其实这是属于常量形态的分析与研判范畴了。在常量的态势下，股价缓慢盘升，意味着有资金不显山不露水地缓慢吸筹，或者是原有主力资金的刻意维护。没有大资金盘中维护，股价不可能走出这种形态。但是还必须明确一点：有大资金维护股价，绝不能简单等同于后市股价就会上涨。这也是股价走势会出现复杂变化的原因之一。

二、变量转化

个股在下跌趋势运行中，成交量整体处于量能消散形态，有时突然出现变量上涨。类似这种案例已经讲过不少，就实战而言，多数算不上形态上的转化，因为这种变量催化的上涨很难持久，1～2个交易日就会结束上涨回归下跌，成交量也会再次回到量能消散形态。

实战中，量能消散直接转化为变量形态的案例并不多，多多少少会有常量的痕迹，只不过非常短暂。如图6-16所示，A段量能呈消散形态，在B点出现变量，二者之间间隔的量柱其实可以和之前的成交量形成常量。但是这个短暂常量的存在与否并不影响对于量能的研判，所以可以忽略不计，以简化分析研判的过程。

变量转化的重点在于观测股价走势的强弱，以便研判有没有短线交易机会。图6-16中，在B点出现的变量，还是改变了该股成交量的态势，后市出现了升级现象。同时，股价在调整中也体现出了强度。

其实通过这个案例可以看出，量能消散直接转化为变量形态并能够形成股价阶段性上涨，但个股还在持续原有趋势。在跌势中途出现变量，就很难期望股价有持续性的涨升表现。

三、聚量

量能消散直接转化为变量形态的案例并不多，转化为聚量形态的更是少之又少。但是作为终结量能消散形态的一种模式，它的出现具有特殊的技术含义。

如图6-17所示，在A段的股价下跌过程中，成交量呈量能消散形态，

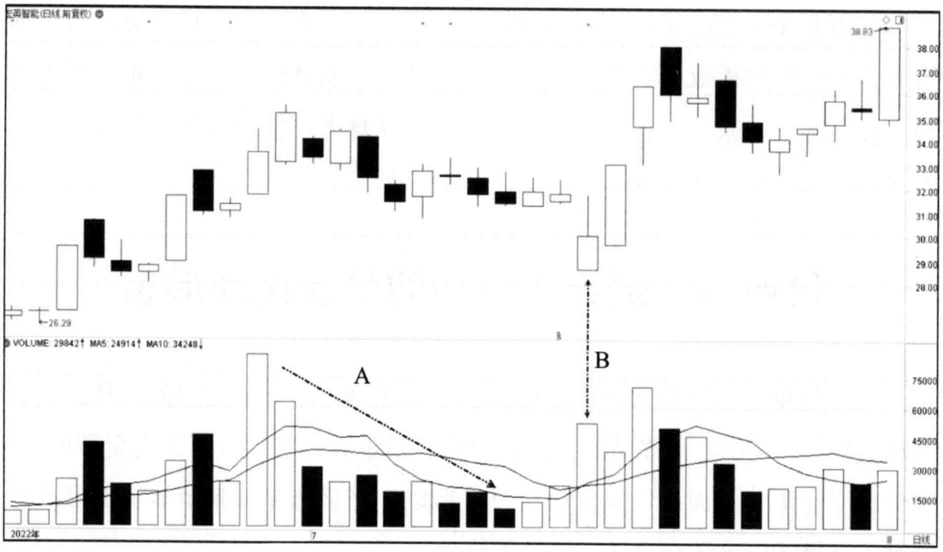

图 6-16

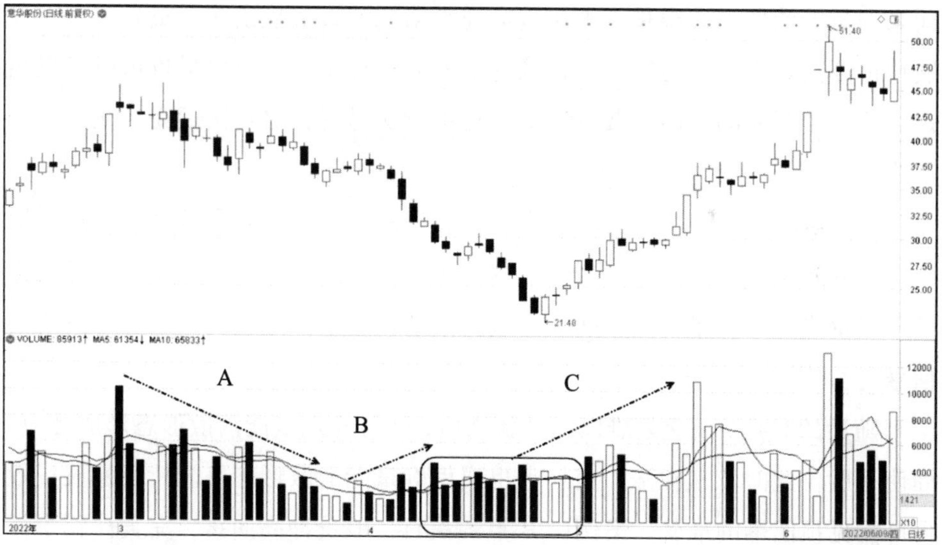

图 6-17

至 B 段股价仍然运行在下跌趋势中，但成交量已经出现变化，呈现聚量的雏形。再到 C 段，股价还在跌，而聚量形态已经很明显了。C 段的后期，股价已经转跌为升。

从B段到C段，股价大部分时间都处在下跌过程中，但成交量却逐渐增大，也就是由稀疏的卖出逐渐到集中的抛售，能够感受到恐慌正在发挥作用。在实战中，股价下跌时，不怕成交量越放越大，就怕成交量波澜不惊，因为前者意味着有资金入场承接，后者意味着无人问津。

第四节　最让人失望的量能循环形态

所有的量能循环形态中，量能消散形态无疑是最让人失望的一种。它的出现意味着，至少在形态持续期间，交易者很难有适宜的短线买入交易机会。为什么不能买？前面已经反复讲解过。所以，当量能循环到量能消散形态阶段时，交易者应该学会离场休息和等待。

在上涨趋势较为明确的行情中，一波聚量攻击或变量出现之后，随之而来的量能消散不会很长，很快就会迎来第二波聚量攻击或变量急拉。而在股价顶部高点上，主力资金意在减仓出货的过程中，一波聚量攻击或变量出现之后，接下来的量能消散其实就是在提醒交易者：出货接近完成或者已经完成。

图6-18中，在A点出现了涨势中的量能消散形态，通常来说，这时股价也应同步调整，就较为符合买点的要求。但在这个案例中，A点的量能消散与股价先是出现了背离，随后才进入回落调整中，这就是一个相对危险的信号。

随后的B点，成交量难以达到新高值，已与A点量能消散形态形成呼应。即使是股价此时依然在涨，交易者也要做好量能消散形态可能持续发展、股价可能见顶回落的准备。案例中B点的次日，股价冲高回落，完美诠释了量能消散形态的形成。

实战中，破解案例中量能消散形态的走势也有不少，比如，在B点之后的走势中，成交量形成新常量等。但是在逻辑分析中不能以愿望为条件，当盘口显示危险信号时，交易者还是要遵守交易的规则与纪律。

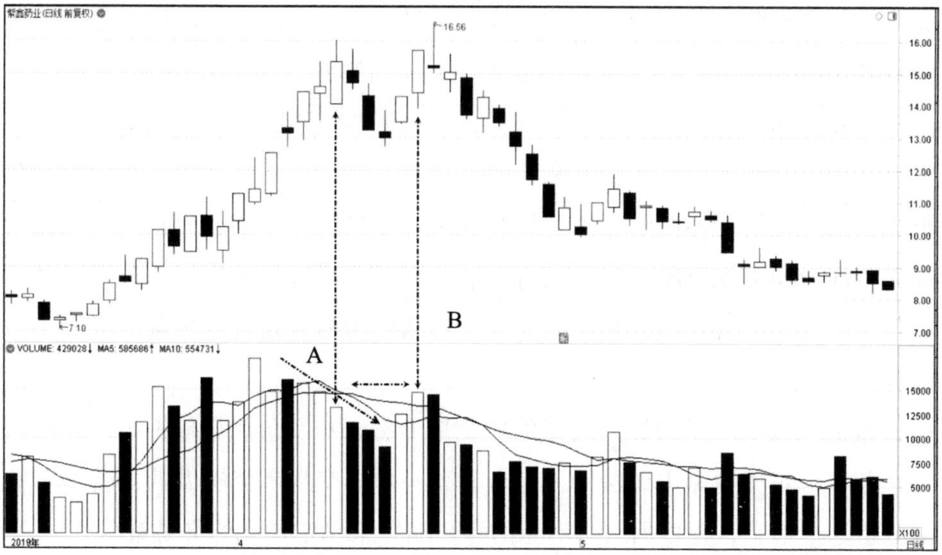

图 6-18

当聚量攻击或变量结束后，成交呈量能消散的形态。在之后的行情运行中，如果多出现变量形态的上涨，而聚量攻击形态难以再次出现，那么预示着主力资金可能已经完成预定减仓或出货任务。在这一前提下，股价的趋势性上涨已经结束，成交量也将由量能消散的形态，逐步过渡到较低水平的常量形态。

还是需要再次强调：上涨趋势中个股出现短暂的量能消散，多会成为不错的买点，而在下跌趋势中个股出现量能消散形态，多数都是回归跌势的开始。在股价涨跌发生转折的高点上，有时会出现较为复杂的量能消散形态，它可能由多个变量、常量等构成，股价激烈折返，往往具有很大的迷惑性，让交易者容易沉迷于短线买卖中，忘了抬头看一看大局。

如图 6-19 所示，在 A 段股价高位反复折返，交易者最容易埋头断杀于短线交易中，将关注点放在每一日的涨跌上，很有可能错过最佳的离场时机。

在这个案例中，股价涨升到 A 段时，成交量多次出现变量，而股价多次向上攻击却难以突破，这时量能的反向催化就较为明显了。在随后的走势中，如果交易者排除单日变量的影响，成交量早已经显示出量能消散形态。即使交易者不能卖在最高点，也完全可以选择相对高点卖出离场。

等待时机，也是积蓄动能的时候；一旦时机成熟，市场会用最佳买入时机补偿你等待时所付出的耐心和承受的煎熬。个股在下跌途中出现量能消散形态，如果交易者不能耐心等待局势的进一步转化、明朗，而是急于介入，那么当股价向下挖坑跳水时，很有可能会因恐惧而选择抛售。倘若交易者拥有足够的耐心并善于等待时机的到来，那么股价的急跌就意味着低吸机会的临近。

量能消散虽然是最让人失望的成交量形态，却是量能循环中不可或缺的一个环节，正如生命中无法回避生老病死一样。交易者能够做的，就是有效地分析这个形态，并根据这个形态的逐步演绎来确定最终的交易策略。

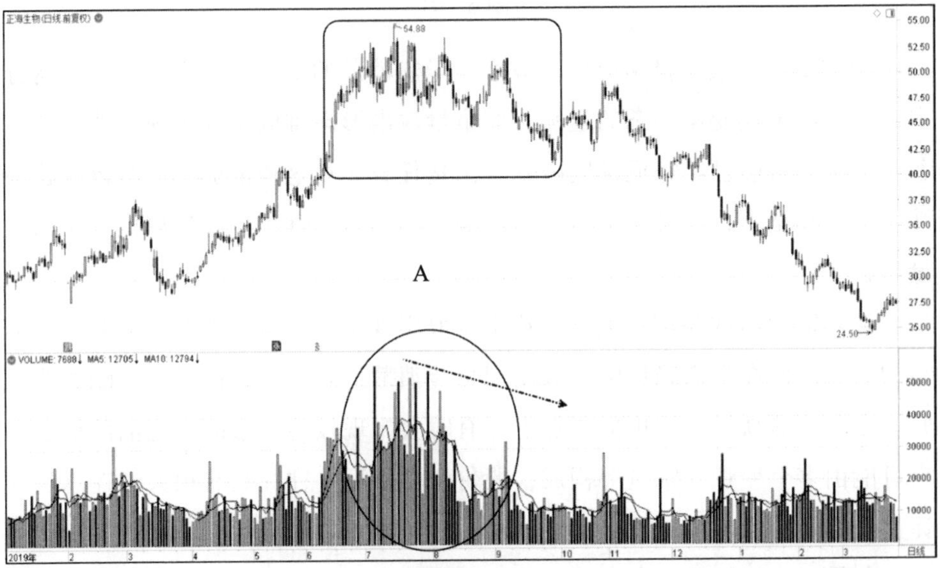

图 6–19

第五节 量能循环与交易时机

无论是哪一种成交量形态，都不可能永久持续存在。在股价不停息的波动中，成交量会在多种形态之间转化和循环。量能的这种转化和循环过程，会为交易者提供不少交易时机和盈利点。

成交量的转化和循环，与股价的涨跌息息相关，但成交量并不能决定股价的涨跌，只能起到确认或助推的作用。相反，股价的涨跌对成交量具有积极的引领作用。例如股价盘整或下跌，成交量处于量能消散或者常量形态；当股价转入上涨，成交量也会发生相应的变化，或以变量催化股价的急拉，或以聚量催化股价的稳定上涨等。

如果股价转入上涨时，成交量并无明显变化，也就说明股价并未起到引领作用，那么多数情况下股价的这次上涨难以持久或幅度有限（控盘庄股除外）。

在分析量能转化和循环时，对于股价是否存在引领作用，也是交易者需要观测的一个部分，它至少能让交易者发现有哪些股价的涨跌只是主力资金以诱多为目的的虚假拉升和打压。

一、底部转化模式

股价由跌势转入筑底，再转入到升势的过程中，成交量形态变化无外乎以下两种。

1. 量能消散—常量—聚量

这是最为常见的一种成交量形态转化模式，如图 6-20 所示，在 A 段股价下跌，成交量处于量能消散形态；在 B 段股价见底回升，成交量处于相对稳定的常量形态；在 C 段股价明显上涨，成交量处于聚量形态。

对于类似图 6-20 的案例，在 A 段股价同步下跌的量能消散阶段，不会出现稳定的盈利机会，盲目捕捉日间波动是不明智的。过于频繁的短线交易还会把心态搞坏，可谓得不偿失。在B段的常量阶段，除非交易者能从均线系统等技术环境分析上得到重要交易线索，否则依然不可莽撞介入。在C段量能出现积极变化，辅以相应的技术环境分析，交易者可以寻找到适宜的交易机会。

底部成交量转化模式中，聚量形态只是一种基本形态，并非必然形态。有些情况下，主力资金反而会利用这种形态进行诱多操作。鉴别真伪，靠的是技术环境分析。

案例所选用的是一个波段性底部上的成交量转化情况，如果是在价格的长期大型底部，可能在构筑上更为复杂多变，但所有成交量转化模式的原理是不变的，只不过在转化的过程上，不同形态的维持时间或有长短之别。同时，在大型底部的构筑中，成交量形态转化多存在着往复循环，很少见到以简单的某一种转化模式完成长期大型底部构筑的。

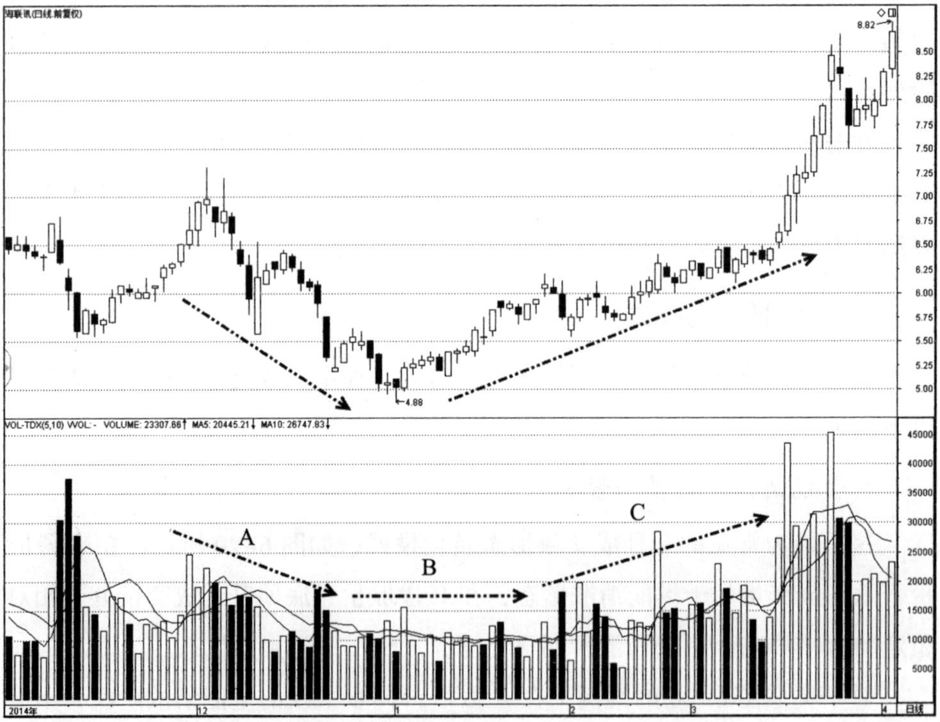

图6-20

2. 量能消散—常量—变量

在底部收集筹码比较理想的主力资金，有些会直接以变量形态迅速拉高价格，这样既可避免低位筹码旁落，也可垫高跟风资金的成本，避免低价筹码过多而影响日后的运作。

某些被套的主力资金，也会利用变量形态，突然打破之前一直下跌的趋势或趋向，营造一波强势上涨行情，迷惑和吸引做多资金入场，借势降低成本或减低仓位。

如图 6–21 所示，该股经过长时间下跌，量能消散形态转化为低数值常量形态，间杂以少数变量形态的反弹。在 A 段，股价以变量形态迅速急拉，无论是成交量还是股价表现，都迥异于之前的行情。在 A 段出现的突发性变量，在股价急升后并未迅速骤减到之前的水平，而是在股价相对高点转化为高数值的新常量。这一点非常关键，对于交易者鉴别该股最终走向具有决定性意义。

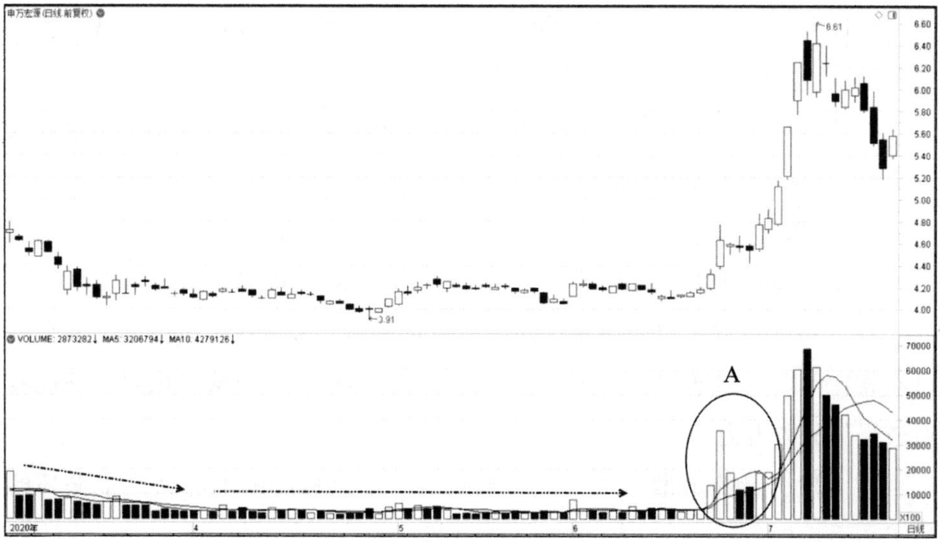

图 6–21

如果是意在扭转趋势的个股，那么在这种变量急拉后，虽然也会出现量能消散形态下的股价回落，但是股价二次起涨时，聚量或变量形态会再度出现，且成交量的密集程度不会低于A段过多。这种情况下出现的盈利点，将会是趋势性的。

如果仅是一个降低成本或减低仓位为目的强反弹，那么在变量急拉后，成交量的骤减会逐渐形成量能消散。而且在经过量能消散后，股价的起涨难以引领出高密集度的聚量或变量形态，主力资金的意图也就可见一斑。这种情况下出现的盈利点，比较难以把握且仅适于短线交易者。

在时间持续较长的底部成交量转化模式中，运行到中后期时，往往量能消散形态已经不可见，而多出现常量—聚量或常量—变量的转化模式。

在阶段性或短期底部构筑过程中，可能会出现量能消散—变量或量能消散—聚量的转化模式。这些都是上述转化模式的简化，基本原理是相同的。

二、升势中的循环

从趋势转折向上，到轰轰烈烈一轮大幅上涨行情，成交量转化很少会以单一模式贯彻始终，而是不断处于往复循环中。

如图6-22所示，在A段该股以变量开启升势，在B段聚量出现，确认升势继续。实战中，也有以聚量开启升势的。

在C段再现变量急拉，后来出现间杂变量的量能消散，显示这里是该股升势以来的一个重要的调整高点。

在D段的常量，说明成交量消散已趋结束，量能出现平衡。这种情况下，未来量能的再度增加，就是需要交易者重点关注的盈利点。

在E段聚量攻击再度出现，间杂以变量形态，显示这个阶段的上涨强度已经相比前期大幅增加。多次变量在成交量整体形态上形成的聚量，往往具有较强势的攻击力。

在F段，量能消散再度出现，意味着一个有强度的上涨又到了循环的节点。

在G段，承接F段量能消散的是较高水平的新常量，显示此时对该股“情有独钟”的资金数量，已经和D段时不可同日而语。这也是股价横盘难以大幅回调的主要原因。越聚越多的资金，必然会有一个爆发点出现。在G段又一次出现变量急拉，股价急冲急下，成交量骤增骤减，股价的阶段性高点显现。

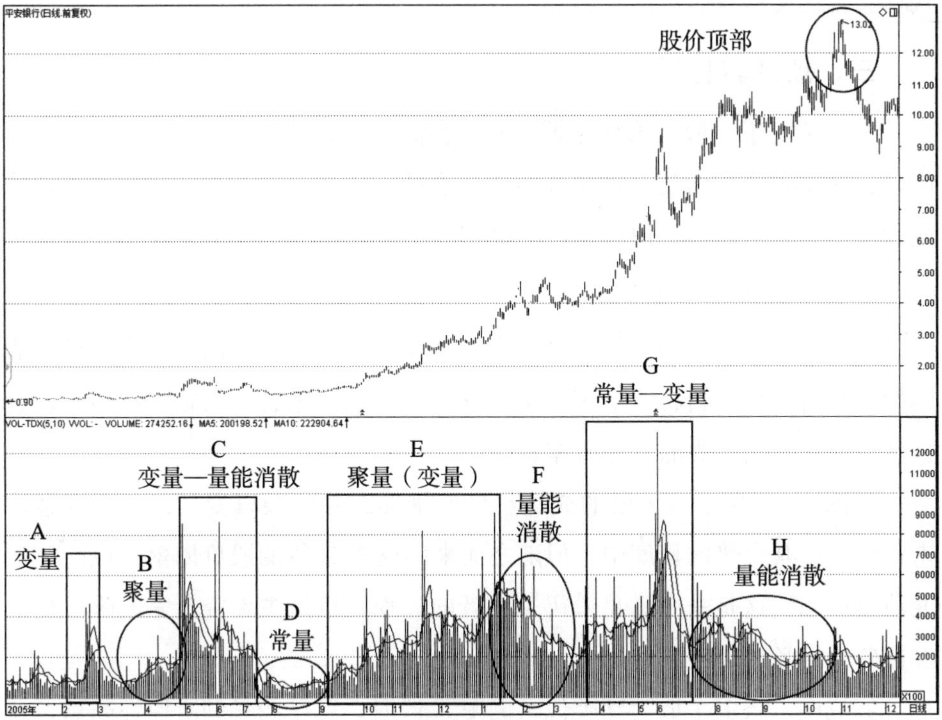

图 6-22

很多个股走到类似 G 段时，往往就会出现价格顶部，由此发生重大的趋势转折。而案例中个股的股价却并未走到尽头，随后又多次刷新股价高点。

在 H 段，成交量整体呈量能消散形态，由此和股价形成大幅背离走势。从成交量的角度分析，在 G 段变量的出现，虽不是股价的顶，却是量能的顶。

实战中，出现类似于 G 段和 H 段的量价关系时，大部分个股都是在构筑顶部，唯一需要交易者区别对待的，就是目标个股是否已经成为高控盘庄股。除非遭遇意外利空打击，或其本身出现问题，高控盘庄股在缩量的情况下，不会轻易跌破重要的技术关口，其股价运行重心也不会长时间扭转向下。

升势中成交量形态的转化和循环并无定式，几乎可以说每只个股都会有不同的循环方式。但是当明晰这些转化和循环的真正含义后，无论哪一种方式都会告诉交易者股价的真实趋向。

三、顶部转化模式

多数情况下，股价形成顶部或阶段性高点时，都会存在一个量能爆发的阶段，这也符合主力资金的操作轨迹与意图。毕竟人弃我取、人争我予，才是股票博弈的精髓。就像司马迁所说“贵出如粪土，贱取如珠玉”。

1. 聚量、变量—量能消散

当资金蜂拥而至争夺股票的筹码，如果所有不计成本的争夺者轻易就能得偿所愿时，那么目标个股即使不出现终极大顶，也必然面临阶段性高点。这就是顶部转化模式的原理所在。

如图 6–23 所示，A 段的成交量呈聚量形态并间杂以变量，显示资金攻击正处于极其火热的程度中，但随之而来的就是 B 段的股价回落，成交呈量能消散形态。这是一个满足筹码争夺者的过程，也是主导资金完成阶段性派发任务后的必然走势。

实战中，很多个股走到类似案例中 A 段时，就已经见到阶段性高点，并会由此开启股价回落之路。但也有部分个股如案例中一样，在 C 段出现变量急拉。C 段的出现，会造成极大的迷惑性。因为股价不但刷新了高点，而且有较大成交量的配合，表面看是量价配合的经典形态。

但是从变量形态的理论特性上，交易者却可以提前预判出，C 段大概率是一个引发股价重大变化的节点。之后 D 段的量能消散形态，对此进行了充分的印证。

其实单从成交量形态上分析，也可以发现一些端倪：如果交易者将 C 段的变量予以忽略，那么从 B 段开始直到 D 段，量能消散形态一直处于延续的态势。量能消散形态中，突兀出现的 C 段变量，成交量突增—骤减的形态本身，也会提示给交易者不少危险信息。

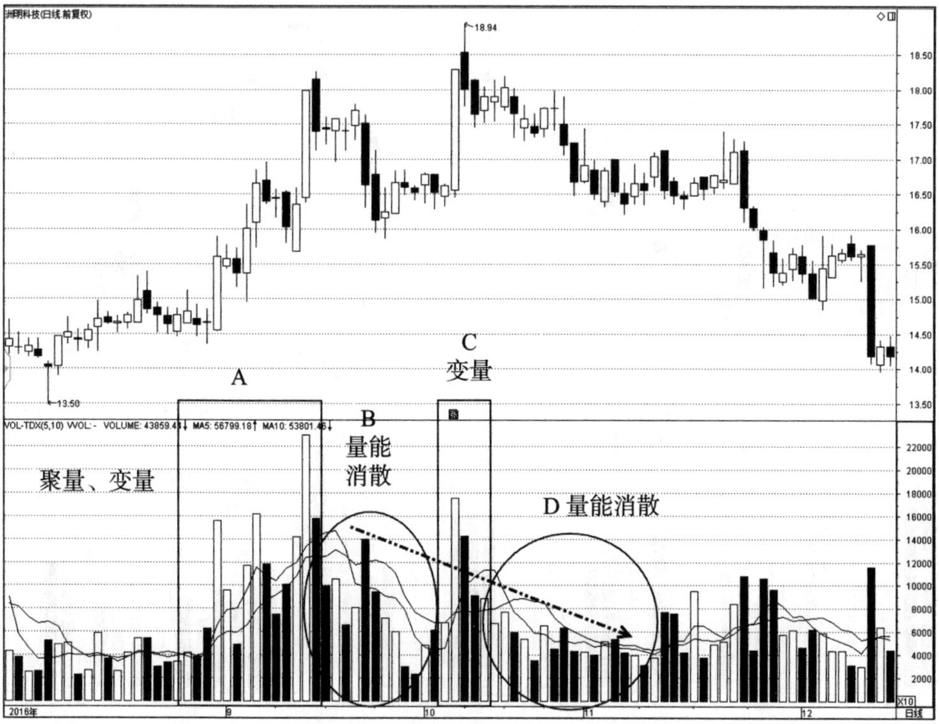

图 6–23

在聚量、变量—量能消散这个模式上，也存在着模式的简化，比如变量—量能消散—变量，或变量—量能消散等。

2. 常量、变量—量能消散

在上一个模式中，以聚量和变量等成交量明显集中的形态构筑价格的顶部。在实战中，还会出现常量间杂变量的顶部形态。

如图 6–24 所示，在 A 段股价调整，成交呈常量；在 B 段出现变量，之后在 C 段的成交并未骤减，仅缩至常量形态，这时股价出现冲高回落。在 D 段股价再次冲高，成交现变量。在 E 段成交呈量能消散，股价也开始见顶回落。

在案例中，成交量大部分时间内保持相对稳定的态势，并未出现成交明显激增并集中的情况，但股价依然由此见顶回落。

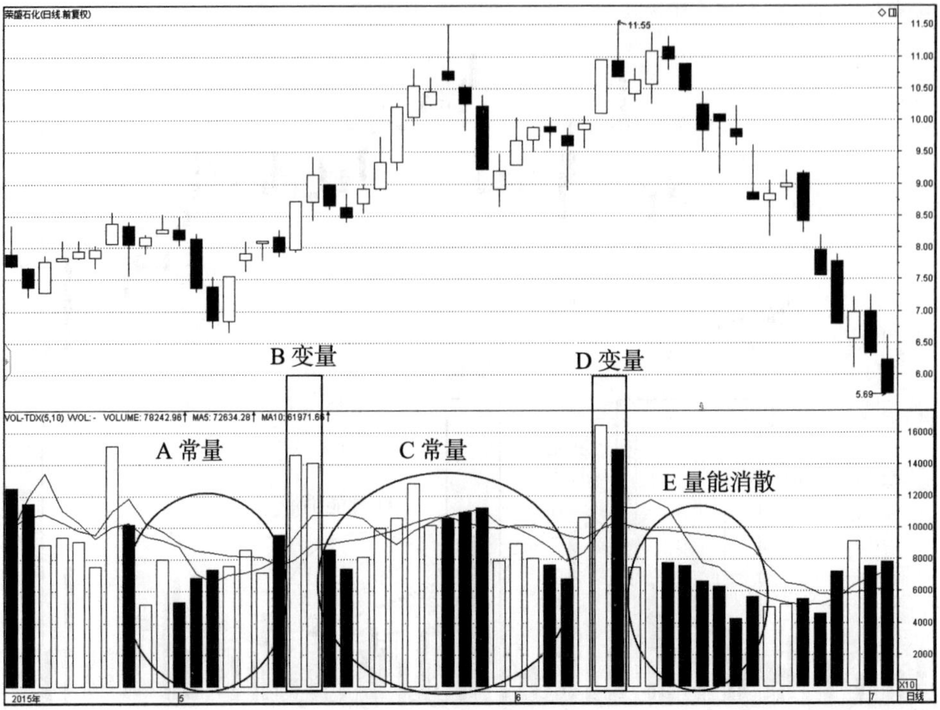

图 6-24

常量见顶的案例在实战中并不多见，多出现于阶段性高点，或者突然遭遇利空打击的个股上。通常这种形态下的回落，后市仍会有再次冲顶的机会。

顶部转化模式中，变量几乎是不可或缺的；而变量的值越是高涨，则形成顶部或阶段性高点的可能性越大。

当然，某些试图走上控盘庄股之路的个股，在其阶段性高点或顶部上，并不一定会有明显的变量出现。如图 6-25 所示，在 B 段出现股价高点，而成交量仍处于量能消散的形态中，只有不明显的单日变量。

案例中的个股就是一个向控盘庄股转变的类型。在 A 段的密集成交区，满足了主力对筹码的最后需求。这也是该股经过前期大幅涨升后，能够再次从 A 段起步继续升势的底蕴所在。

对于类似的个股，当其脱离股价运行重心（K 线图中虚线）向下转折时，尽管成交量并未出现变量等高危信号（如图中 B 段），交易者也必须明白，一个阶段性高点或顶部可能已经出现。当然，还可以从均线系统等技术环境的多个方面来判断高点的性质。

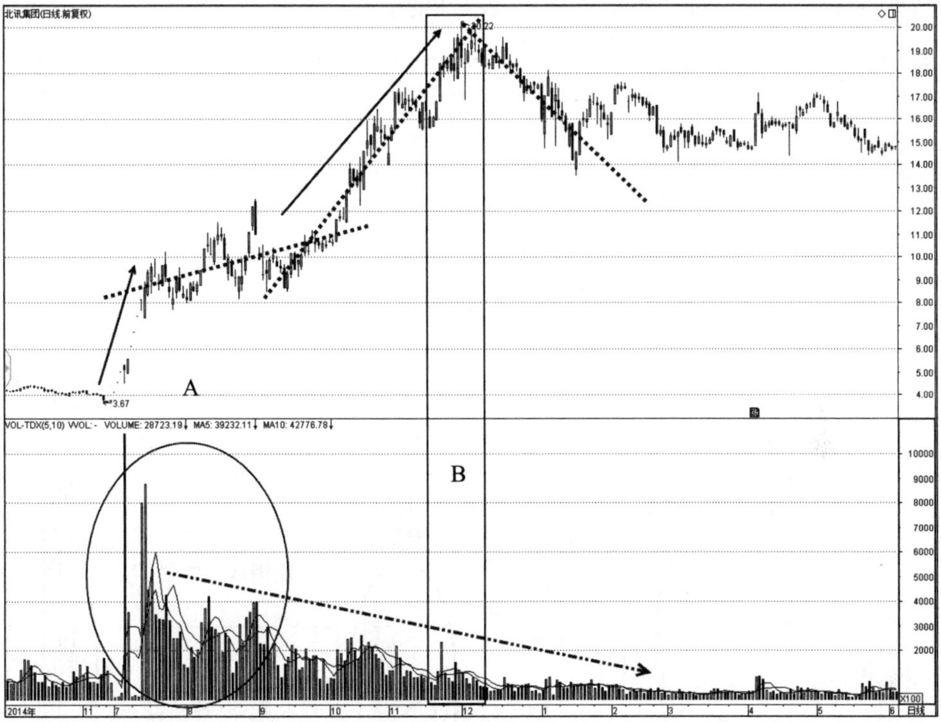

图 6-25

“准”控盘庄股经过类似图 6-25 中的拉升后，多数会有一个长时间的箱体振荡过程，成交量往往处于相对低数值的常量形态（如图中 B 段之后的形态），这是庄股“修炼”的必由之路。

箱体振荡过程中，多方面因素的出现，都可能会使个股走出失败形态，而成功度过这一煎熬期的个股，才会成为真正的控盘庄股。

四、跌势中的循环

跌势中成交量形态的转化和循环，每只个股都不会完全相同，在长期大幅下跌趋势中更是如此。有的个股可能相对简单明了、易于辨识，有的个股则各形态纠缠在一起，极其复杂难辨。

如图 6-26 所示，在 A 段该股以变量见顶，随后出现量能消散形态展开跌势。在 B 段时，股价跌势中出现反弹，同时辅以变量，说明这里仅是一个短线性质的弹升，对跌势不会带来根本性的改变。

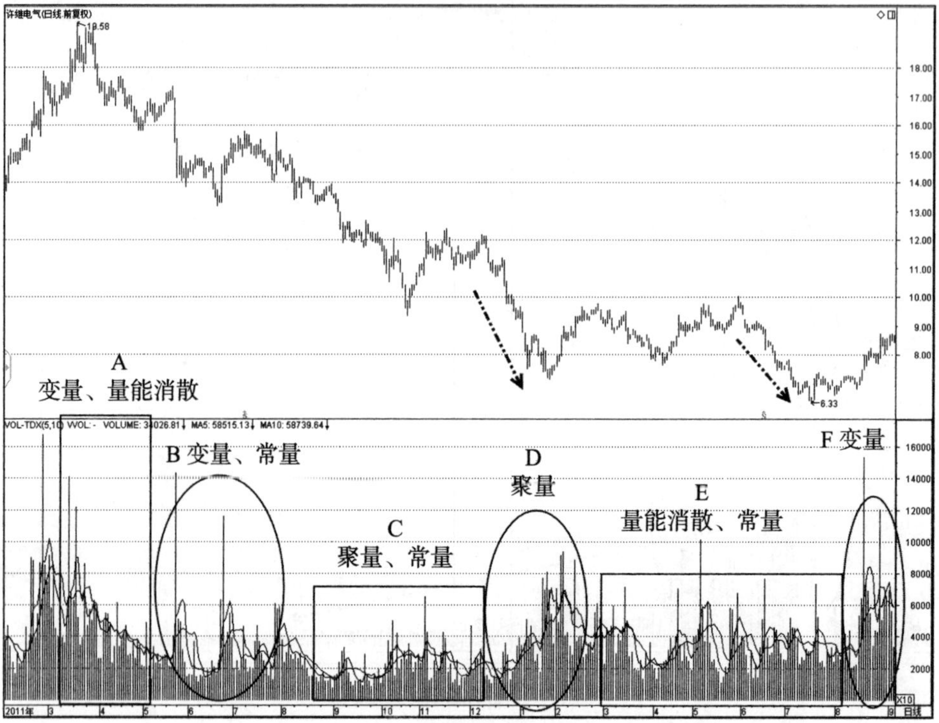

图 6-26

在 B 段的变量出现后，成交量整体没有继续缩减，显示量能已经从消散的形态中走出来，转化到常量的形态中。

在 C 段，成交量出现聚量，但这个聚量形态整体数值偏小，难以和顶部密集区相比，说明攻击层次较低，相应的股价也呈现跌势中的折返走势。随后，这个聚量转化为常量，可以视为是 B 段以来常量形态的延续。

在 D 段，成交量再次形成聚量，这个聚量形态的整体数值已经接近顶部密集区，说明在 D 段的聚量形态相比 C 段的量已经升级，性质上将会有较大的变化。

D 段聚量的形成过程值得交易者用心审视，这是在一波股价急速下跌中形成的聚量形态，即随着股价的不断下跌，越来越多的筹码选择抛售离场，也就是说，恐慌主导了下跌的整个过程。当恐慌性杀跌的成交量能够比拟顶部密集区时，那么这个“杀”出来的股价低点，至少会是一个阶段性的底部低点。

在 E 段，承接 D 段的聚量，出现量能消散形态，但这个消散形态很快就转化为常量。这里的常量数值已经比 C 段时有较大的改变。结合同期股价的走势，可以初步认定有资金正在构筑价格底部。

之所以说图 6-26 的案例较为复杂难辨，是因为在整个主要跌势和筑底阶段，该股量能形态相互纠缠，且无明显的做多迹象。比如，D 段的聚量是在急跌中形成的，甚至在 E 段常量形态中再一次出现急速下跌，该股主力的凶悍程度，由此可见一斑。

E 段常量形态下的急速下跌，并未给量能带来明显的改变，也就显示出到这个阶段时，该股盘中易被恐慌控制的浮动筹码已经所剩无几。

F 段以高密集度的变量展开升势，一是可以看出主力属于凶悍型，二是主力前期建仓并不充沛，借用变量形态边拉边吸筹。

当然，个股的某一种走势也和当时整体市场氛围以及主力的操作周期相关，这些都是实战中需要具体分析的部分。

股价构筑中短期阶段性低点或高点，和构筑中长期底部或顶部时的成交量形态，其实原理是相通的，只不过后者的构筑过程相对复杂、耗时也较长，在形态转化中往往存在着一个或多个循环。在讲解底部或顶部模式引用案例时，也包括阶段性低点或高点，并非仅指股票的长期大型底部或顶部。

第七章

量能催化与短线交易的实战要点

第一节　量能催化下的股价大涨

成交量大致稳定在某一水准附近时，大部分时候代表着趋势或趋向的延续，当成交量出现异于常态的明显增减时，则预示着股价趋势或趋向可能出现重要的变化。

从量价关系上来说，股价上涨，成交量逐步温和放大，则趋势或趋向具有稳定持续的技术含义。这种成交量形态就是聚量形态。如果股价上涨，成交量突然性激增，则趋势或趋向具有多种复杂变化。这种成交量形态就是变量形态。

聚量和变量都会明显催化股价的运行节奏发生变化，如图 7-1 所示，该股技术环境运行于下跌趋势中，A 点股价从横向振荡中突然放量涨停，量价表现迥异于之前的走势。这就是变量催化下股价的特异性表现。可以说，没有这根变量，股价即使上涨也很难达到这个幅度。

在肯定变量催化的前提下，交易者可以进一步推论接下来的量价变化，比如，如果接下来的交易日不再出现变量，股价就很难表现出特异性，也就是很难继续大涨。

在 A 点的次日再现变量，股价也再次涨停，这就验证了该股此次暴涨应归结于变量的存在，没有变量，股价很难维持涨势。同时，根据换手率规

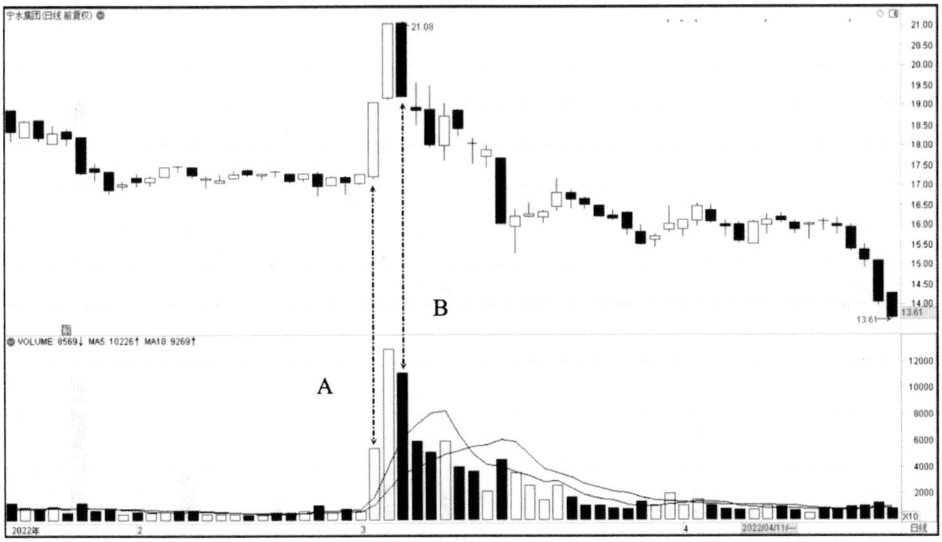

图 7–1

则发现，在 A 点次日的变量，已经达到该股成交量的历史高值区。这是一个短线交易的高危信号。

缺乏稳定性的变量是不可能长时间持续存在的，所以案例中 B 点的股价下跌并不算奇怪。在 B 点下跌的成交量也很大，却不是从 A 点以来变量的跟随量，而是催化股价大跌的催化量。认清量能的性质，交易者也就不会被股价的大涨大跌迷惑。

即使是聚量形态，在持续过程中也不能排除间杂着变量的存在，只不过这些变量会被之后出现的跟随量转化，形成形态上的升级。这就为股价的整体上涨趋势提供了源源不绝的动力。

如图 7–2 所示，该股从低点开始上涨，成交量逐步形成聚量形态。交易者可以发现有变量的存在，但它对股价的影响只是短期的，促使股价发生折返时，成交量相应呈现出跌时缩小、涨时增加的过程，并在整体上保持逐波刷新量能高点的态势。这种情况说明股价上涨正处于稳步运行中，至少目前的涨势不会在短时间内就宣告结束。

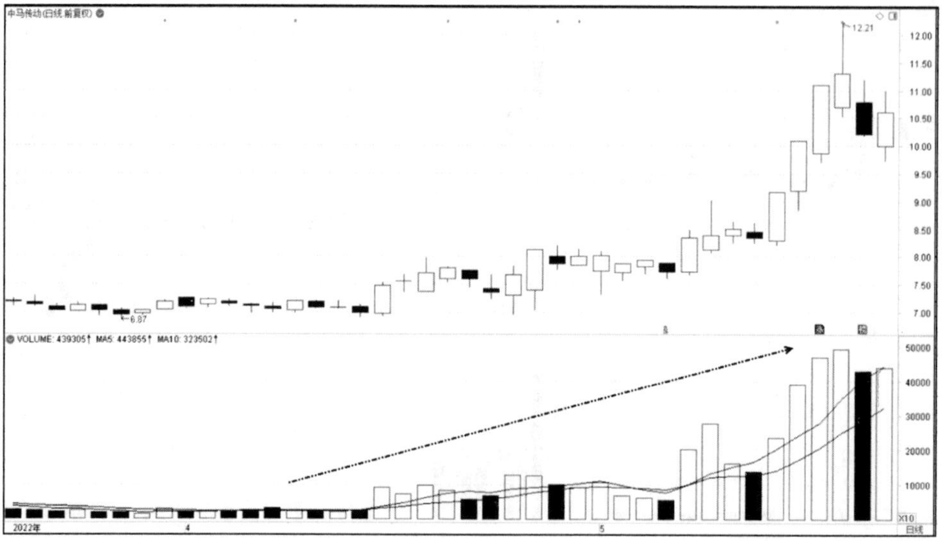

图 7–2

当股价和成交量在某个时间段突然出现爆发性上涨和增加，这个量价突变形式不会长久存在，过程往往“惊艳”而短暂。之后，股价趋势将会随着技术环境的改变而改变。

上涨趋势的中期调整结束后，股价继续上涨时，成交量仍会再度放大，高于或低于中期调整头部的量能都属于正常现象，但增加的量能需要具有一定的持续性。

股价经过长期大幅上涨过后，成交量在最近一段时间内忽然开始大幅增加，股价同时波动巨大。这时增加的成交量不一定就是上涨趋势形成以来最大的量能，但仍是一个高危成交量信号。这种情况出现时，应警惕股价顶部可能就此完成构筑。

第二节　量能催化下的股价大跌

股价顶部可分为形态的大顶部，或阶段性（高点）顶部、短期（高点）顶部等。这些顶部一旦出现，股价都会出现幅度不一的下跌，成交量出现由放量到逐步消散的过程。这是空方主导市场趋势或趋向的信号，也是市场对于后势看法从巨大分歧到逐渐统一的过程。

在这些不同级别的股价顶部上，如果出现具有催化意义的大跌，短线交易者就应该选择在第一时间减仓离场。但在实战中，很多人心理上仍旧未放弃做多，所以往往会失去最佳的卖出时机。

如图 7–3 所示，A 点股价高开后冲高回落，就是一个极佳的卖点。虽然在成交量上 A 点的量柱中规中矩，看不出明显的问题，而且与之前的量柱似有形成聚量的势头。但是交易者结合量价两个方面来分析，就会发现 A 点的股价冲高回落与量能放大已经构成了量能反向催化。催化与反向催化出现在股价高点上，都是明确的交易信号。

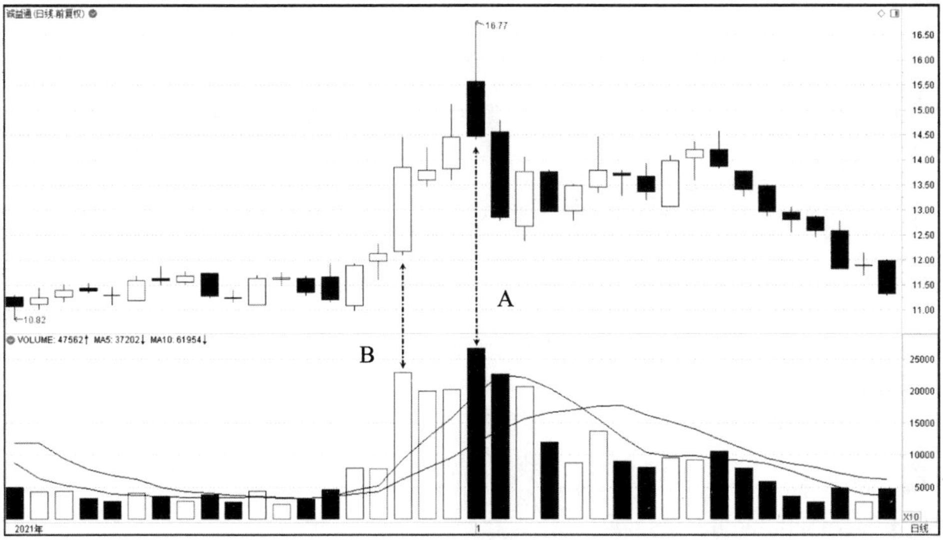

图 7–3

可能有人会问：在 A 点股价从当日高位到收盘价，具有 2 元多的价差，等到收盘阶段才能确认是反向催化的话，对短线交易者来说利润空间可被压低了不少，难道不能尽早发现反向催化的存在吗？

量能是起到催化还是反向催化作用，抑或是跟随量性质，可以从两个方面来研判。

第一，分析一段时间内的量能构成。比如，案例中 B 点出现变量，这是打破之前成交量形态后形成的量能转化形态。B 点变量催化股价大涨，随后股价盘整，成交量处于跟随状态，形成新常量。

这是一个等待状态，技术上的含义是等待股价选择方向，是在变量出现后向下回归，还是打开向上的涨升空间。这时阶段短线交易者不能放松，必须关注盘口动态，因为股价方向的选择决定着交易策略：是继续持仓，还是及时卖出？

第二，关注并分析每一日的分时走势。图 7–4 就是图 7–3 中 A 点的当日分时走势。图中可以看到，当日股价开盘后直线上冲的时间非常短暂，此后股价便折返回落。结合当日高开的幅度，这个冲高所达到的涨幅已经不小。

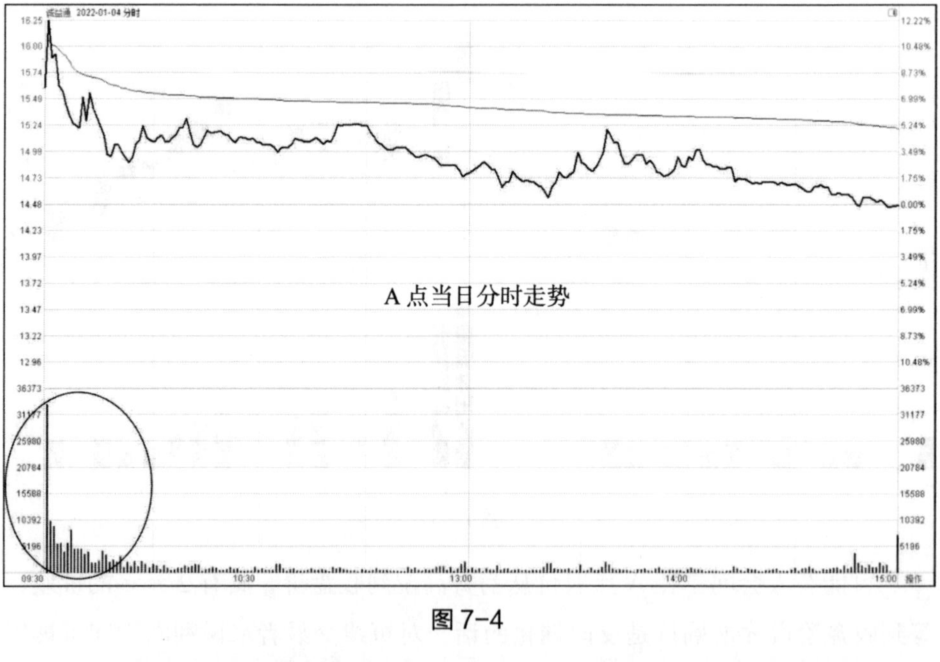

图 7–4

经常做短线的交易者都很清楚，开盘后大幅度直线上冲，却不能直封涨停板，大概率是冲高回落的套路。这个卖点很难抓，但可以尽量卖在相对高点上。从图中成交量柱线可以看到，前 15 分钟是交易最密集的地方。

根据图 7-3 中的分析，持仓的交易者即使错过了开盘前 15 分钟的相对高点，也需要在之后的股价波动中选择卖出。因为股价高点上的反向催化已经明确，股价大概率会出现继续回落。

股价大跌在趋势运行的任何阶段都会出现。个股底部构筑阶段以及涨势启动初期时，往往以股价大跌这种形式来恐吓低位持仓者。

如图 7-5 所示，该股在底部构筑阶段以及涨势启动初期，多次出现放量下跌的情况，对于心态不稳的人来说，具有相当大的持仓压力。如果交易者能从技术环境上判断下跌的性质，则在一定程度上能避免受到恐慌情绪的困扰。

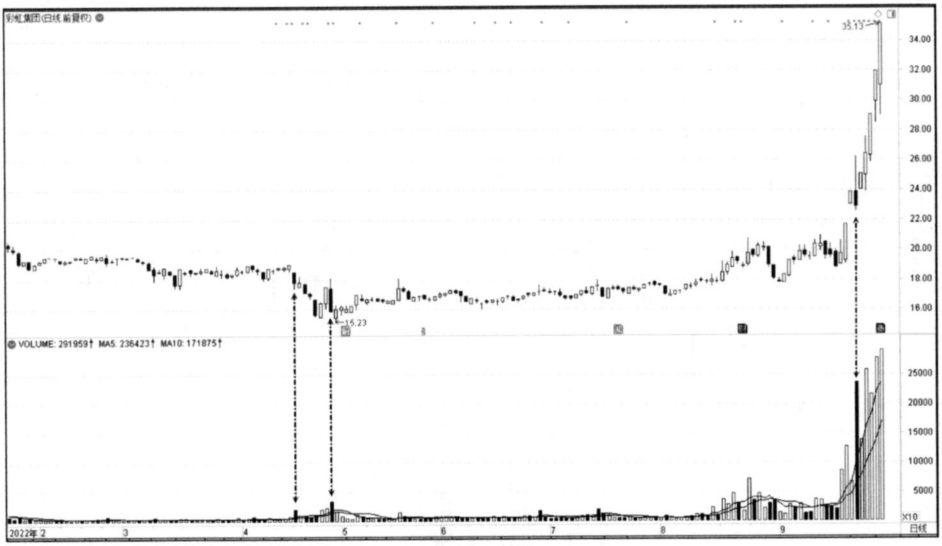

图 7-5

其实放量下跌并不可怕，因为多数个股的放量下跌难以持久，通常反弹就在不远处。而且对于短线交易者来说，放量下跌就是短线介入机会来临的信号。放量下跌多由主力资金引领，并导致恐慌盘集中杀跌造成。完全由主力资金出货带来的放量下跌并不常见。实战中，可怕的是难以搞清现状的缩量下跌等形式。

第三节　辨别密集成交区的真假催化

聚量和变量等成交量形态处于较高数值上并相对集中出现时，通常被称为密集成交。密集成交持续存在的价格区域，则被称为密集成交区。

如图 7-6 所示，在 A 段由聚量和变量等形态构成的成交量汇聚集中的情况，即为密集成交。K 线图中与密集成交相对应的，股价处于箱体运行的区域，则为密集成交区。

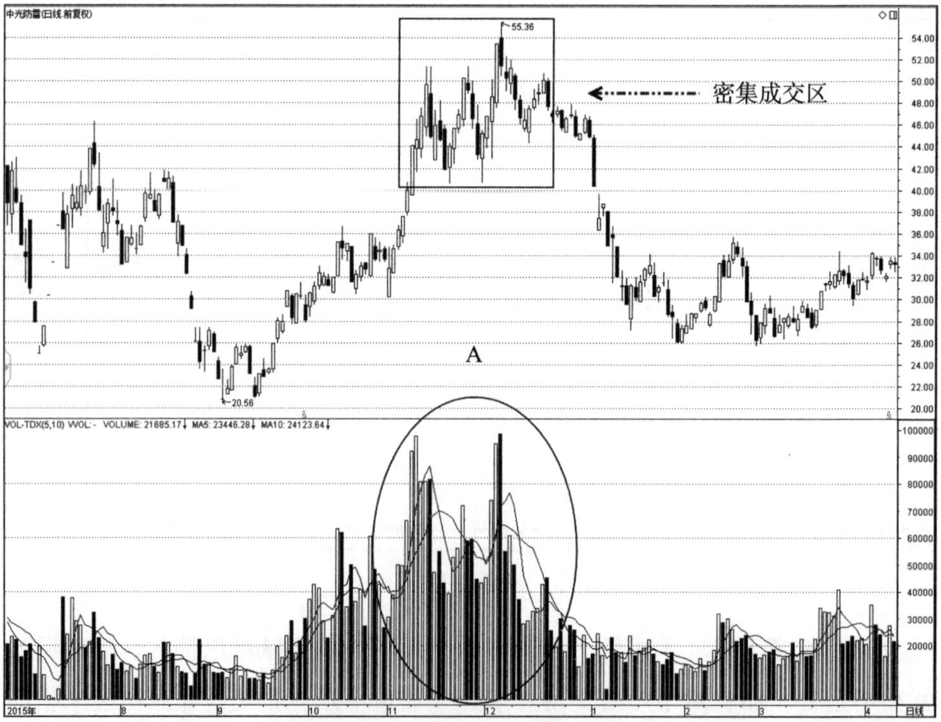

图 7-6

密集成交最基本的技术含义，当然是指某些价位上成交火热，多空双方频繁换手。但基本含义大多只是原理性阐述，不可能彻底解答实战中的诸多疑问。例如出现在某价位上的密集成交，是真实的多空换手形成，还是大部分为主力对倒所致？某密集成交区形成的过程中，主力究竟是意在吸筹，还是减仓出货？破解这些实战中遇到的疑问，是交易者分析和研判的主要目标，因为只有搞清楚这些问题，在交易中才能做到有的放矢，不至于被主力牵着鼻子走。

一、密集成交的实战意义与分析方法

1. 密集成交的相对性

密集成交的概念具有一定的相对性，并不像换手率那样有具体的百分比。不同阶段或不同层次的密集成交，可能有着较大的差别。比如，分时走势上的密集成交，反映到K线图上，不一定就会出现较大的量柱；而K线走势上也未必就处于密集成交的态势中。

如图7–7所示，当日的分时走势上，该股出现两波较为密集的成交。这两波密集成交对于股价的上涨，起到了明显的催化作用。可以说，该股当日的升幅主要都是由密集成交来完成的。

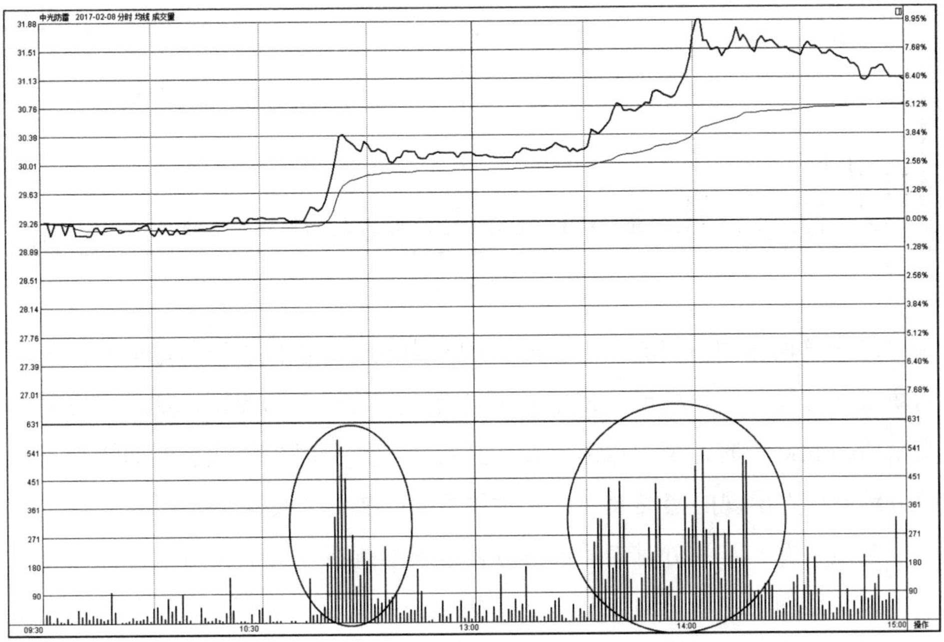

图7–7

那么，图 7-7 分时走势上形成的密集成交，在 K 线图中处于何种情况呢？

如图 7-8 中 A 点所示，即为图 7-7 分时走势所形成的 K 线和量柱。图中可见，K 线和量柱并不算太大，结合趋势等技术环境整体分析，当日的量能勉强算得上一根孤零零的单日变量。在量能消散后的常量阶段，变量，尤其单日变量，很难说得上有什么重要趋势分析意义。

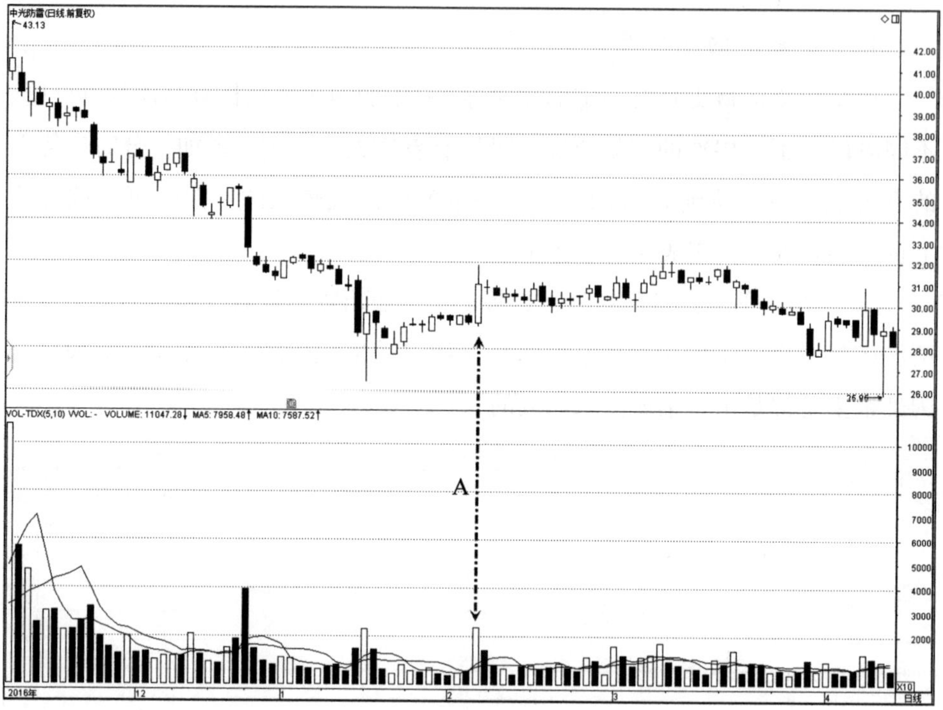

图 7-8

结合这两张图可以看出，分时上的密集成交并不代表股价趋向必然处于密集成交阶段。换句话说，密集成交具有一定的层次和级别，如果用密集成交来研判股价趋向，至少也需要日线系统级别。分时走势或者时间周期过小的分钟系统上出现的密集成交，有时并不能反映出个股真实的趋向。

当然，并不是说分时走势或者分钟系统不能在分析中起到作用。

例如，图 7-7 中分时走势上的密集成交，就能够清晰地告诉交易者，当天大部分的成交量，都是在拉升股价的过程中产生，并不具有明显的量价背离。

尽管存在主力资金对倒的可能，却可以排除主力资金大幅减仓出货的可能。

分时走势或者分钟系统，可以在细节上帮助交易者分析密集成交的具体构成，但若要利用它们来判断趋向或趋势，则未免差强人意。

密集成交的出现，在实战中具有重要的分析意义。

（1）地量或低数值常量形态下，大部分个股的股价变化相对迟缓，当没有新资金主动攻击该股或原存量资金处于守势时，任何判断都不可避免地掺杂个人主观愿望，这将必然导致判断结论存在极大的不确定性。

（2）密集成交的出现，不论是主力对倒，还是市场真实的多空换手，主力资金都不会置身事外，袖手旁观。交易者在分析时最怕无迹可寻，却不怕主力资金兴风作浪。因为无论多高明的主力资金，都不可能隐藏住所有的“作案”痕迹。

其实辨别密集成交的性质，一是可以通过成交量形态予以判断，二是可以利用股价在密集成交中的支撑与压制关系来进行辨别。密集成交的性质，决定着股价真实的运行方向。

2. 密集成交的支撑

根据密集成交的基本含义来延伸理解，涨势中出现的密集成交，意味着多空双方频繁换手。如果这是多方消耗空方筹码的过程，那么此后占优的多方势必会表现出对于价格上涨的主导性。

如图 7-9 所示，A 段和 B 段出现的多次变量在成交量整体形态上形成聚量，并构成密集成交的过程。这个过程中，股价整体处于上涨的态势中。案例中的密集成交，可以说就是一个多方消耗空方并吸纳筹码的过程。

通常来说，除非涉及短期操作行为或需要突击性增加仓位，主力资金的吸筹建仓不会采取密集成交这种过于招摇的形式。当然，也有某些建仓时间仓促的主力资金，会利用这种形式快速完成吸筹建仓。

从成本的角度来说，如果密集成交源自主力资金的吸筹建仓行为，那么在此之后，即使股价有所回落，也很难出现较大下跌幅度。这种因密集成交而出现的支撑，主要是受到成本因素的影响。

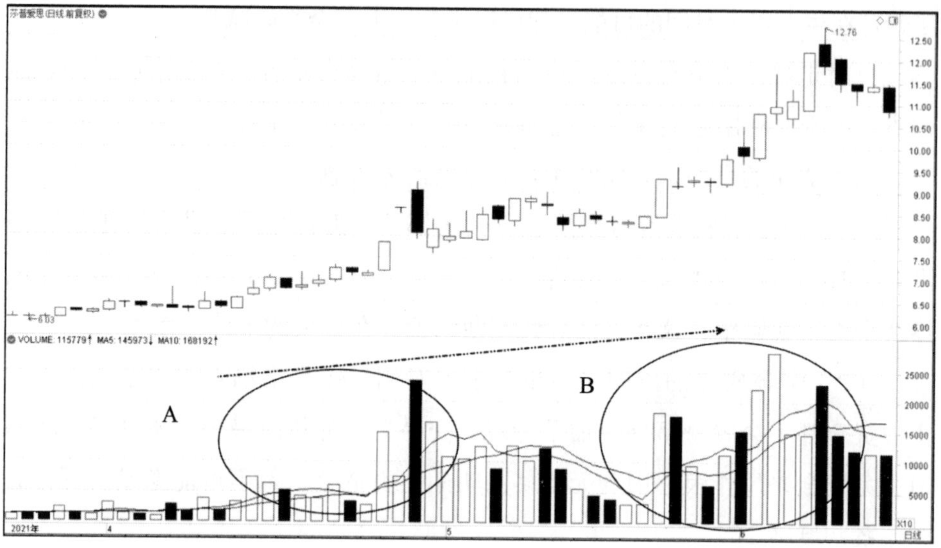

图 7-9

密集成交的支撑强度，可以通过股价的振荡或下跌来测试。如图 7-10 所示，在 A 段股价急升并形成密集成交，它是否有支撑？支撑强度如何？仅依据 A 段的密集成交难以得到确定的答案。

在 B 段股价出现回落，成交量处于常量形态。尽管 B 段的常量相比 A 段的密集成交在数值上大幅减少，但股价并没有顺势下跌。如果 A 段的密集成交不具有较强的支撑作用，还是很容易被抛盘打穿并进入跌势。

在 B 段，股价在 A 段密集成交高点附近企稳止跌，常量逐步缓增，接下来出现继续向上突破的走势，这就证明 A 段的密集成交具有支撑并能够催化股价进一步上涨。

交易者必须明白一点，密集成交不可能都是主力资金吸筹建仓行为所致，更多的是主力资金为降低成本进行折返或洗筹，甚至是减仓、出货而营造的诱多陷阱。在这种前提下出现的密集成交，有时也会出现具有支撑的情况，即股价回落到密集成交区就发生反弹，而不是立即快速下行。但股价的反弹相对羸弱，多呈横向振荡。当多数的持仓者认为，股价可能就此筑底而不会深跌时，真正的下跌过程才会展开。

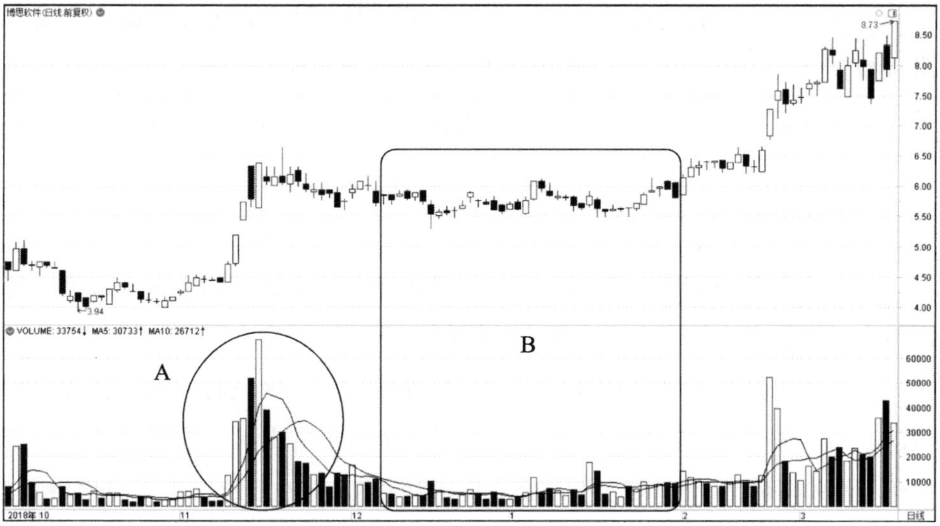

图 7-10

如图 7-11 所示，在 A 段出现密集成交，股价急速上涨。在之后的回落中，股价在密集成交上得到支撑并反弹，并未迅速跌破密集成交的区域。

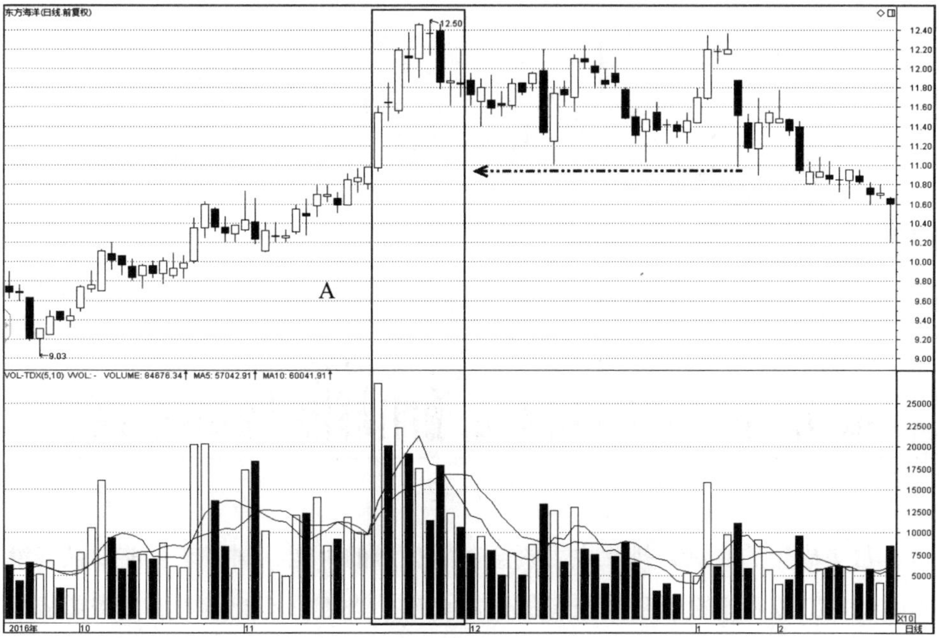

图 7-11

这种表象无疑会造成错觉，让持仓者误以为该股将会在 A 段的密集成交附近振荡筑底，而在 A 段的密集成交，会被认为是主力吸筹成本区，不会轻易击穿和跌破。当持仓者在心理上形成相对一致的认识时，股价的转折就将开启。

3. 密集成交的压制

当一个密集成交出现之后，股价如果由此开始下跌，那么这个密集成交区域会对股价未来的上涨形成相应的压制。

不管密集成交是如何形成的，股价反弹接近这一区域时，大多会遇到相应的阻力。如图 7-12 所示，在 A 段出现一个密集成交区，股价呈横向振荡回落，至 B 段时，股价开始反弹，成交量相对密集。但在股价接近 A 点区域时，升势便难以继续，同时量能也快速萎缩，说明升势遇阻，密集成交区的压制显现。

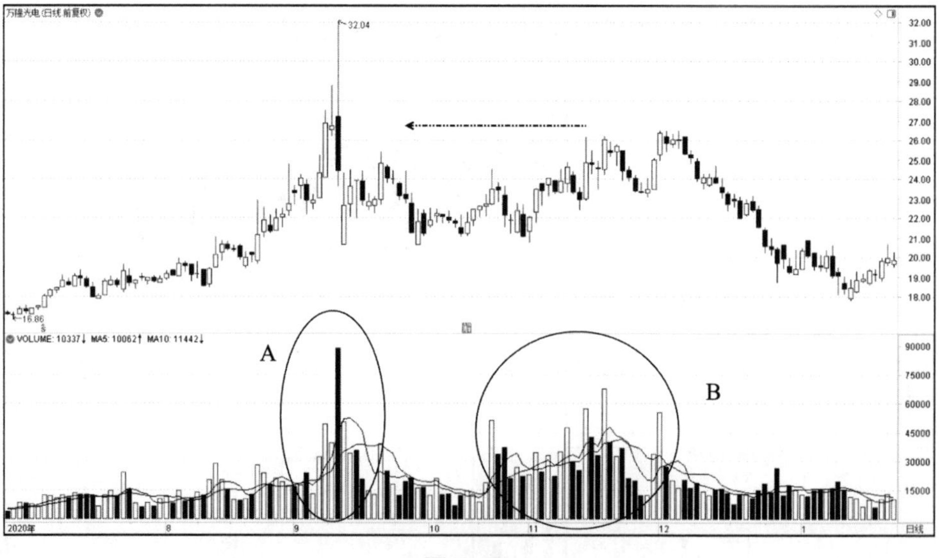

图 7-12

密集成交的压制，排除主力资金刻意打压的可能，则多来自前期被套筹码的抛压，以及本次上涨持仓者的逢高兑现。当股价不能强力消化密集成交的压制时，也就证明当前的涨势并不具有较大的强势，可能仅为一个短期性质的反弹。

密集成交区是一块试金石，当股价强力收复密集成交区并再启升势时，则密集成交区的压制转化为支撑，涨势的性质应重新定义。如图 7-13 所示，A 段出现密集成交，随后股价回落；在 B 段时，股价受资金追捧，迅速突破 A 段的密集成交区。

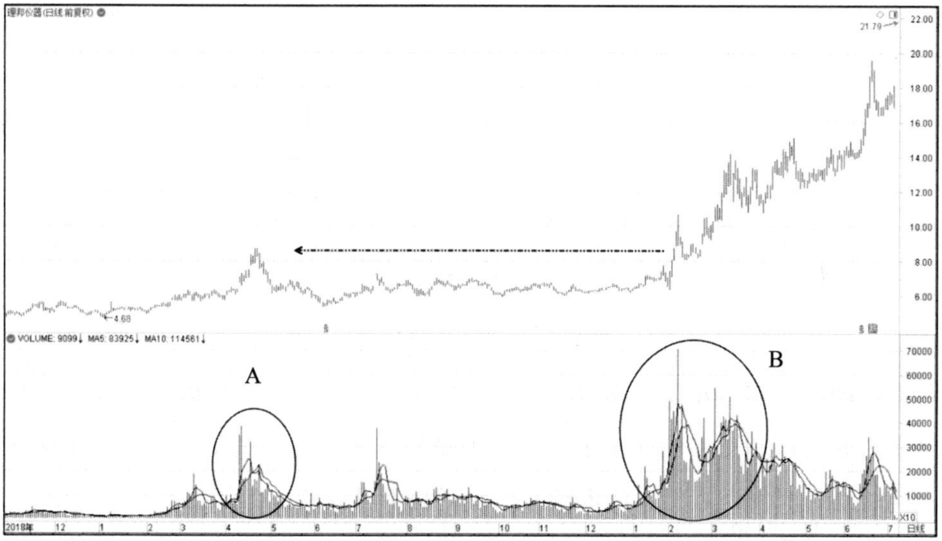

图 7-13

实战中也会遇到个股强势穿越密集成交区，但随后就立即向下折返并回归跌势的案例，如图 7-14 所示，在 A 段形成密集成交区，至 B 段股价以变量催化的方式突破 A 段的密集成交区，但这个突破存在的时间极其短暂，股价很快就快速下跌。

案例中的这种假突破，实战中并不少见。而且多数情况下，假突破所采取的量能催化方式都是变量，相对比较容易辨别。变量不是不可以出现在突破的关口上，重要的是变量要能够转化为新常量或者聚量，才会有后续继续上涨的动能，否则大多都是主力资金制造的诱多陷阱。

4. 涨势中的密集成交

在一轮上涨趋势中，股价会出现大量级别不等、性质各异的高点，比如

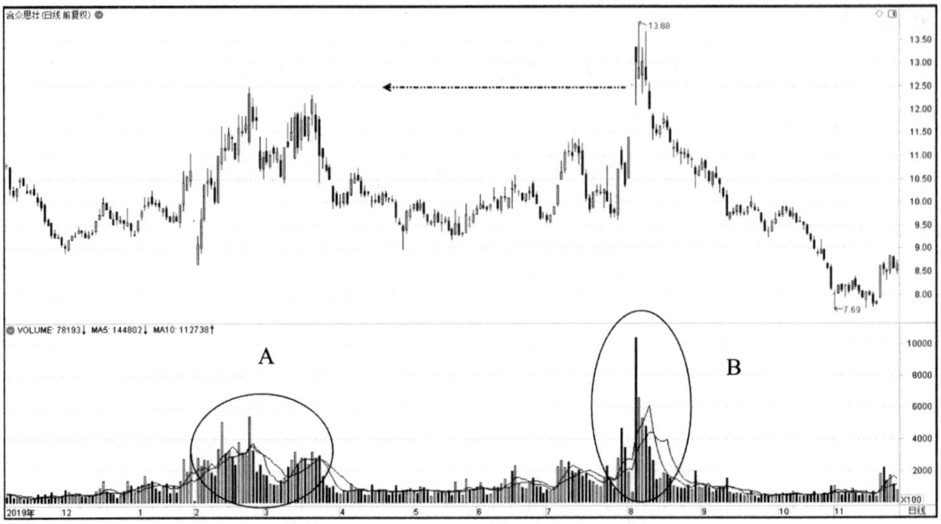

图 7–14

主力为低价吸筹而制造的折返高点，振荡洗盘形成的折返高点，以及减仓出货形成的高点等。在这些高点的形成过程中，多数会有密集成交出现，而交易者正好可以利用密集成交来判别相关交易点的支撑与压制。当然，在判别不同级别的股价高点时，技术环境分析仍是不可或缺的。

在涨势运行中，密集成交的出现，必然会引发股价在之后出现调整，只不过因个股及技术环境的不同，调整的级别和形式会大相径庭。

如图 7–15 所示，A 段出现密集成交之后，股价调整相对较为平稳；而 B 段出现密集成交之后，股价的调整较为迅疾；C 段再一次出现密集成交之后，股价由此扭转上涨趋向，转入到下跌趋势中。

图 7–15 中的三次密集成交，股价调整的幅度和形式各不相同，这种情况在很多个股的整个涨势运行中是常见现象。但具体到该案例中，这三次时间距离较近的密集成交，其实是存在一定逻辑关系的。

在 A 段的密集成交以变量为主体，显示这里存在一个资金减仓的过程。但主力资金显然较为收敛，不愿意在此过早露出减仓的痕迹。虽然得以减持不少仓位，但在盘中，为了稳定其他持仓者，主力资金还是做了一些关键处的护盘，减仓并未全部完成，所以才有了 B 段密集成交下股价的二次冲高。

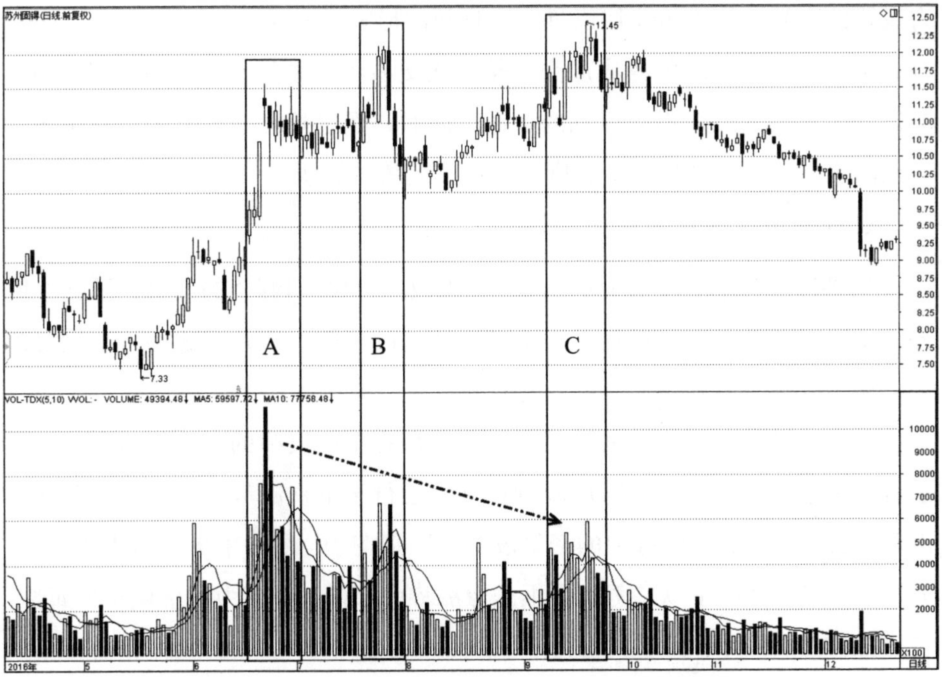

图 7-15

B 段的密集成交，在整体上已经明显小于 A 段，但股价却刷新了高点，这里也形成量价背离形态。在 B 段密集成交后，股价下跌之所以较迅疾，原因可能就在于主力资金在这里基本完成了大部分的减仓任务。

通常来说，类似于 B 段密集成交出现后，股价基本确立顶部高点，进入下跌趋势就是下一步的选择。而该案例中，股价却并没有就此展开下跌，而是在 C 段又一次被重新拉起，再创出一个价格新高。具体原因交易者不得而知，但也不外乎几种情况，比如受到大盘不利因素的影响，在 B 段减仓并未达到目标，或盘中仍存在其他实力资金的运作等。不管何种原因，在 C 段的密集成交以变量和常量构成，且很快就大幅萎缩，进入到量能消散的形态中，并未能显示出这是一个极具攻击性的上涨行情。

同时，在 C 段也再一次显示量价背离的存在，对于连续出现密集成交的个股而言，这几乎等同于宣告行情即将结束。

在股价不同高点上出现的密集成交，必然会有不同的调整形式。有些强力吸筹的个股，其调整往往以盘中、日间的形式来完成。

涨势过程中出现的密集成交，是短线交易者需要高度关注的形态，因为股价可能会因此出现不同级别的折返。同时，经过长时间大幅上涨的个股，一旦出现高数值的密集成交，则可能面临趋势的转折。

5. 跌势中的密集成交

如果说涨势中密集成交的出现，意味着不同级别调整的到来，那么在跌势中密集成交的出现，则存在股价迎来转机的可能。但是，这种可能性要演变为现实，有着诸多技术环境上的限制。

首先，跌势初、中期的密集成交，出现在个股反弹的高点附近时，却预示着反弹过程即将结束，随后股价将继续运行于下跌趋势中。这种在跌势中出现的密集成交，与涨势中的密集成交的区别在于：跌势中出现密集成交后，大多数个股会回归下跌趋势，而不是像涨势中那样，大多为回落调整的属性。

如图 7–16 所示，该股运行于下跌趋势中，在 A 段股价反弹，而密集成交就出现在整个反弹的股价高点上。类似案例中的密集成交，大多为盘中资金为寻求脱困而营造的诱多陷阱。

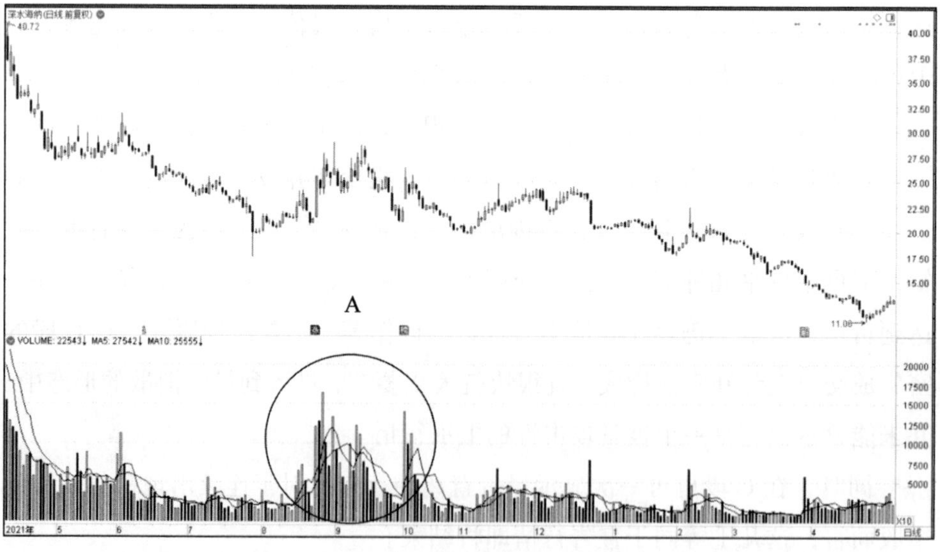

图 7–16

其次，从技术环境上来看，长期或大幅度下跌过后出现的密集成交，是最值得关注的类型。

市场上没有无缘无故就出现的密集成交，总有一些实力资金或游资耐不住寂寞，“起舞弄清影”，抑或是被套主力资金寻求自救，“风乍起，吹皱一池春水”。无论如何，股价低位出现的密集成交，都源自资金的力量。

股价长期或大幅度下跌过后，意味着做空力量已经有过一个大幅释放的过程。在这个技术环境上出现的密集成交，不管是新资金的入场，还是存量资金“复活”，都说明价格必然不会如死水一潭。

如图 7-17 所示，该股经过大幅下跌后，于 A 段展开反弹。相比前期成交量明显较为密集。在 A 段的密集成交，在很多个股的跌势中都会出现，并不能保证股价就会由此发生转折。

图 7-17

关键处并不在A段，而在于之后。在A段之后，股价回落，量能消散。但交易者可以看到，成交量并未萎缩至A段之前的水平，而是整体出现了一定程度的增加。而且，在这个过程中变量不时出现，说明资金处于活跃的态势中，同时股价也并未回落到前期低点，而是保持在一个相对高点振荡盘整。

这种形态说明，在A段进场的资金并未大幅撤离，而是蛰伏其中，待机而动。交易者面对个股的这种形态，一般有两种选择。

（1）寻找股价急跌点低吸介入，之后只要股价运行重心未出现向下运行，就保持潜伏。

（2）当股价出现图中B段的二次密集成交时，则在第一时间（突破最近密集成交高点）追涨介入。

对于跌势中的密集成交，交易者主要应提防主力资金的诱多式短反弹。当判断出如案例中那样有资金谋求布局行情时，就需要及时转变交易思路，跟随主力资金的步伐一同前进。

二、密集成交区的突破

某一股价区域有密集成交的存在，说明这里曾经出现过大量密集的换手过程，当股价再度临近这一区域时，势必会遇到支撑或压制。

1. 向上突破密集成交区

密集成交之后股价下跌，买入者必然发生亏损。这个时候买入者有三种选择：卖出、持仓或补仓。

对于卖出者而言，密集成交只是一个伤心地；对于持仓或补仓的人来说，密集成交是自己的成本区和筹码被套的地方。当然，对于主力资金来说，这只是股票运作中的一个步骤和过程。

股价的涨跌就像是一场轮回，跌久了就会涨。当股价上涨接近前期的密集成交区时，必然会面对不同强度的压制。密集成交的压制在前面讲过，主要是来自前期密集成交区被套筹码的抛压，以及本次上涨持仓者的逢高兑现，或主力自己的刻意打压。

分析一个密集成交区的压制强度，可通过以下两个方面。

（1）分析密集成交区整体数值达到何种程度，是处于历史高值区，还是仅略高于之前的常量。

如果是前者，那么毋庸置疑，这个密集成交压制的强度必然不会小。除非主力愿意强力突破，否则股价必然会在这一区域受到较大的压制。

如果是后者，但仍远小于历史高值区，那么该密集成交区的强度只能是较小或适中，股价的突破应不会存在太大问题。

（2）分析个股所处的技术环境是跌势中还是涨势中。分析密集成交区强度，个股所处的技术环境非常重要。

例如，某股前期经过了长期或大幅下跌的过程，出现一个密集成交区，其数值处于成交量的历史高值区，之后该股又出现一段下跌，那么这个密集成交区极有可能是主力资金建仓吸筹的成本区域。主力不会长时间让股价处于低位，很快就会拉升股价脱离这个所谓的历史高值区（成本区）。

如果是大幅涨升过后的个股，密集成交区的数值处于历史高值区的现象，那么即使该股股价不是处于顶部高点，大多也是在一个中期调整的高点上，那就谈不到突破密集成交区了。

对于密集成交区的突破，大部分个股仍然需要成交量的存在，即多数个股以"密集成交突破密集成交"。如图 7-18 所示，在 A 段该股出现密集成交后，股价大幅下跌；在 B 段股价回升并突破 A 段高点，成交量仍以密集成交的形态出现。

有些案例中，股价突破前密集成交区时，成交量虽相对密集，但明显小于被突破的区域。其实突破时的成交量并没有固定的模式，或大于、或小于，或基本相当于被突破区域的量。这和个股主力资金前期所拥有的筹码仓位（控盘比例）有较大的关系，前期建仓吸筹较为充沛的，可能突破时的成交量就相对小，股价的突破走势也相对流畅；反之，需要再次大量吸筹的，可能突破时的成交量就相对大，股价的突破走势也相对要曲折一些。

鉴别突破的有效性或者说真假突破，主要是看成交量结束密集成交，出

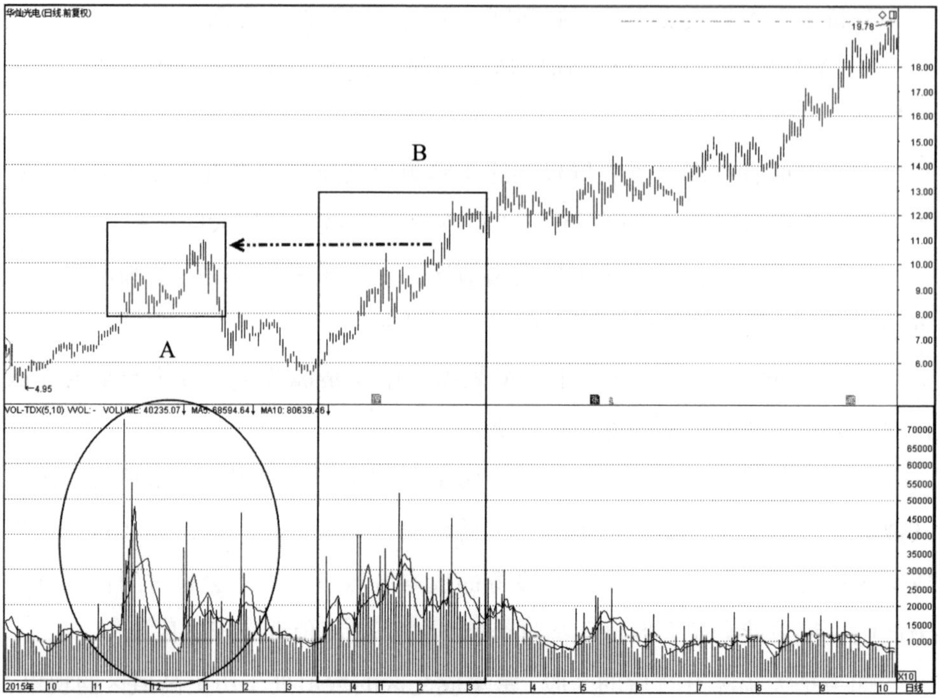

图 7-18

现量能消散形态时股价的表现。如果个股脱离密集成交后，随即就转为大幅下跌，则说明在密集成交中主力资金减仓份额较大，对于前高的突破可能只是一个诱多陷阱。如果个股并未大幅下跌，而是如案例中 B 段之后的走势，则 B 段的密集成交无疑是主力资金再次加仓，以及稳定并提高市场持仓成本的区域。这个突破则是真实有效的。

2. 向下突破密集成交区

密集成交之后股价上涨，买入者必然获利，那么当股价又回落到这一区域时，就到了买入者的成本区。这个时候，买入者有三种选择：持仓、加仓或卖出。

若这个买入者是主力资金或实力强大的其他资金，那么持仓、加仓就是主要选择，卖出只能是诱空的手段。作为成本区的密集成交区域，必然就会体现出强大的支撑作用。如果密集成交区未能体现出应有的支撑作用，股价出现向下突破的情况，排除诱空的可能性，就说明这个密集成交区的主要买入者并非主力资金或实力强大的资金，可能只是市场跟风资金。

还有一种情况，即密集成交区出现后股价大幅上涨，经过较长时间的运行，股价才再度回落并向下突破密集成交区，而这时密集成交区的支撑，可能已经大幅降低或不复存在。

实战中，股价向下突破密集成交区的方式有很多，比如直接以大阴线或连续下跌的形式突破，以横向振荡盘整的形式渐次向下突破等。

如图 7–19 所示，在 A 段该股出现密集成交，股价回落调整后向上突破 A 段密集成交，并于 B 段创出上涨的高点。在之后的行情中，股价的数次回落都在 A 段密集成交区上方得到支撑并转为上涨。

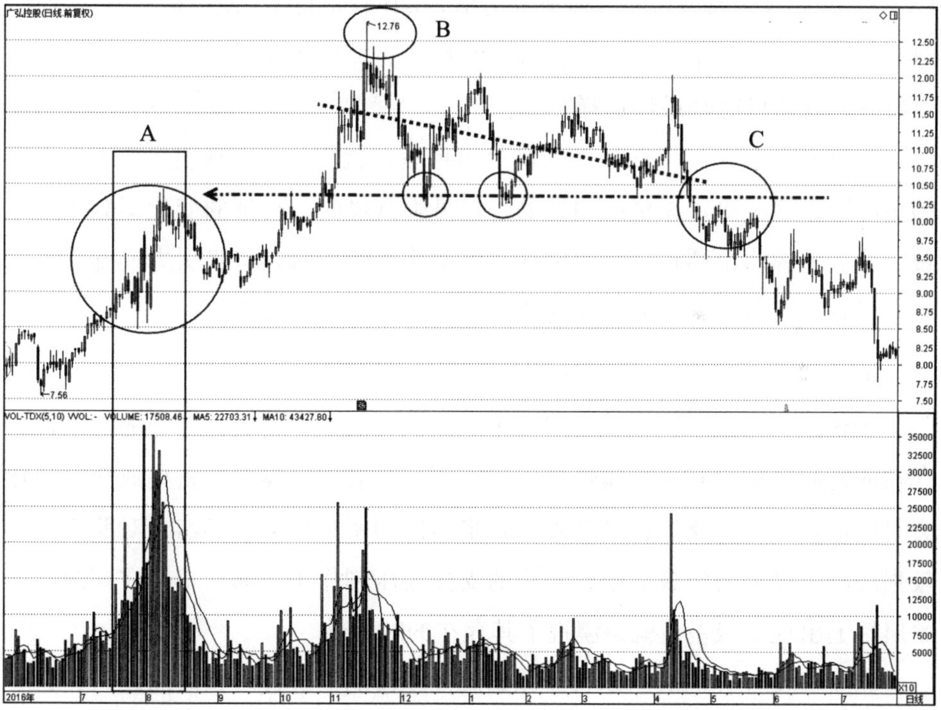

图 7–19

通常来说，在密集成交区上得到支撑，势必会转化为股价重新上涨的动力基础。但是，如图中 B 段之后的走势，数次探得支撑，股价的上涨高点却不断下降，导致股价运行重心也由此改变运行方向，这种现象就很值得交易者深思了：主力资金是否正在利用这个所谓的支撑来回折返实，施逢高减仓？

在C段股价向下突破A段的密集成交区。其实在C段之前，股价的一次变量急速冲高，就已经露出不祥之兆。根据变量相关原理，交易者也可以判别出这里可能会引发价格的巨变。

在这个案例中，从B段开始到C段，构筑了一个股价运行重心不断下行的下降三角形形态；而在C段突破前，又是以对股价先拉后打、连续急跌的形式展开向下突破，个中诱多伎俩、突然性急速突破等手段综合出现，确实会让交易者猝不及防，难以招架。

对于这类向下突破密集成交区的情况，当大的形态走出来之后（如图B段之后），短线交易者策略上应放弃追涨，实在管不住手，或可选择急跌低吸。但是当C段出现之后，技术上已经非常明了，此时无论是追涨还是低吸都应当放弃，观望可能是最佳选择。

也许有人会说，当B段的最高点出现后，就应该清仓观望。如果从事后的角度看，这一决定无疑是明智的，但身临其境时，行情的变化不会让人一目了然。就像两个圆环形状的磁铁，谁能确认哪一端具有吸引力或排斥力？只有将磁铁不断靠近，吸引力或排斥力才会渐渐显示出来。

3. 历史密集成交区的时效性和心理关口

无论是作为成本区或是筹码套牢区的密集成交，都具有一定的时效性。存在的时间越短，其原始属性越强烈。比如具有成本属性的密集成交，必然会对股价具有较强支撑；具有筹码套牢属性的密集成交，必然会对股价具有较强压制。如果密集成交缺乏相应的支撑或压制作用，那么不是在判断其原始属性上出现了误差，就是漠视了其存在的时效性。

密集成交存在的时间越长，原始属性越微弱。经过较长时间之后，密集成交的支撑或压制作用会大幅降低或不复存在。具体原因在于以下两点。

（1）包括主力资金在内的买入者，在股价大幅上涨的过程中进行了多次换手，成本早已不在原先的密集成交区。经过涨势中的折返操作，主力资金的持有成本会大幅低于原先的建仓成本。

同时，随着大幅减仓或出货，某些个股主力资金的成本甚至可以忽略不计。不仅是主力资金，操作技术优秀的交易者也完全可以做到这一点。所以存在时间越长的密集成交区，即使当初是真实的成本区，也会在股价的运行中失去了应有的支撑作用。

（2）在密集成交中被套牢的筹码，会不断寻求逃离的机会。随着股价持续下跌，大部分持仓者会逐渐失去耐心和希望。部分持仓者会选择不同的反弹点减仓，悲观者则会不计成本清仓，还有部分持仓者会在股价下跌途中选择补仓或急跌做 T 的方法来降低成本。

行情经过较长时间运行之后，能够一直持有原密集成交区筹码的只是少数人，多数持仓者在股价下跌过程，或是通过有效操作降低成本，或是操作失误使得成本更高，抑或是早已选择清仓逃离。因此，存在时间较长的密集成交区，即使当初有大量套牢筹码，也会在股价的运行中失去了原有的压制作用。

这就是存在时间较长的密集成交区，其支撑或压制作用会大幅降低或不复存在的技术原因。换句话说，密集成交的时效性发挥了作用。

但是在实战中，交易者会发现某些时间相隔很久远的密集成交区，对于股价的上涨或者下跌，还是会起到很重要的支撑或压制作用。这又是为什么呢?

如图 7–20 所示，在 A 段出现密集成交的高点，时隔 6 年之后，B 段股价再度临近该密集成交的高点，却仍旧受到压制，而不能突破该高点。

其实，案例中的这种情况和真实存在的套牢筹码压制已经关系不大，真正对股价上涨起到主要压制作用的是心理上的关口。个股或指数历史上所形成的一些重要的密集成交区，会给市场心理带来重大的压力。随着这个高点区域的临近，会让压制越来越明显，甚至最终形成又一次重要的股价转折点。

当然，心理关口最终是否会被有效突破，也将佐证行情的级别。止步于心理关口上的行情，多数为个股的炒作行情。对于真正的大牛市行情，心理关口有时就是主力借机吸筹或震仓洗盘的区域。

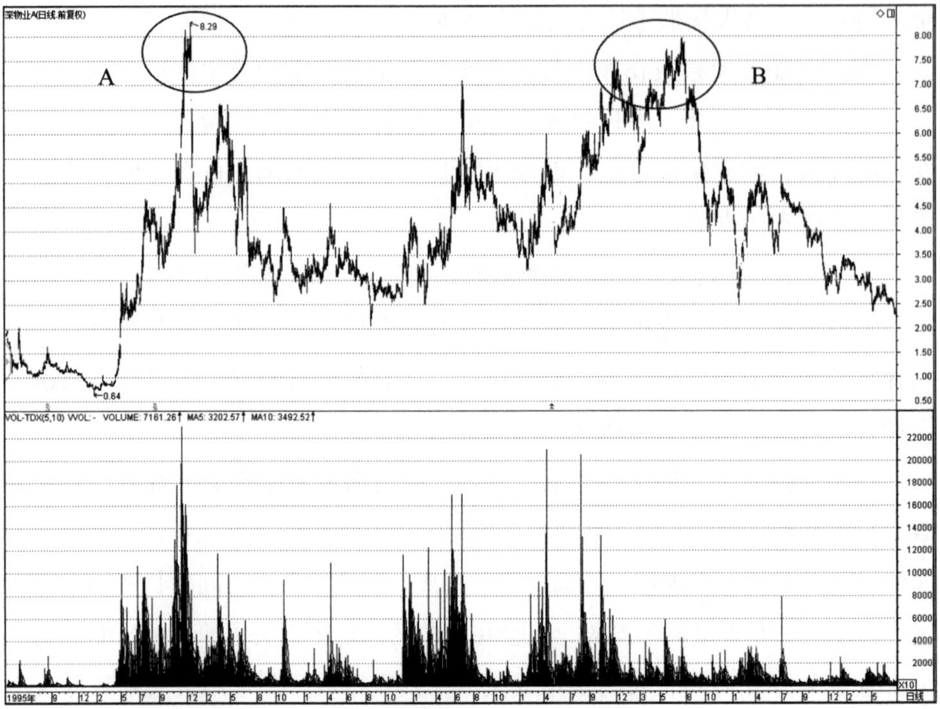

图 7-20

第四节　主力建仓期的量能催化特征

主力建仓的方式是多种多样的。对于那些目标远大的主力资金，建仓是一个长期缓慢吸筹的过程。这个过程比的是耐心和实力，对于一般交易者来说，很难忍受住长时间的价格折返和幅度不小的浮亏。

如图 7-21 所示，该股在底部吸筹建仓期间，股价走势折返振荡频繁，出现了多个由变量构成的密集成交区。很少有人能够在漫长的底部构筑阶段一直稳定持仓，承受这种似乎没有尽头的折磨。即便是在 A 段股价突破底部区域后，仍旧展开了一波折返振荡，最终才进入到拉升阶段。

正因为有这样反复折磨的过程，主力资金才能最终完成吸筹建仓的任务。还有一些个股的吸筹建仓过程极其隐蔽，多以常量形态为主，通常不会在涨势中形成明显的密集成交区，所以很难被发现。当涨势中的密集成交出现时，基本可以肯定，主力资金建仓已经初具规模了。

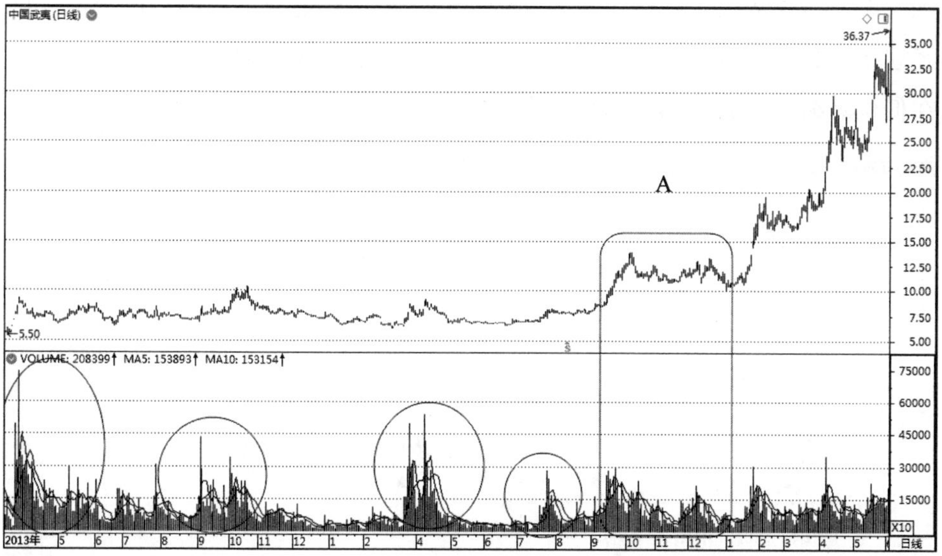

图 7-21

对于案例中这类个股，其建仓筑底区域，仅适合中长线交易者耐心潜伏，并不适合短线交易者低吸。否则反复的折返走势，势必会让短线交易者首鼠两端，难以获利。

其实并不是所有个股的建仓阶段都这么难以辨别，多数还是有迹可循的，通常能够发现相对密集的成交区。

这部分主力资金也知道躲不过市场技术派的目光，所以并不会试图隐藏成本在哪儿的问题，而是会通过大量的、不同级别的折返来降低成本，使成本动态化，以进一步混淆视听，促使技术派不断在判断中撞壁。

如图 7-22 所示，图中每一次密集成交出现后，都伴随着一次股价不同幅度的回落调整。每一次回落的幅度、速度、方式都不同，这必然会使参与其中的短线交易者倍受折磨。

主力资金之所以如此青睐于折返，主要是因为：一是可以借机降低成本；二是可以将上方套牢盘（未来拉升中的压力盘）尽可能多地吸引下来，以减少未来拉升的压力；三是可以将获利筹码清洗掉并提升市场介入者的成本。

主力资金在吸筹建仓阶段，如果想一直吸纳低位筹码，其实并不容易做到。即使是跌势中，经过一段时间的下跌之后，还愿意继续抛售的交易者已经屈指可数，这就到了股价“跌不动了”的阶段，而主力资金并不打算放弃在低位吸纳筹码的计划，那么怎么办呢？

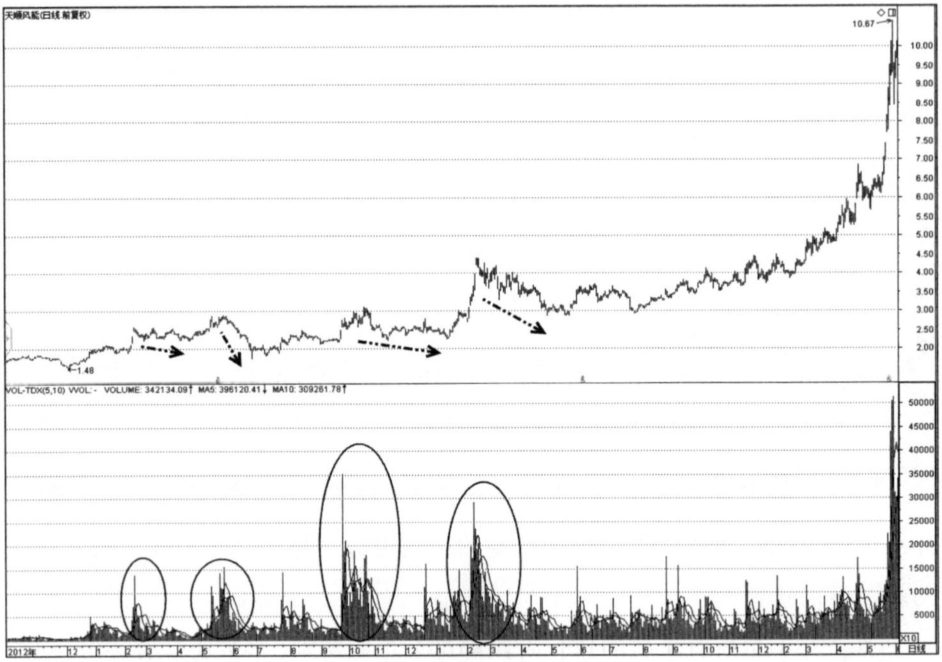

图 7-22

股价跌不动，是因为持仓者心存绝望情绪，“哀莫大于心死”。解决这个问题其实很简单——心病要用心来医。既然股价下跌让持仓者绝望，那么就用“希望”来治病。实战中，交易者会看到，某些个股跌到“跌不动了”了，会突如其来出现一根大阳线，或者突然高开，同时伴以赏心悦目的成交量。

如果一根大阳能够解决“绝望”的问题，那么主力资金绝不会用两根；如果一个高开就激活持仓者加码买进，那么高开之后就会突然往下跳。解决“绝望”，可以用“希望”，而希望的破灭，无疑是制造恐慌的绝佳时机。于是交易者可以看到，某些原本“跌不动了”的个股，又一次焕发活力，加入下跌的队伍。这样主力资金又可以“大快朵颐”，吸纳筹码了。

如图 7–23 所示，在股价的横向振荡中，A 点突然出现一根涨停板大阳线，似乎要开启一波大幅涨升行情。但是，次日一根高开大阴线就将追涨者全部套牢，振荡几日后，股价仍旧回归到跌势中。

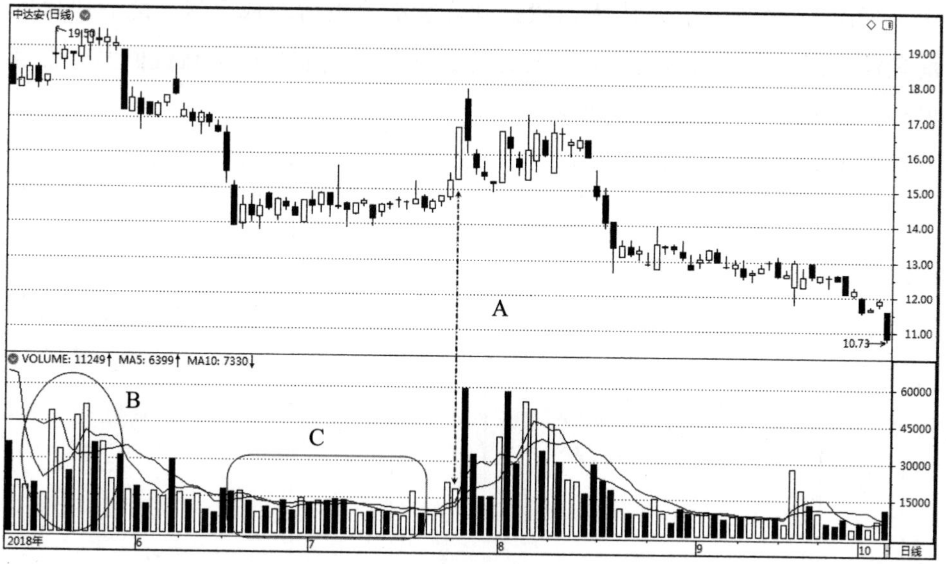

图 7–23

这就是一个比较典型的主力资金操作“跌不动了”个股的案例，在图中 B 段后的密集成交阶段，单日换手率达到 10% 之上。经过下跌到达 C 段时，单日换手率大幅下降到 2% 左右。这说明盘中很少再有抛盘集中出现，股价横向振荡，似乎跌不动了。

A 点大阳线的出现，无疑极为振奋持仓者的信心，当日换手率增长到近 5%。但是次日便大幅下杀，换手率达到 14% 以上。之后股价折返振荡，成交量在这个阶段一直较大。这种走势会让持仓者在“绝望”和“希望”之间痛苦地折腾，期间必然会有持仓者用抛售来消除痛苦。

还有一些主力资金会选择上市新股建仓，其优点是在短时间内就可以完成吸筹建仓的任务；但其缺憾也很明显，即成本较高且极容易被技术派察觉。

所以，建仓新股的主力，一般有两种风格：一种是操纵股价在短期内暴涨，借势迅速套利离场，这种个股多成为被爆炒的“妖股”。另一种是长期看好该股的基本面，并不想短期爆炒获利，而是以耐心和实力长期运作，这种个股多成为高控盘的“妖股”。

如图 7–24 所示，A 段为该股打开连续涨停板后的成交量，之后股价回落盘整，而量能并没有出现持续性萎缩，而是短期缩减后呈高数值的新常量形态，显示有主力资金在积极运作。

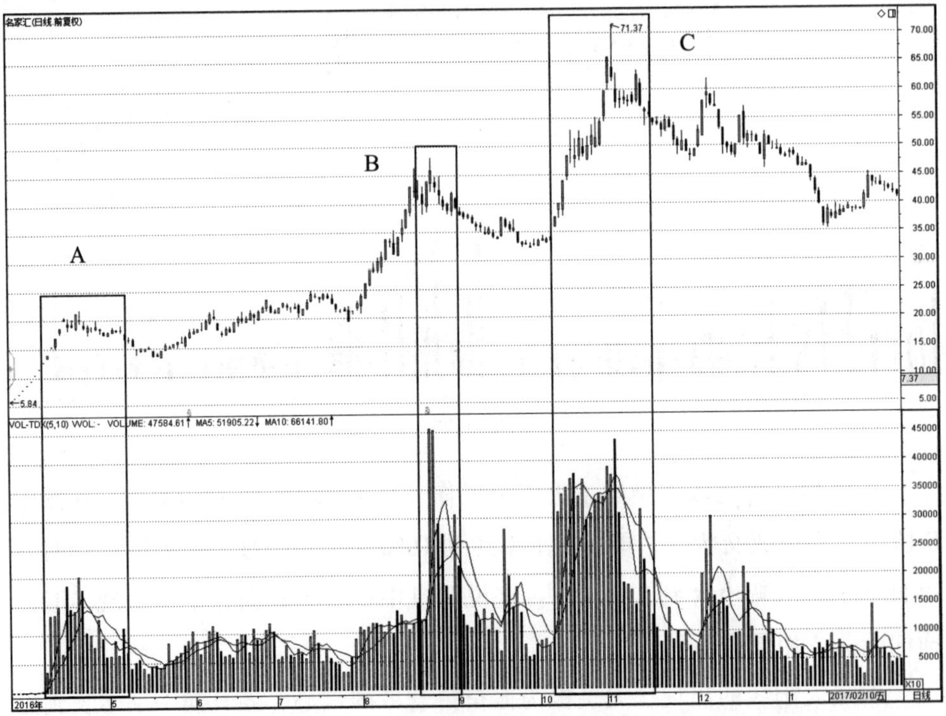

图 7–24

在 B 段成交出现变量，这里其实是主力资金阶段性减仓的位置，而之后在 C 段出现密集成交，意味着主力资金已经离场。此后的走势便进入了各路资金击鼓传花的狂赌爆炒阶段。

搞清楚了主力资金建仓的伎俩，在实战中遇到这些情况时，就不会手忙脚乱地跟风杀跌或追高买进了。当然，交易者还需要先明确自己的定位，比如是做短线交易，还是做中长线交易，这对应着不同的操作方式和应该遵循的纪律。切不可获利就做短线，被套就做中长线。明确自己的定位后，面对主力资金使出的各路手段时，该怎么操作就必然游刃有余。

第五节 主力拉升期的量能催化特征

股价在长时间的上升中形成趋势，即上涨趋势。上涨趋势的运行并没有统一的模板，而是分别体现出起主要作用的资金的习惯和风格。这是对于拉升形态的分析。

即使个股处于上涨趋势中，也不意味着股价就会一直处于拉升阶段。在整个行情的运行过程中，拉升期与洗盘期很相似，也是分阶段出现的。这是对于拉升的阶段性分析。

一、拉升的阶段性

如果排除股价在上涨趋势中的回落调整，只将股价涨升阶段定义为拉升，那么没有任何一只股票会持续处于拉升的状态中。不管多牛的股票，都不会由纯粹的拉升来构成整个上涨趋势。趋势运行期间，总会有或大或小的回落调整。如图 7-25 所示，该股在长期上涨趋势中出现过多次不同级别、不同形式的回落调整。

在案例中，拉升阶段既有短时间拉升，也有较长时间拉升，中间间杂以不同级别的回调。由此可见，任何一只大牛股，在上涨趋势运行过程中都不会是一路坦途，而是充满曲折和不确定性。理解了这一点就会明白，量能的催化与反向催化是处于转化过程中的。你必须像对待拉升一样，去分析和理解调整和振荡。这样才能在纷乱的盘面中，找到真正的行情脉搏。

二、拉升的角度与速率

拉升的角度与速率，大多数都不是市场资金率性而为的结果，而是主力资金有预谋、有计划的行为，这对股价的催化作用必然有所不同。结合技术

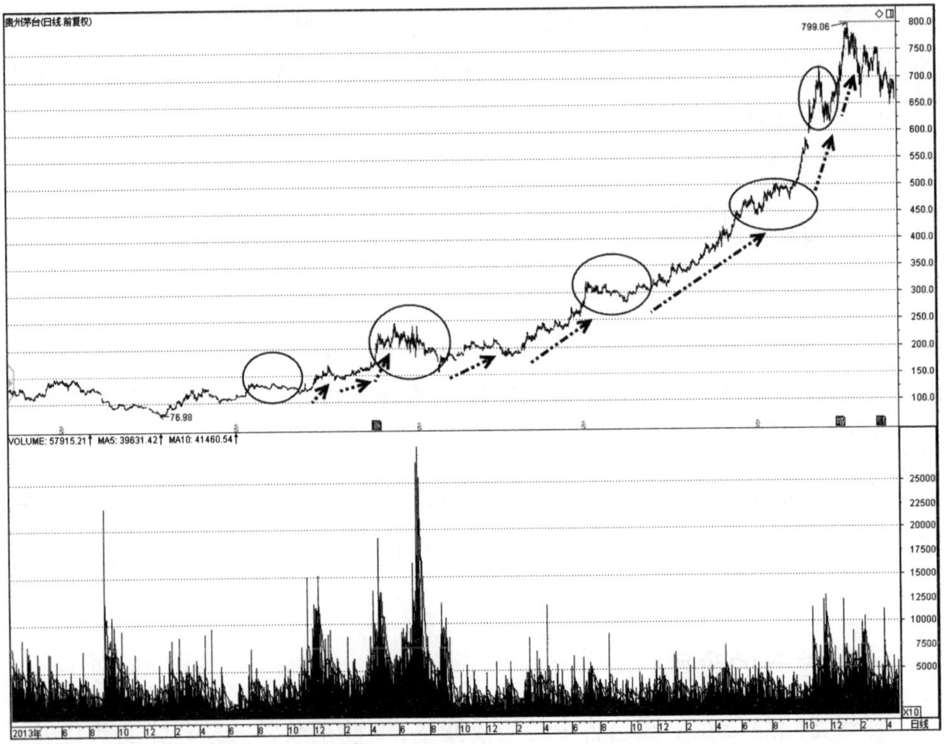

图 7-25

环境来分析拉升中的角度与速率，交易者既可以预估主导拉升的资金性质，还可以对后期上涨的持续性有客观的判断。

角度和上升速率存在着正比例关系，角度越大，上涨速率越快。但是，一个角度陡直的上涨，可能意味着涨势并不能持久；而一个角度过于平缓的上涨，可能意味着涨势会频繁出现反复。分析这些不同角度、速率的拉升，对于交易者理解主力资金的意图非常关键。

拉升的角度，通常可分为三种。

（1）30° 区，是指以 30° 角为中心的波动区域。这种平缓角度的启动与攻击，也被称为缓速上攻（拉升）。

（2）45° 区，是指以 45° 角为中心的波动区域。这种不急不缓、相对适中角度的启动与攻击，也被称为匀速上攻（拉升）。

（3）60度区，是指以60度角为中心的波动区域。这种较大角度的启动与攻击，也被称为急速上攻（拉升）。如图7-26所示。

在理解和应用技术分析时，必须要有严谨的态度，但不能有呆板的思维。这里提到的角度，并不需要精确到丝毫不差，只要大致运行在这个区域即可。

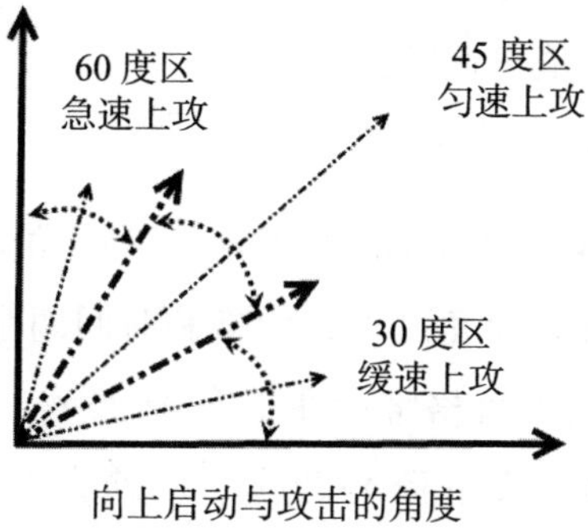

图7-26

1. 30度区缓速拉升

30度区拉升，由于角度运行平缓、强度不足，往往会带来趋向或趋势上较大的不确定性，容易让交易者在判断时产生较大的迷惑。尤其是在启动阶段时，30度区的启动角度在实战中失败的案例较多，很多个股会出现二次启动的情况。

30度区攻击角度在行情的各个阶段都有可能出现，尤其在底部构筑阶段较为常见。它的出现往往会使行情的运行趋向变得扑朔迷离，较难预判。

通常来说，采取30度区拉升，多是市场资金的行为或者是主力资金故意隐藏实力的一种行情运行模式。30度区拉升，显示多空双方处于胶着状态，多方并不具备明显的优势地位，获利盘沉浮不定而亏损盘仍旧沉重，行情随时可能倒向空方。30度区拉升角度不会长久延续，会在波动中逐渐加大加快运行角度。

当股价从30度区的拉升，变轨为向上的45度区或60度区，则是主力资金放弃掩饰，露出真实面目的时候。当然，也存在主力资金故意诱多的可能。

实战中，拉升不可能始终以同一角度运行，必然会在各个阶段在多个角度间转化，这既是由博弈特性决定的，也是均线和价格的调整与修复的需要。

30度区拉升，因其角度平缓和略显绵软的走势，会使市场资金心存疑虑，不敢确信行情趋势正在发生变化，甚至会误判行情随时发生折返。这可能也是主力资金希望达到的效果。在个股构筑底部阶段，如果30度区的拉升能够维持较长的时间，倒是值得追踪关注的。

2. 45度区匀速拉升

交易大师江恩（William D.Gann）认为，45度角能够反映出价格随着时间上升或下降的速率。在这个角度上，价格和时间两个方面处于完美的平衡状态。在上升趋势中，只要价格维持在上升45度角，则趋势持续有效；在下跌趋势中，只要价格维持在下降45度角，则趋势持续有效。

研究实战案例可以发现，启动与攻击成功率比较高且强度较为理想的个股中，多数都是以45度区的角度展开攻势。过大的启动与攻击角度，攻势强度虽高却很难持久；而过小的角度，攻势则显绵软无力，存在折返的可能性。

45度区在角度上不急不缓，处于一种匀速拉升的状态。技术意义上，虽然显示多方具有主导性，但空方显然并未放弃抵抗，而是处在不停反击的过程中。正因为有多空双方激烈博弈，使行情的运行处于一个获利盘与亏损盘不停转化、成本不断垫高的具有较强支撑力度的状态中，股价的运行相对稳定、易判。

如图7–27中A段，股价以45度角度线拉升，途中经过一波次级调整后，在B段以强度更高的60度角度线继续上行。在整个升势中，股价涨势量增，跌势量减，显示主力资金处于良好的主导状态中。

主力资金往往会以45度线拉升来逼空，这种匀速拉升会使空仓资金处于焦躁之中：不想追涨，但股价却不出现明显调整波动，使得空仓者很难有介入机会。

当45度区的上攻状态保持一段时间后，多方会开始波动变轨，见图中

A 段与 B 段之间。股价出现回调，空仓资金买入后即被套，或者仍旧不敢买入，认为调整还会有更低点。但是接下来行情却由此进入更为强势的拉升阶段，彻底打垮空仓资金的意志，使其绝望，或不得不改变看法高位追涨。

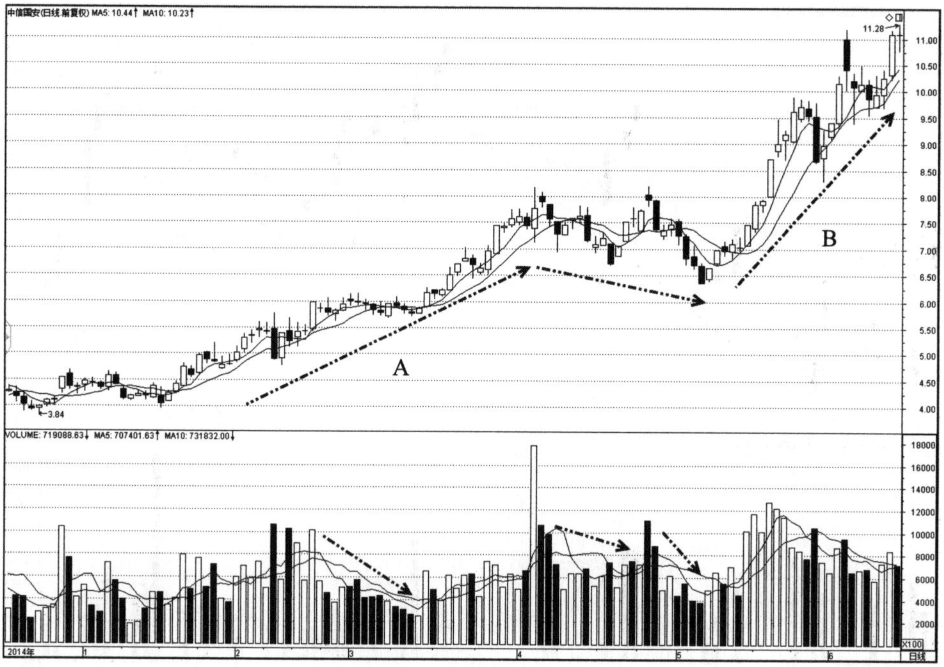

图 7-27

需要注意的是，这种角度拉升途中出现次级调整过后，均线与股价应出现波动变轨，即加大上涨角度或至少不小于之前的上涨角度，这一点非常重要。

因为一个重要的回落调整结束后，被削弱的理应是空方，此消彼长，多方应变得更强大。如果多方在一个重要的调整过后，并没有变轨加速，反而走势绵软，小于之前的上涨角度，交易者就需要留心，这个价格回落调整的性质可能会发生改变，行情趋向有可能转向更为胶着的盘整状态或是发生趋向向下的扭转。

如图 7-28 所示，A 段股价和均线以 45 度角度线启动并展开攻势，之后股价出现一波较大幅度的回落后，再度回升时，均线并没有变轨加速，反而出现变轨减速并以 30 度角度线开始攻势，但不久趋向就出现向下扭转。

实战中，以 45 度区拉升的个股，如果在调整后再次启动时角度变小，则要留心趋向生变。

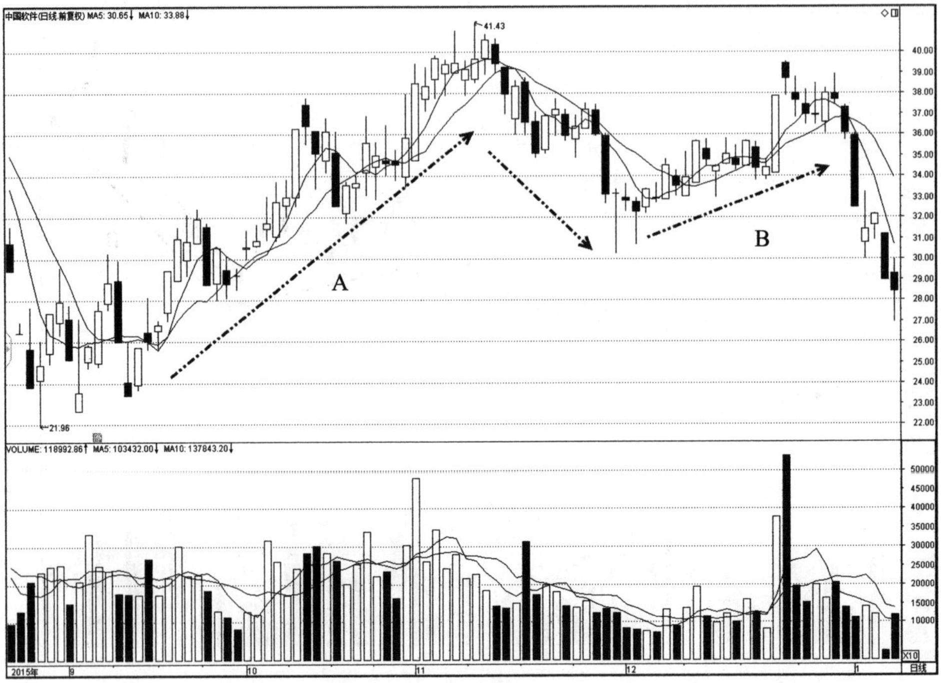

图 7-28

3. 60 度区急速上攻

60 度区是极为陡峭的拉升角度，也被称为急速拉升。采用这种启动和上攻方式的个股，无疑受到资金的高度追捧。这种强度最高的拉升模式，往往是主力资金短线突击减仓行为，拉升结束后多数都要面临着趋向或趋势转折或长时间休整。

技术意义上，当股价和均线以 60 度的角度线上行时，说明空方已经基本放弃有力度的反击，行情处于多方全面掌控的单边运行节奏中。缺少空方的有力反击，对于行情的运行未必就是好事，过于集中的一致性观点必然导致单方向的急速冒进，物极必反的威力就将显现。

实战中，个股以 60 度区的陡峭角度拉升，整个拉升上涨的幅度也许非常惊人，但是攻击持续的时间却相对较为短暂。这种过于极端的拉升模式，会在短时间内累积大量的获利筹码，筹码获利越丰厚，兑现的欲望就越强，这也是极易促使行情发生扭转的重要因素。

图 7-29 中，该股受政策性利好影响，以 60 度角度线这种陡峭的角度展开拉升行情。图中的成交量显示出，此次急速上攻受到大批资金追捧。其实类似于案例中个股的情况，是资金之间的击鼓传花行为，大家都在赌自己接下的不是最后一棒。

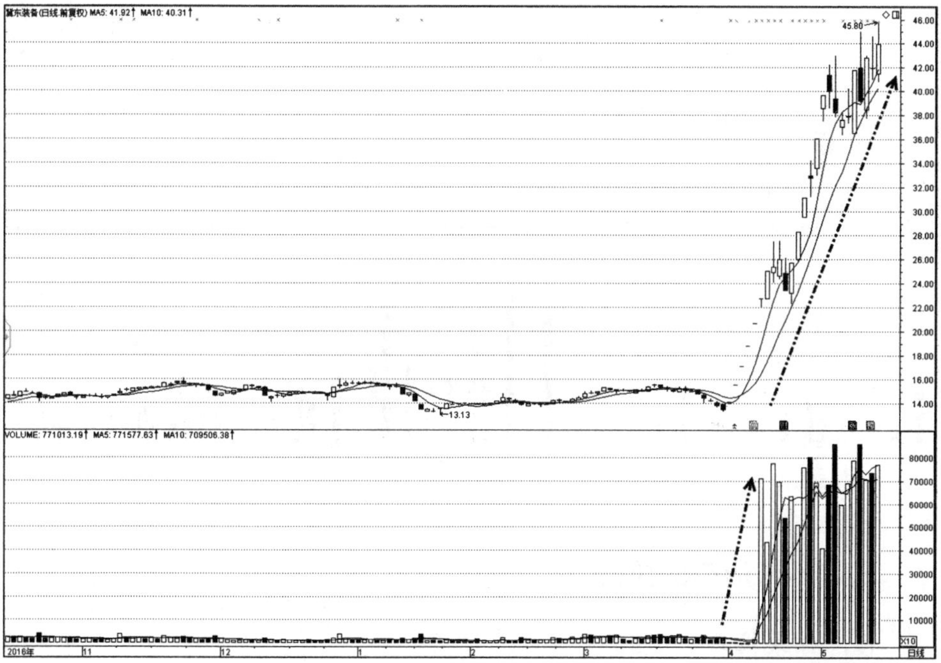

图 7-29

当 60 度区急速拉升结束后，如果回落至 45 度区附近能够止住跌势，说明涨升的强度仍在，那么经过盘整后仍有可能再启攻势；如果 45 度区被跌破，就表明至少短期内恢复升势的可能性几乎没有，甚至趋势或趋向可能会由此发生扭转。

如图 7-30 所示，在 A 段股价和均线以 60 度角度线急速拉升，股价由

22 元上涨至 40 元只用了短短 7 个交易日，之后股价出现回落。在 B 段，股价跌至 45 度区却没有能够止跌回升，仍旧继续下跌。这种情况就显示出该股涨升强度已经基本消耗殆尽，交易者对于这种盘口的个股就应该及时卖出了结。

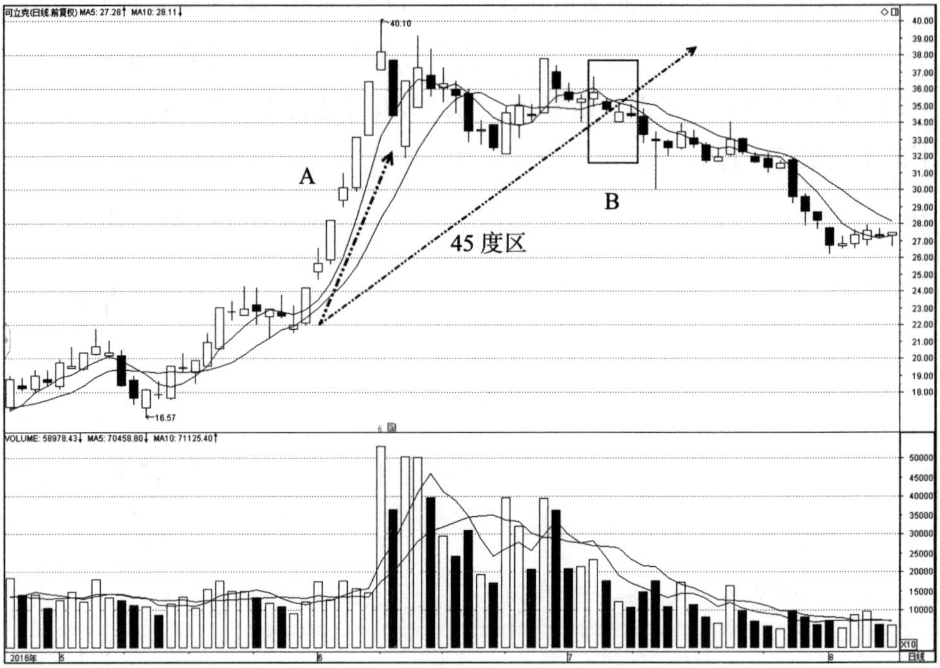

图 7-30

三、不同形态的拉升

1. 阶梯式拉升

拉升可以从阶段性、角度、速率等技术细节上分析，也可以从大的形态上分析。二者在实战中配合使用，对于交易者判断主力资金的风格以及操盘意图，都会有较大的帮助。

如图 7-31 所示，该股在上涨运行趋势中，大部分时间保持在 30 度区和 45 度区上，每一次回落调整基本呈横向振荡的形态。调整结束后股价上升，再次出现调整时，低点也不会回落过深，形成了类似于阶梯的形状。

图 7-31

这种阶梯式拉升，无论是拉升阶段还是调整阶段，都相对平稳温和，很少会出现股价的大起大落。阶梯式拉升通常会出现在权重个股的走势上，所显示的技术意义是：筹码的稳定性较高，绝非崇尚短线交易的资金所为，而是超大型资金的“俱乐部”。

值得注意的一点是，阶梯式拉升的个股，一旦改变这种拉升风格，也就是说出现股价的波动变轨、角度与速率变大后，就极有可能面临着大级别的回落调整，甚至是股价的顶部转折。

2. 振荡式拉升

振荡式拉升是比阶梯式更为常见的拉升形态。可以说大部分个股在上涨趋势的运行中，所采用的就是这种拉升形态。

如图 7-32 所示，该股在上涨趋势运行中多次出现回落调整。这种回落调整的幅度相对阶梯式拉升来说都更大，而且不像阶梯式拉升多呈横向振荡。

振荡式拉升的筹码稳定性远不如阶梯式拉升，主力资金也正好借用股价的振荡折返来实施洗盘或降低成本。由于主力资金有不同目的和需求，这种在涨势中出现的回落调整，级别也大小不一。

在运行过程中，振荡式拉升每一阶段的拉升角度与速率也呈多样化，由此会对之后的调整级别带来影响。比如，一个短时间内 60 度区拉升后的回落调整，大多要比长时间内 60 度区拉升后的调整级别低得多。

在进行角度与速率分析的同时，也要注重成交量分析以及技术环境分析，主力资金在不同阶段的行为必然会大相径庭。

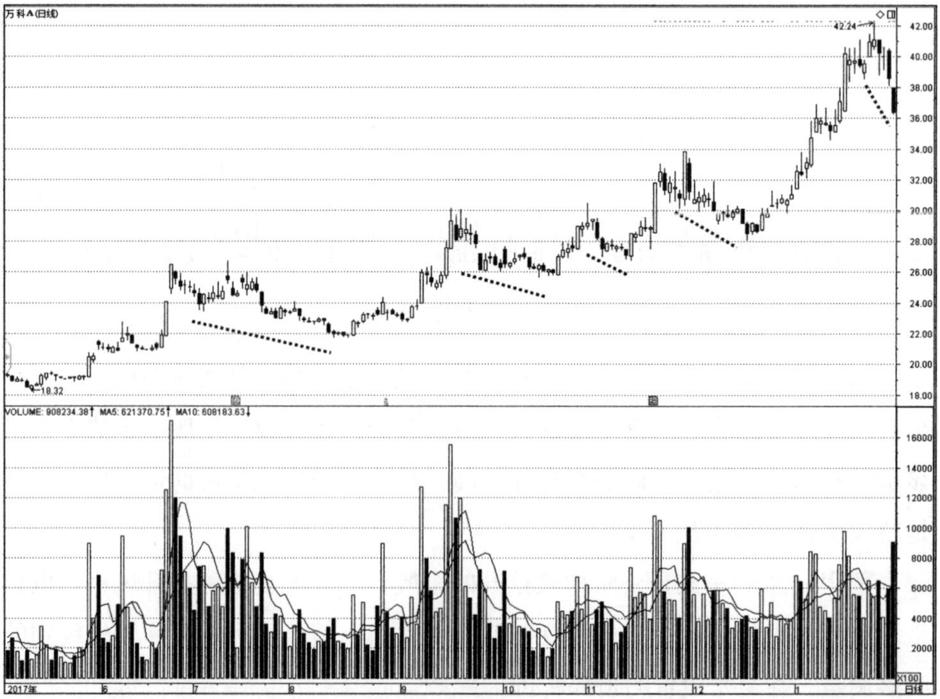

图 7–32

3. 急速直升式拉升

急速直升式拉升是一种较为极端的拉升形式，相对其他拉升形式来说比较少见。这种拉升形式会让人误以为整个上涨趋势都属于拉升期，其实仔细分析的话，并不尽然。

如图 7–33 所示，该股在整个上涨趋势运行期间，几乎保持在 60 度区上，似乎没出现过明显的回落调整。图中的 A 段，放大这个拉升的过程就可以看到，该股的拉升并不是没出现回落调整，而是回落调整的级别较小，同时拉升的角度陡直，也会让人产生错觉。

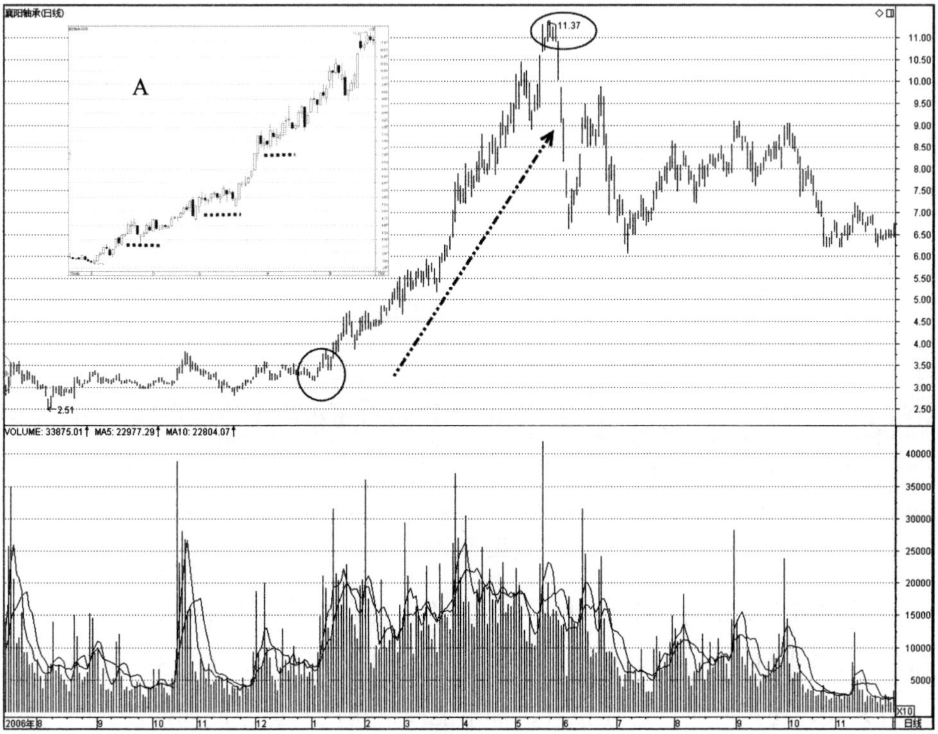

图 7–33

急速直升式的拉升形态，通常出现在技术环境为大牛市的背景下，其他行情的技术环境下，只会出现阶段性的急速拉升，很难形成形态上的急速直升式。这既是行情热度使然，也是主力资金在特殊行情下的特殊选择。

采用这种拉升形态的主力资金，多因建仓或其他原因与大势运行节奏不同步，案例中该股启动升势时，同期的深成指已经有了较大的升幅，见图 7–34 中 A 段；而该股见顶回落时，大盘指数仍旧运行于升势中，如图 7–34 中 B 段所示。

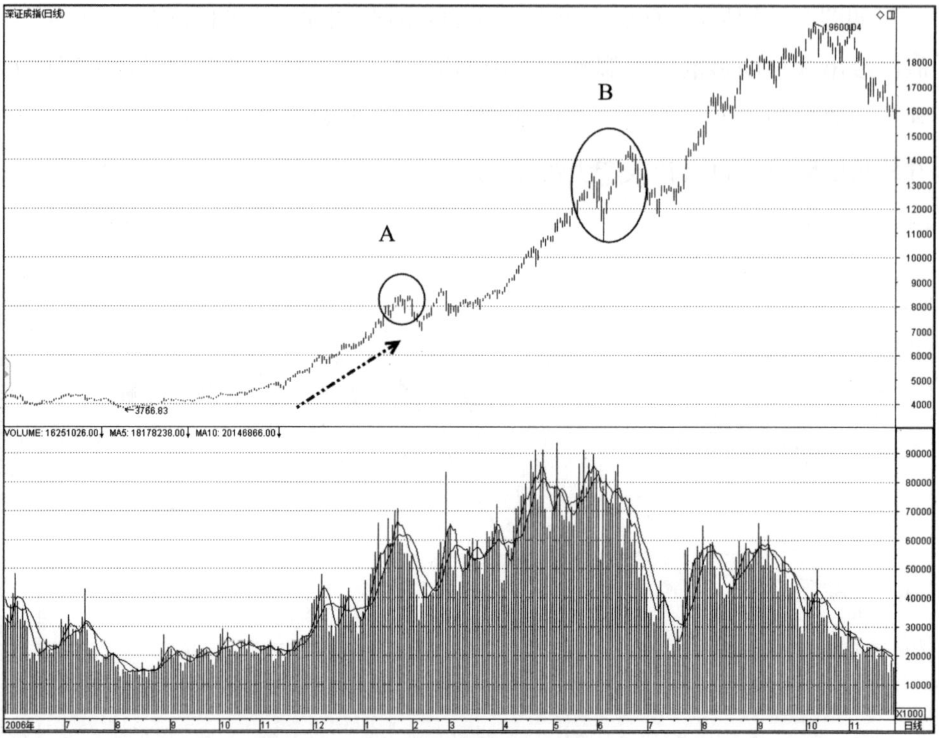

图 7-34

通过与大盘指数的对比可以发现，急速直升式拉升的个股，虽然涨势非常迅猛，但是能维持的运行周期相对较短。在这一点上，不管是形态上的急速直升式，还是阶段性急速拉升，都不能回避角度和速率的规律性。

四、主升段的机会与陷阱

主升段通常是指个股上升速率最快、幅度最大的主要拉升阶段，多数个股在这一阶段会出现急速拉升。主升段是赚钱最快，也是一不留神就会被套在股价高位的阶段。

如图 7-35 所示，该股于 A 段以 30 度区启动上涨，之后随着涨势延伸，拉升中的角度逐渐变大，在 B 段以 60 度区拉升，这种大角度拉升必然导致股价出现幅度较大的回落调整，原因就是主力资金需要清洗获利盘和降低自身成本。在 C 段股价以 30 度区向上拉升，这个阶段的振荡折返极为频繁，显示出主力资金通过这种走势减仓，来不断降低自身成本，并借机提高市场资金的进场成本，为主升段的到来做准备。

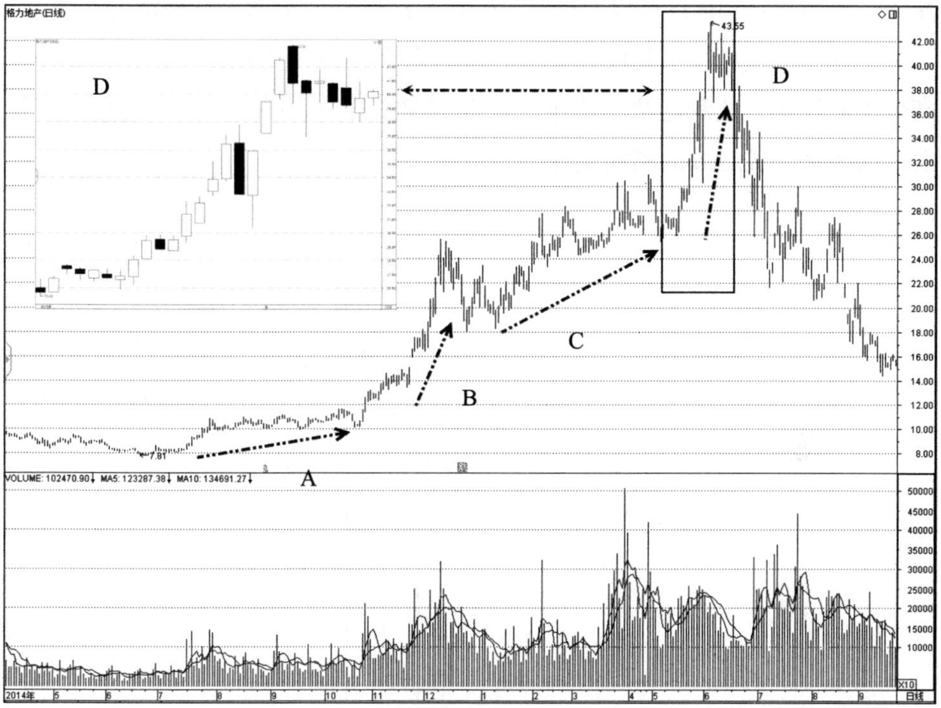

图 7-35

图中 D 段为该股主升段，通过放大图可以看到，这个主升段维持的时间并不长，但升幅非常惊人，中间仅出现单日调整。

在主升段的急升过程中，机会与陷阱是共存的。大部分获利丰厚的主力资金会在主升段甚至之前，就将大部分仓位逐步减掉，完成出货，兑现利润。如案例中，该股主力资金在 C 段已经开始通过阶段性减仓来完成部分出货计划，及至主升段时，在激发起市场资金疯狂追高热情后，就可以很轻松地抛掉剩余仓位。

在主升段时，交易者必须注意成交量的变化：（1）涨势延续中，量能不断缩小，反向催化比较明显；（2）涨势中出现的变量接近或超过历史天量。两种极端形式的量能表现，都预示着股价顶点的临近。

主升段成交量不断缩小，说明追涨资金的热度正在不断降温，后果就是买入资金持续减少，这必然会导致股价难以支撑急速上升，随后多半将迎来跌势。如图 7–35 中 D 段以及图 7–36 中 A 段所示，都属于这种情况。

图 7–36 中 A 段主升段过后，股价并未直接进入到跌势中，而是展开了高位横向振荡。这种走势说明主力资金前期拉升过程中出货并不理想，只能通过振荡来完成后续的利润兑现。

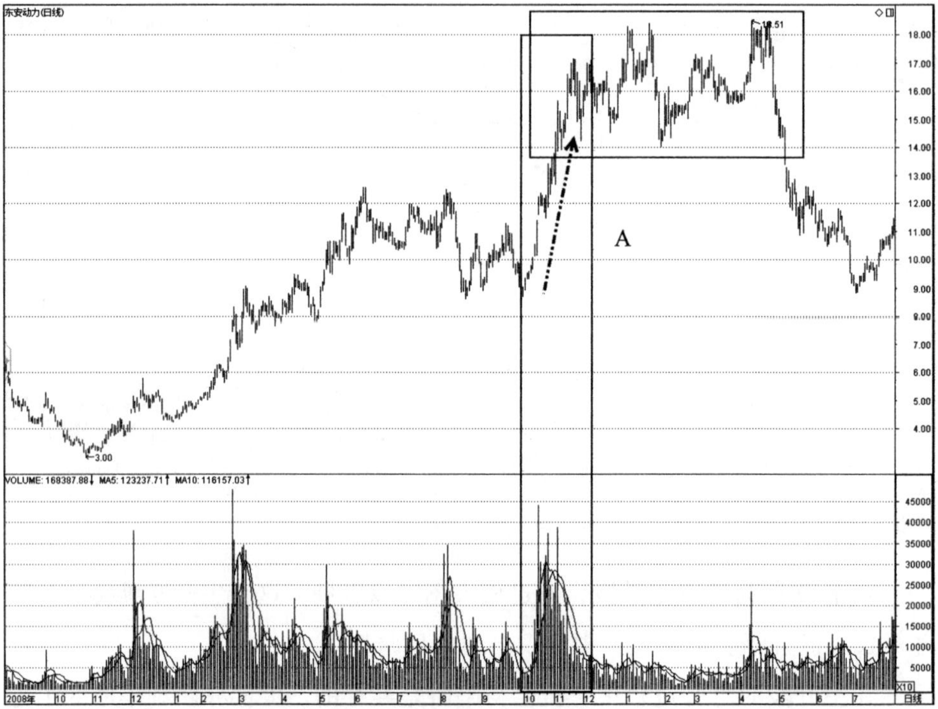

图 7–36

主升段成交量持续放大并不存在问题，关键之处在于这个放大量是否过度。何为过度？如果量能在主升段的急速上升中，达到该股历史天量的级别，也就是该股历史最大量能的数值附近时，即为量能过度放大。

如图 7–37 所示，该股在主升段的急速拉升中，成交量达到历史天量级别。在这种量价极端火爆的情况出现后，该股股价由此冲顶回落。

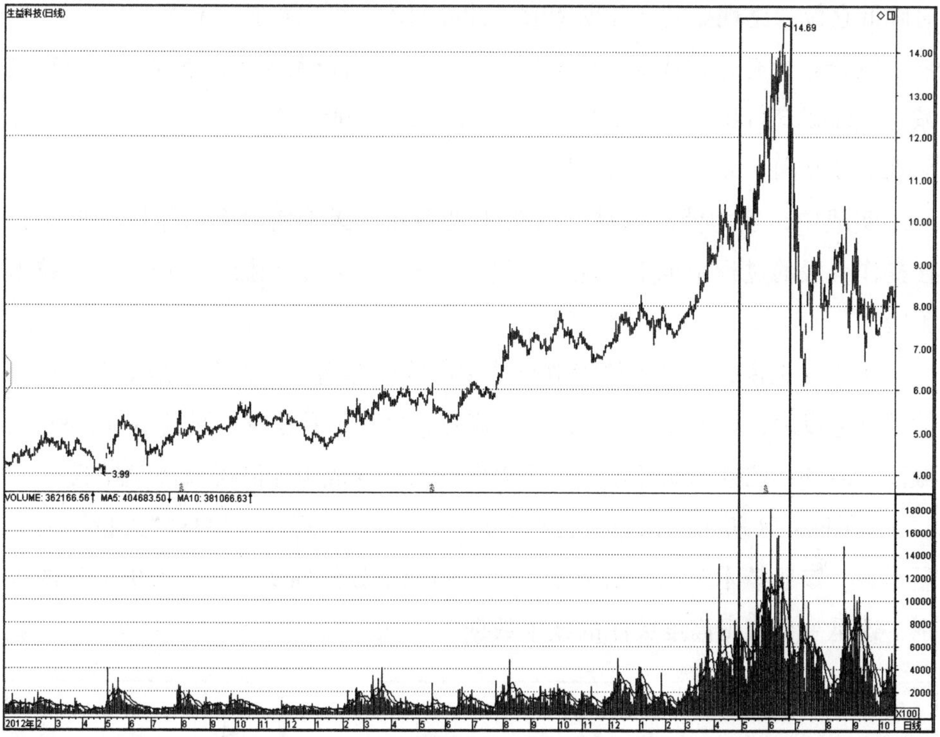

图 7-37

第六节　主力减仓的量能催化特征

对于减仓的概念，很多人容易和出货或者清仓相混淆，很有必要在此予以厘清。交易中的减仓，是指以降低仓位为目的的卖出操作；而出货或者清仓，是指以清空仓位为目的的卖出操作。

减仓操作是普遍存在的一种交易行为，其主体既有主力资金，也包括散户交易者以及市场各路资金。一轮行情总是由价格的涨和跌构成的，无论是价格上涨阶段还是下跌阶段，总会有人采取减仓操作。

例如，跌势中持仓者担心股价持续大幅下跌，于是选择降低仓位，并期望未来在更低的价格上把减掉的仓位再买回来。涨势中，持仓者在价格急升时降低仓位，兑现盈利，并期望股价冲高回落，可以再补回仓位。

减仓总会有这样或那样的原因。主力资金减仓大致有以下原因：诱空式减仓，即减仓打压股价，诱使散单杀跌，以加快吸筹进度；阶段性减仓，即兑现部分利润，减仓后少量补回。

实战中，主力资金的减仓行为无处不在。无论实力多么雄厚的资金，在操作个股的过程中也不可能只买进，不减仓。减仓是操作个股必要的技术手段。

可以这么说，个股一轮涨势行情中的阶段性高点，大多数是主力资金主动减仓造成的，至于减仓所致的短期高点，更是不胜枚举。通过不断的减仓、振荡、回补、拉升的循环过程，主力资金的持仓成本才能得以持续降低。

如图 7-38 所示，该股股价急升后，于 A 点出现一个堪称“天量”的变量形态。该股技术环境分析显示，A 点的变量数值确实达到了历史天量的级别，这是一个值得高度关注的技术数据。

图 7-38

学习过变量理论的交易者应该知道，变量的数值越是巨大，其引发股价骤变的可能性越高。果不其然，在A点变量之后，股价出现回落调整。从该股的技术环境上分析，A点处在股价长期大幅下跌之后的股价回升阶段，变量的出现究竟意味着回升阶段的结束，还是趋势发生转化后的一次正常回落调整？

其实仔细分析A点两根相邻K线的成交量形态，会发现A点前一根K线的成交量才是真正的变量。A点因为具有明显的量能反向催化，才成为关注的重点。A点的前一个交易日股价涨停板，并具有向上突破前高的技术意义。在这样一个技术点上，成交放大是正常的。但处于涨势初期出现超大的变量，就不是正常现象了。我们看看这一天发生了什么。

图7-39就是A点前一个交易日的分时走势图，可以看到，该股当日虽然报收涨停板，但在全天交易时间里，涨停板多次被打开，这些破板的地方也是成交量最密集的地方。

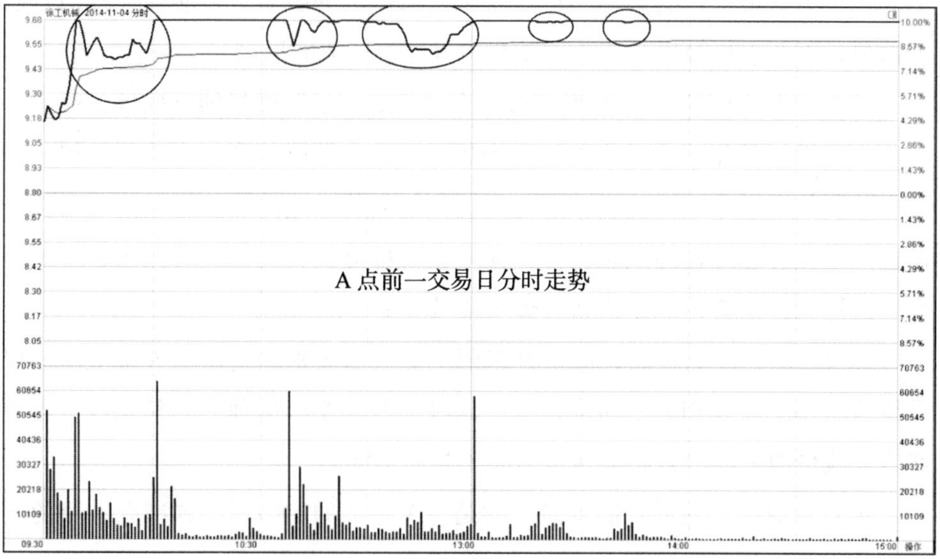

图7-39

通常来说，股价经过长期大幅下跌后，本身的浮动筹码已经少之又少，很多深度被套的持仓者都抱着“死猪不怕开水烫”的想法来应对股价的下跌，大部分人早已不再关注股价的波动，“反正又解不了套”是一种普遍存在的想法。

很难想象这些“残存的、顽固的”交易者，会在股价刚出现涨停板时，就选择如此集中地抛售手中被深套的筹码。更难以想象的是，普通交易者的抛售，居然能够抛出“历史天量”？

当上述假设无法自圆其说时，事实的真相就会显露出来。既然变量不太可能都是普通交易者所为，那么就只能是主力资金的作为。

毫无疑问，这里肯定存在主力的减仓行为，否则很难找出谁有能力制造出这么大的成交量。既然是主力资金减仓，那么又是谁在买呢？答案还是“主力资金”。换句话说，超大变量就是主力资金对倒的结果。

我们回到图 7–38 的案例中，如果当日股价封住涨停板，而不是被反复打开，那么当日的成交量会与之前大致相仿，根本不会出现变量。主力资金正是利用抛单反复打开涨停板，诱使盘中持仓者“抓住时机卖在高点上”。同时，主力资金下挂的买单不但收获了杀跌出逃的散单，还能保证接回自己的抛单，不至于让筹码旁落。这就是当日变量形成的原因。

那么主力为何还要在 A 点制造一个“超级变量”的量能反向催化呢？

在一轮行情正式启动之初，主力想尽快收集筹码的同时，并不希望“闲杂人等”加入进来，而且还很想把沉淀在里面的一些深套的筹码清理出去。制造一个带有恐慌性的放量高点，无疑会使部分被套的持仓者抛售手中“带血”的筹码，也会让部分获利的短线跟风资金尽快离场。

图 7–38 中 A 点过后，股价并未因历史天量级别的变量而大幅下跌，仅是维持了一个跌幅相对平缓的回落。这种不符合逻辑推理的调整幅度，也说明当前股价的下跌只是趋势转折后的正常回落调整。

A 点及前一个交易日的变量，就是一个标准的主力诱空式减仓，目的就在于收集筹码和清理浮筹。

A 点主力减仓制造了恐慌，图形上很吓人，但实质上却“雷声大雨点小”，股价跌幅非常有限。实战中，主力资金的一些引发股价出现较大级别回落的减仓，则与此相反，图形上并不太恐怖，却让交易者在不知不觉间中招。

如图7-38中的B点和C点，B点的空头侵入线和接近历史天量的成交量，刚刚让交易者觉得有点“高处不胜寒”，但股价随即又再度回升，在C点成交量刷新天量。这种走势最容易让交易者麻痹大意，形成“下跌不可怕，很快又会涨回来”的惯性思维，对股价的真正下跌防范不足。

B点的大阴线和变量，无疑是主力大幅减仓的结果，但在行情火热的环境中，并不会带来市场危机来临的感觉，而且股价的回升会让交易者很快忘掉这根大阴线。

在C点，主力减仓的隐蔽性较高。成交创出新天量，与股价当日涨幅明显背离，但因为当天股价仍旧收涨，所以也很少有交易者会特别在意。

通过在B点和C点的一连串操作，主力资金阶段性减仓的任务应该说完成得很完美。交易者在判断主力资金的这种减仓行为时，除了关注上述细节，其实变量或密集成交的一些技术特质，也会给交易者提供不少警示信号。

第七节　主力出货期的量能催化特征

出货是主力资金完成操作、兑现利润的最后环节。当然，不排除某些主力资金并无利润，以亏损离场的可能性。毕竟迫于局势不得不认赔出局，并不是散户的专利。

在可能的条件下，谁都不想放弃获得最大利润，但是追求最大利润和能拿到最大利润，完全是两回事。追求最大利润，就像是梦想；而拿到最大利润，则是幸运。梦想和幸运之间，有时差距巨大，有时却完美统一。追求最大利润，谁都可以去做，而能拿到最大利润，即使是主力等大资金，也需要幸运女神的关照。

通常情况下，主力资金需要“丢卒保车”来完成整个操作计划，最大利润在现实中可遇不可求，最佳利润才是唯一的、也是最理智的选择。

一、出货的条件

主力资金出货的过程，并不像散户那么容易和简单，需要一些必要条件，这些条件一旦具备，就要小心主力资金随时可能开始出货。

1. 技术环境

经过长期大幅涨升后，市场具有极度高昂的人气，也就极有利于主力资金顺利出货。主力资金的出货，往往领先于市场其他资金。因其仓位重、控盘程度深，一举一动大多会直接导致股价大幅波动，所以不提前布局出货，到了大势露出明显疲态时，就很难全身而退了。

一些仓位较为适中的主力资金，对大盘的趋势也很敏感，一旦发现大盘有走弱迹象，会在第一时间迅速完成出货，这会对股价造成极大的影响。

对于实力一般的主力资金来说，一旦发现领涨的龙头个股有出货迹象，就会跟风出货。所以市场上经常出现这样一种情况：某个板块个股集体上涨，当领涨股开始出现滞涨和下跌的时候，其他个股就纷纷跟着下跌，甚至跌幅和跌速都超过领涨个股。

2. 盈利幅度

一般来说，主力资金建仓之前都已经做好整体运作计划，包括确定个股的目标价位。在实际操作中，主力资金会根据大盘形势的发展情况，对个股的目标价位做出微调。比如，原定个股涨幅是其成本价的 100%，但是大盘出现超强走势，主力资金就会根据实际情况顺延获利幅度和持有时间。对于短炒波段行情的主力资金来说，在行情大趋势不是很理想的前提下，个股涨幅达到 20% ～ 30% 以上时，也会选择出货。

二、出货的手法

当主力资金运作的品种经过大幅度上涨，已经接近或者超过自己的目标位后，通常会按照既定方针布局出货。为了达到这一目标，主力资金会运用各种手法来成功兑现最佳利润。

1. 盘口、K 线图

为了能顺利出货，不被市场觉察，需要保持股价的相对稳定。要做到这一点，主力资金常会以小单的方式出货，几乎所有的炒股软件都不会把这种小单统计成主力资金出货。

同时，主力资金很少以主动性大卖单的方式进行出货，而是在买卖盘的挂单上做学问，比如采用异常撤单、上压单、下托单或采取隐性买卖盘等方法，悄无声息地逐步降低仓位。

主力资金还会利用股价高开，甚至涨停板开盘的方式出货。个股高开之后迅速低走，巨大的买盘挂单短时间内就会被完全吞噬。如图 7-40 中 A 点所示，股价当日涨停板开盘，但开盘瞬间就被巨量抛单打开，最终当日以高开大阴线报收。如果股价在高位区域出现这种情况，即便不是最终的顶部高点，也是一个级别较大的阶段性高点。

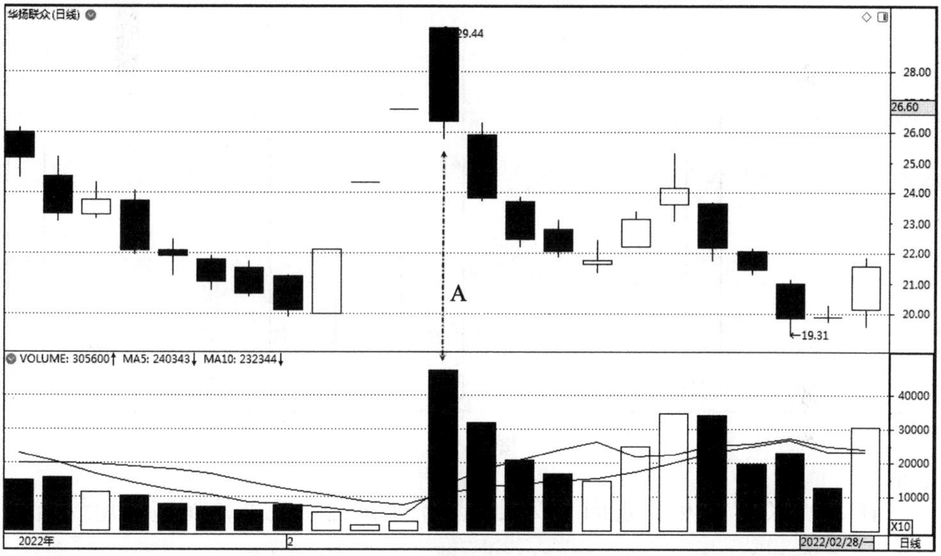

图 7-40

另外，针对喜好拣便宜货、抢反弹的短线资金，主力资金也会利用跌停板的方式出货。所以在抢反弹时，交易者要注意回避高位个股。

主力资金的出货阶段，并不像散户资金那样短时间内就可以完成，而是需要不断地营造骗线、制造诱多陷阱，一步步地减仓，最终达到出货的目的。这种意义上的减仓，已经和前面减仓的性质完全不同。

利用 K 线图形、均线系统或者技术指标来制造骗线、诱多陷阱，是主力资金出货的常规手法。如图 7-41 所示，如果交易者仅仅依据 KDJ 指标传统理论中的交叉规则，即出现向上交叉或向下交叉来决定交易行为，那么可以说不但无法获利，还会惨遭套牢。

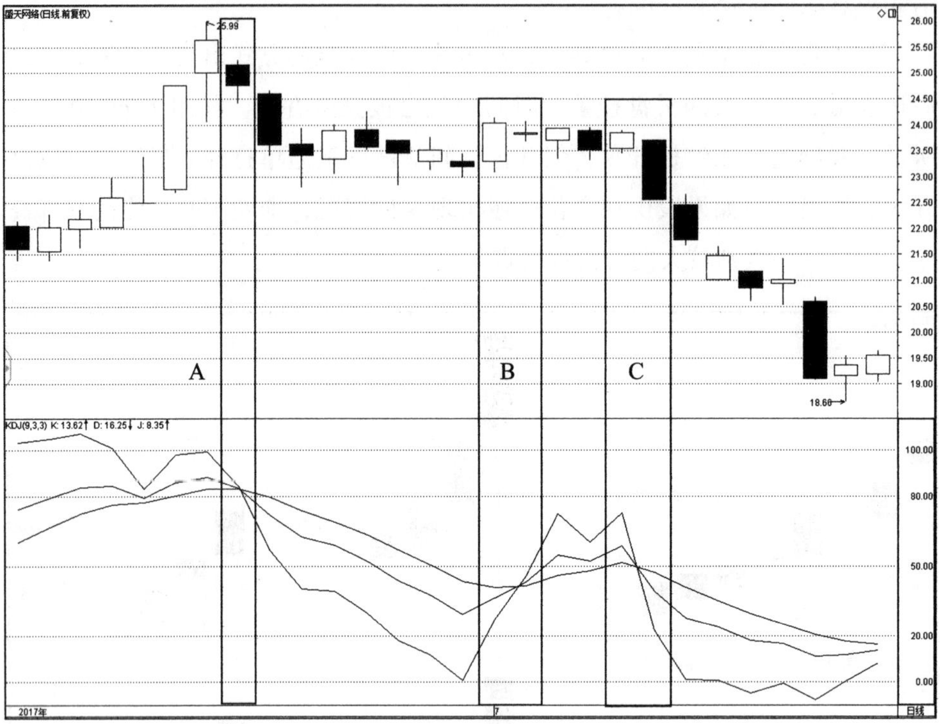

图 7-41

在 A 点 KDJ 指标出现向下交叉，股价也随之出现回落调整。短线交易者在 A 点选择卖出后，股价确实出现下跌，但很快就止跌。

在 B 点股价反弹，KDJ 指标向上交叉，短线交易者如依据传统理论中的交叉规则买入的话，会发现股价反弹的幅度极其有限。如果是追高买入的话，可能连手续费都不够。这个时候介入的交易者已经被套，但是鉴于股价仍旧横向振荡，KDJ 指标并未向下交叉，心理上仍旧存有一份侥幸和希望。

在 C 点股价再次下跌，而 KDJ 指标又一次出现向下交叉。到了此时，被套的交易者已经明白，B 点的“金叉”就是一个骗线，但为时已晚。

2. 除权缺口

利用股价除权来布局出货，是一种极为隐蔽的出货手法。主力拉高股价后，虽然获利丰厚，但高耸的价位往往令人望而却步，不敢问津。通过高比例送配后的大幅除权，会使原先的高价股变身为中低价股，而中低价股在中小交易者中一向颇受青睐，也就为主力之后的出货打下了人气基础。

市场上总有一些超级黑马，时常会上演除权后迅速填权，其反复大幅上涨、激动人心的飙升行情，在市场上起到了示范作用。榜样的力量是无穷的，很多心怀出货念头的主力资金会照猫画虎，除权后做出要填权的假象，以掩盖其出货的真实目的。

主力利用除权出货有两种形式。

（1）填权后完成出货。

这种情况一般出现在超大牛市行情中，主力在个股除权后的填权过程中，利用蜂拥而来的资金四两拨千斤，借力打力，边拉边出。当该股填满除权缺口时，主力资金已经胜利大逃亡，再度大幅上涨的动力也就不复存在。当然，这类个股并不一定随着主力资金的出逃就马上出现大跌，一般还会在跟风资金的推动下继续小幅爬高或出现横盘走势。

（2）填权途中完成出货。

对实力一般的主力资金来说，限于自身资金实力的缺憾，填权同时完成出货的方式存在一定的风险，而采取填权为表、出货为里的手法。虽然最终的获利幅度稍有欠缺，但较为稳妥。

如图 7-42 所示，该股除权后股价出现一波上涨行情，似有填权的势头，但股价在图中 A 点放出巨量后，最终还是发生转折，并进入到下跌过程中。

参与除权类股票的炒作具有一定的难度，主要原因是这类股票的主力资金意图较难把握，不能因幻想主力资金可能会填权就盲目买入。同时还要分析大势的情况，如果行情大趋势存在不确定性，主力资金是否填权也会受到影响。

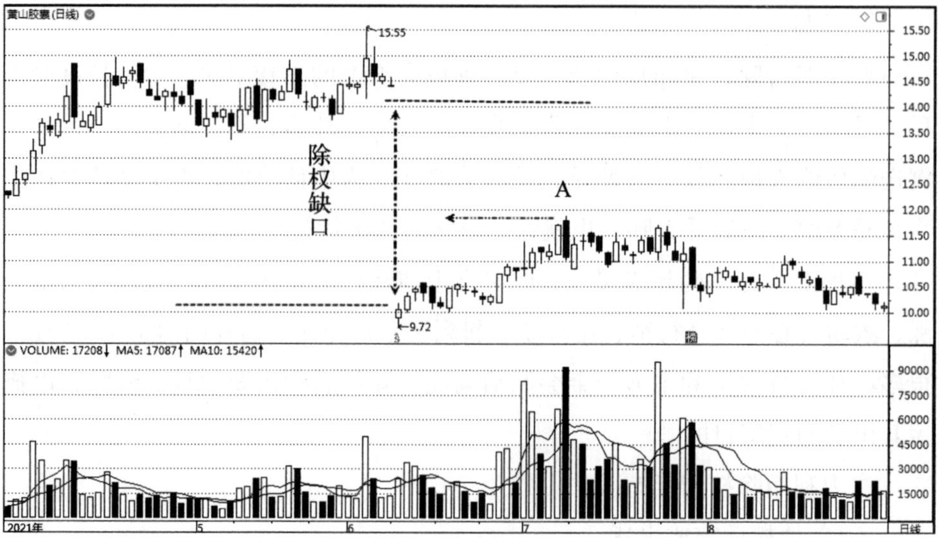

图 7-42

三、量能变化

股价经过长期大幅上涨后在高位区域振荡，具体的 K 线形态多为带上下影线的小阳线、小阴线、十字线等，但成交量却一直保持在较高水平的常量上，或者是聚量、变量形态，而股价呈大阴、大阳的 K 线形态，这些都是较典型的主力资金出货的量价态势。

在大盘涨势火热时，蜂拥而来的资金会毫无顾忌地追逐热门个股，于是个股呈现出连续放量、换手率高企的情况。对于获利较为丰厚的主力资金来说，不利用这种高换手率的机会进行全面出货或阶段性减仓，简直是暴殄天物。

在股价大幅暴涨之后，对连续放量与高换手率的股票要特别小心，这种股票具备主力资金出货的条件，是否继续上涨存在未知因素。对于成交量创出历史天量的个股，更需高度警惕。

一些经过多次阶段性减仓的主力资金，虽然尚未全部完成出货任务，但是所余仓位不重，通过对倒做出价升量涨的假象，在 K 线图上制造出股价连续上涨的技术形态，吸引短线客追涨，这样就能在较高的价位完成出货。

如图 7-43 所示，A 点股价上涨，成交量增加，在此后股价盘升过程中，成交量却逐渐减少，呈现出量能消散的形态。在股价上涨过程中，尤其是前期经过大幅上涨的个股，出现类似的盘口形态，要格外小心。

可能有人会有疑问：成交量减少，也是主力资金在出货吗？案例中的成交量减少，主力资金未必在出货，但肯定不是在买入。没有主力资金关照的股价也会上涨，但成交量不会连续大幅增加。

根据技术环境分析，案例中该股有主力资金参与其中，并在前期有过阶段性减仓。那么，A 点形成的量能消散形态，说明主力资金即使没有大幅减仓，也没有参与买入。

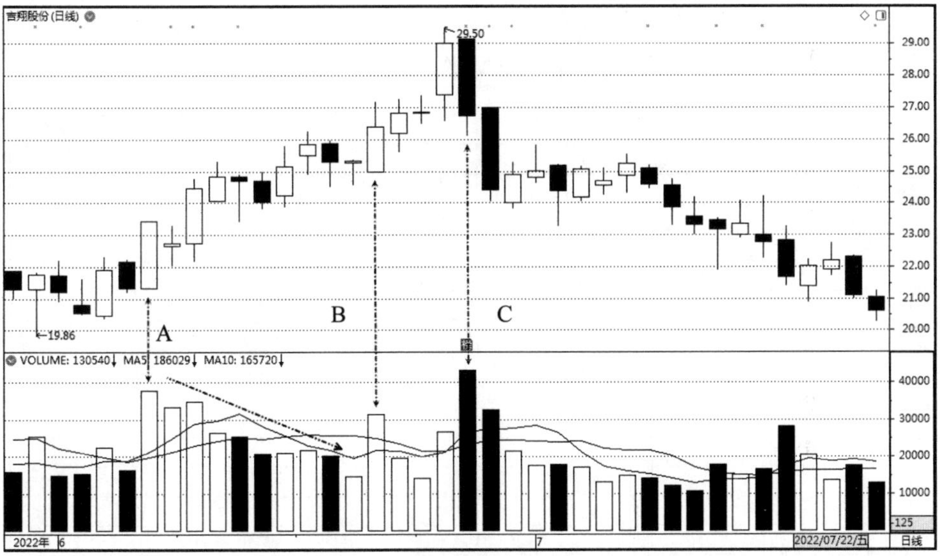

图 7-43

依据形态升级理论，B 点的价涨量升给盘口带来一丝希望，如果 B 点之后量能形成新常量或聚量，则股价很有可能会出现新一波升势。但是 B 点之后的量能并不明确，而且很快就迎来了 C 点的放量下跌，它在形态上很明确，是对下跌的量能催化。这一点的出现，说明主力资金可能已经等了好久，一直等到市场资金将股价推到相对高位，再来一次阶段性减仓。案例中的主力资金极有耐心，通过一次次的阶段性减仓来完成整体的出货任务，不显山不露水就走完一程。

主力资金在出货时，多会利用股价冲高的机会，反映到具体的分时走势中，就类似于图 7-44 中的情形：当日股价从最低点上涨，整个过程也不过就仅仅 30 分钟左右的时间，之后的大部分时间都处于回落之中。

在 A 段股价直线上涨，成交量最为密集，随着股价回落，成交量也逐渐减少。这就是主力资金对倒拉高股价，然后借机减仓出货的日间形态，量能消散形态最能显示这一过程的始与终。通过这种操作，虽然每一次的出货量都不太大，但出货的平均价却比较高。

图 7-44

其实大多数主力资金出货的形态，都脱不开前面所讲的变量、聚量等成交量形态。当价格的涨幅和量能相背离，并且这种背离关系存在一段时间之后，那么基本可以确认有资金在逃逸。至于是在减仓还是出货，就要分析当时的技术环境来最后界定。

图 7-45 中，A 段为该股股价发生趋势转折之后第一次出现密集成交区，

这个密集成交的最高值达到该股历史天量级别。在上涨趋势初、中期出现的密集成交，多是主力资金吸筹建仓行为所致，有的则是主力资金为降低成本进行折返或洗筹的结果。

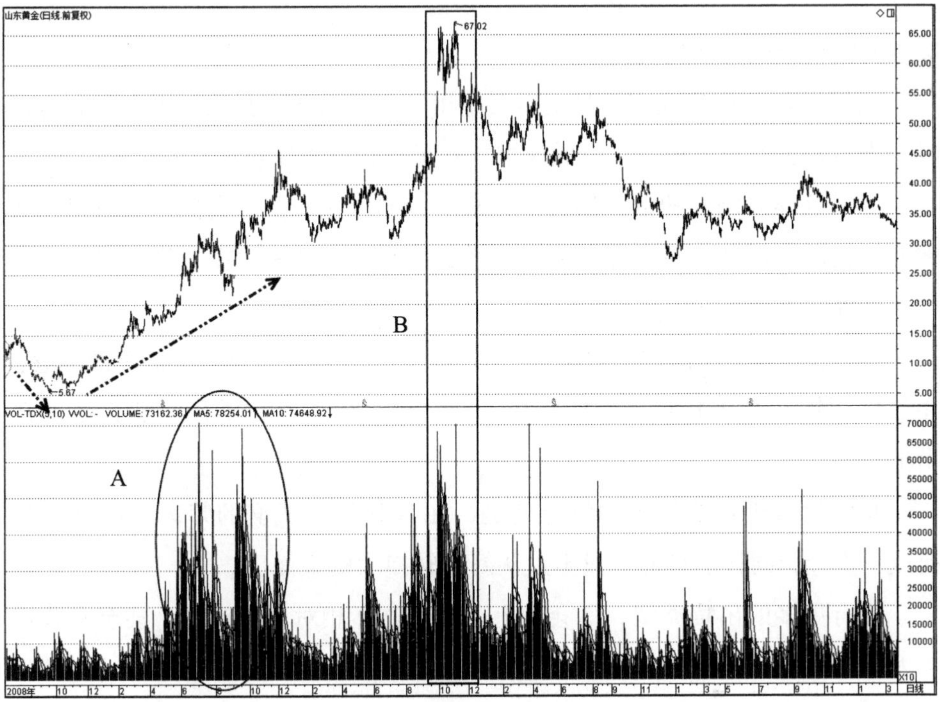

图 7-45

A 段的密集成交只要未引起股价运行重心方向上的改变，不论股价如何振荡，作为波段或中长线交易者，都不必过于关注，短线交易者可选择高抛低吸。

当行情运行到 B 段时，技术环境已经处于所谓的长期大幅上涨之后的阶段，这个阶段的密集成交需要所有交易者高度警惕。图中 B 段的密集成交已经和 A 段的最高值相差无几，这个现象就是高度危险信号。

高度控盘且有耐心、有章法的主力资金，建仓和出货的量能都没有明显的密集成交区，也很难被发现，因为其建仓有一个长期、缓慢吸筹的过程，出货也是如此。但高度控盘的主力资金毕竟属于少数，大多数主力资金都是

“粗犷”型的，没有那么多耐心，所以其建仓和出货都会出现明显的密集成交区。

就如图中 A 段的密集成交，即使不是主力资金的主要建仓点，也是降低成本、补足仓位的重要折返点。之后经过大幅上涨，在 B 段价格高位，天量级别的密集成交再次出现。

如果 B 段的密集成交不是主力资金出货，那么还有其他更为合理的解释吗？难道是主力资金再一次降低成本、补足仓位的重要折返点？

如果这样来判断的话，那么接下来股价的急速下跌，会让你认识到无法弥补的错误。很多交易者都存在着这样的认知，尤其是处在涨势如潮的牛市中，思维的惯性会导致盈利大幅缩水。

实战中，当个股出现类似案例中的情况，交易者可以做一个简单的问答：在 B 段再度达到天量级别的密集成交，如果假定为买进筹码，那么是谁在卖出？

其实最合理也最简单的解释就是，在 A 段密集成交的筹码，在 B 段兑换成了资金，同样的量能，只不过从筹码转换为资金而已。

还有更多的出货类型，不会像上述案例这样相对容易辨别，甚至有些根本无迹可寻。比如，交易者分析某股的技术图形，显示股价应有一波上涨行情，但股价却始终徘徊不前。如果这个阶段的成交量已经从聚量、变量转化为量能消散，那么交易者就需要警惕，“该涨不涨，必然下跌”的经验之谈可能将要兑现了。